中国教科书发展史丛书

丛书主编 石鸥

丛书副主编 张增田 刘丽群

百年中国教科书忆

◎石鸥 著

知识产权出版社

图书在版编目（CIP）数据

百年中国教科书忆/石鸥著. —北京：知识产权出版社，2015.1
（中国教科书发展史丛书）
ISBN 978-7-5130-3066-3

Ⅰ. ①百… Ⅱ. ①石… Ⅲ. ①教材—历史—研究—中国—近现代 Ⅳ. ①G423.3-092

中国版本图书馆CIP数据核字（2014）第232260号

| 责任编辑：汤腊冬 | 责任校对：谷　洋 |
| 装帧设计：陶建胜 | 责任出版：刘译文 |

中国教科书发展史丛书
百年中国教科书忆
石鸥　著

出版发行：	知识产权出版社有限责任公司	网　址：	http://www.ipph.cn
社　址：	北京市海淀区西外太平庄55号	邮　编：	100081
责编电话：	010-82000860转8108	责编邮箱：	tangladong@cnipr.com
发行电话：	010-82000860转8101/8102	发行传真：	010-82000893/82005070/82000270
印　刷：	三河市国英印务有限公司	经　销：	各大网上书店、新华书店及相关专业书店
开　本：	720mm×1000mm　1/16	印　张：	22
版　次：	2015年1月第1版	印　次：	2017年2月第2次印刷
字　数：	334千字	定　价：	58.00元
ISBN 978-7-5130-3066-3			

出版权专有　侵权必究
如有印装质量问题，本社负责调换。

① 张之洞著《张相国新撰唱歌教科书》，1902

② 陈独秀编著《小学万国地理新编》，商务印书馆，1905

③ 蔡元培著《中学堂修身教科书》，商务印书馆，1905

④ 蔡元培鉴定教科书《初等小学本国历史教科书》，上海会文学社

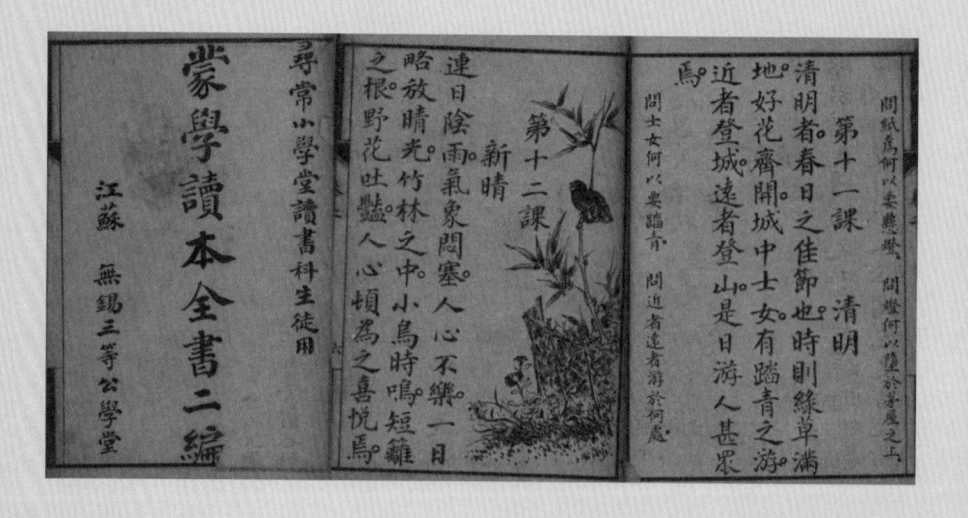

① 南洋公学教科书《新订蒙学课本》，1901
② 上海三等学堂教科书《读书乐》，钟天纬编，上海美华书馆摆印，1898
③ 无锡三等公学堂教科书《蒙学读本》，1901

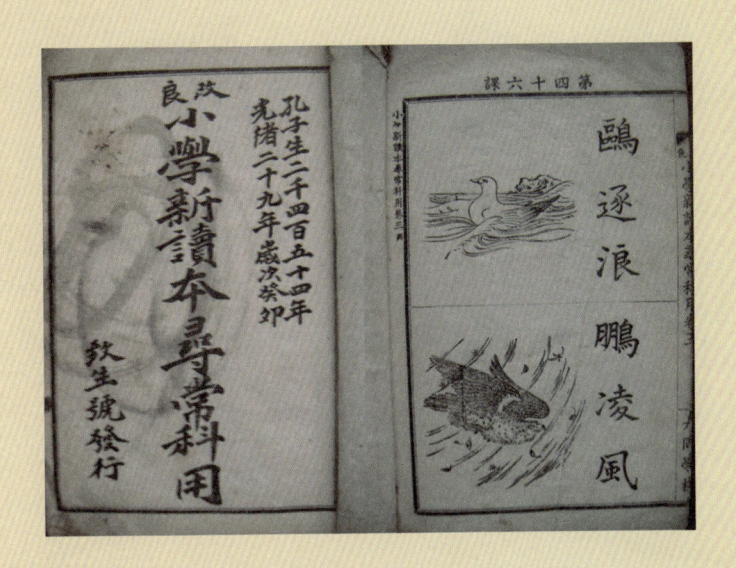

① 上海澄衷学堂教科书《字课图说》，1901

② 彪蒙书室白话教科书《最新初等小学国文教科书》，1904

③ 日本横滨华侨大同学校教科书《改良小学新读本（寻常科用）》，1903

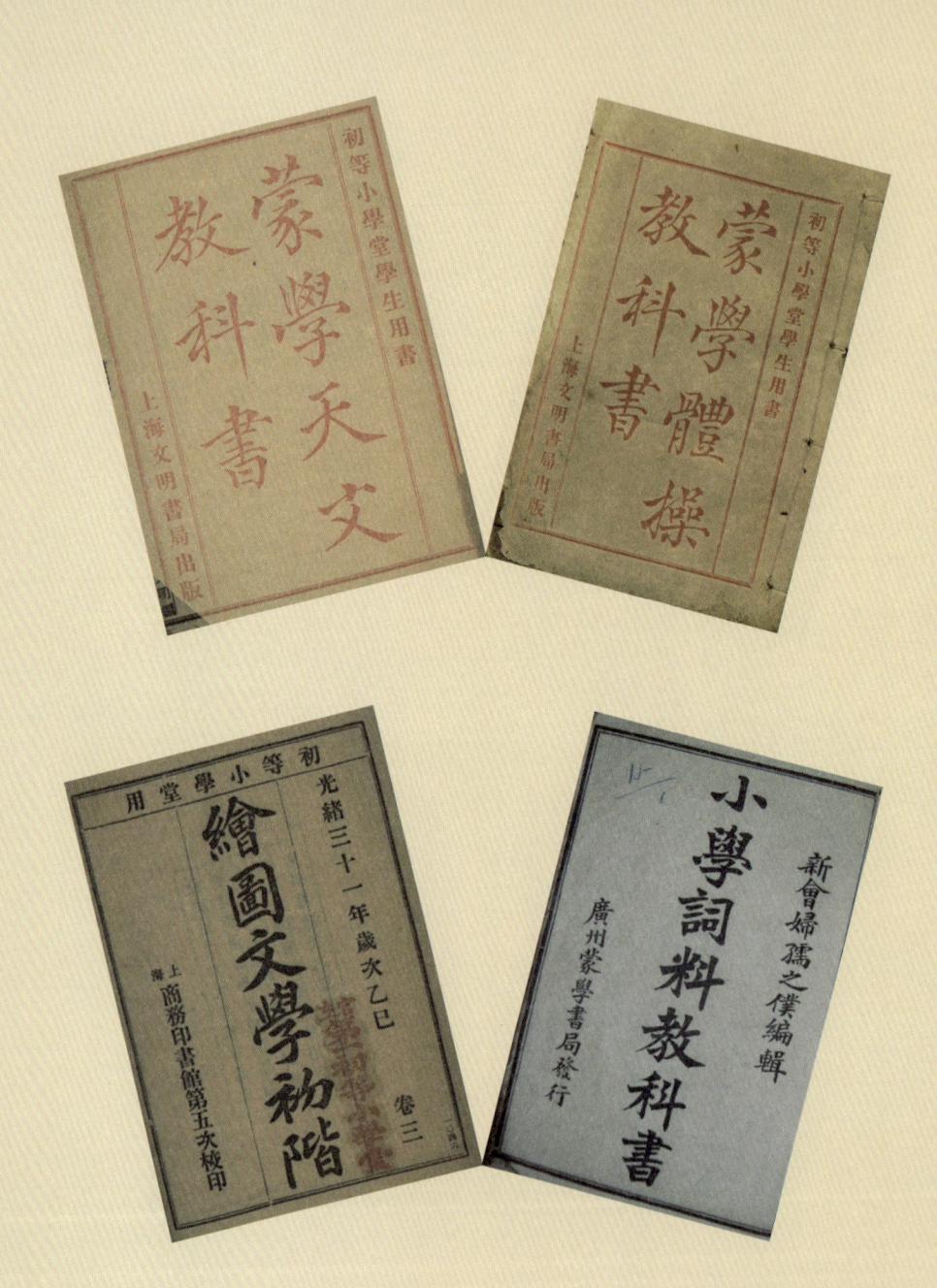

① 《蒙学天文教科书》，上海文明书局，1903
② 《蒙学体操教科书》，上海文明书局，1903
③ 杜亚泉著《绘图文学初阶》，商务印书馆，1905
④ 陈子褒著《小学词料教科书》，广州蒙学书局，1907

① 刘师培著《安徽地理教科书》，国学保存会，1907
② 蒋智由著《中学修身教科书》，(日)同文印书社，1906
③ 蒋智由著《中学修身教科书》，(日)同文印书社，1906

① 四川省教育厅彝文编译室、中国科学院少数民族语言调查第四工作队合编，《初级小学语文》第一册，四川民族出版社出版，1957

② 四川省教育厅彝文编译室、中国科学院少数民族语言调查第四工作队合编，《初级小学语文》第四册，四川民族出版社出版，1958

③ 耕读小学教科书《语文》，人民教育出版社，1964

④ 云南省耕读小学课本《语文》，云南人民出版社，1965

① 语文分科改革教科书《汉语》，人民教育出版社，1955
② 语文分科改革教科书《文学》，人民教育出版社，1955
③《干革命靠毛泽东思想》，天津延安中学，1968
④《数学》，天津延安中学，1968

① 发达地区版教科书《数学》，上海教育出版社，1995

② 内地版教科书《语文》，四川教育出版社，1993

③ 浙江综合课程改革教科书《语文·思想品德》，浙江教育出版社，1999

④ 沿海版教科书《语文》，广东教育出版社，1994

总　序

"我们是由教科书决定的"

人们习惯于指责权力的介入，没错，权力是极端重要的，但权力的介入有时候却是次要的，因为它往往被有些人警觉地关注着，有人要把权力"锁进笼子"里。民间的认识习惯才是主要的，甚至关键的。有时候，真相无法起到真相的作用，长久以来形成的符合人们认识的一些非真相及其演绎出来的故事更重要。比如教科书中的岳飞、三皇五帝，比如学界对蔡锷与小凤仙的定论，还有许多类似的例子。现在的问题或困惑是，不管有没有找到真相，人们似乎已经不需要真相了，社会似乎也已经不需要真相了。人们宁愿相信自己熟识的那套即便是非真相的东西。"符合需要"比"符合真相"更重要。

即便如此，我们还是要堂吉诃德式地去努力挖掘真相。真相帮我们回忆和反思，帮我们认识我们的先辈，其实这也是帮我们认识自己，更是帮我们认识未来；真相能够让我们更聪慧，避免或少犯曾经犯过的错误。我们这套"中国教科书发展史丛书"的出发点之一，就是揭示与展示教科书发展历史中的真相或事实。老课本虽不足以涵盖一个国家的发展命运，但老课本是我国近现代文化中最细小、最有魅力的碎片，有了它们，才能勾勒出魅力文化或真实文化的全貌。

我们这套书的选题有着多方面考虑。

我们认为，关于我国近现代教科书发展历程的研究，是一个研究基础薄弱、学术开拓空间相当广阔的领域。说研究基础薄弱，主要是史料建设工作严重滞后，关于教科书及相关文献史料的整理和开发还未被提上议事日程，大量相关文献史料尚尘封在历史角落里，没有进入研究和阅读的视野，文献资源的封闭、散佚和流失现象严重，学界对此重视不够，研究力量相对薄弱，长时间没有引起足够重视。说学术开拓的空间广阔，主要是因为教科书涉及各学科领域，早期教科书中蕴含着学术转型、整合、成型的要素，体现了我国西式学科的起源与发展历程。尤为重要的是，早期教科书对当时的政治、经济、文化教育有多方位的、特定形式的反映和描述，它们是研究该时期社会思潮、认识与行为、语言形态、乡风民俗、价值观、人生观等领域的鲜活而宝贵的历史材料。教科书是一支最朴素的力量，推动着传统文化和社会价值的变革。一本本教科书反映出一段段近代中国教育、甚至中国社会变革与发展的历史，透过清末民初教科书，我们可以探寻到中国近代教育开启、演绎、转轨的足迹，可以感受到那个时代变革的风雨交加、电闪雷鸣。正因为这些因素，对近现代教科书发展历程的进一步梳理就显得格外重要，也格外艰难。《简明中国教科书史》就是力求借助我们团队以及日益增多的教科书研究者的最新研究成果，对教科书发展历程作更清晰的脉络化工作。尽管仍然远远不够清晰。

张爱玲曾说："我们这一代人是幸运的，到底还能读懂《红楼梦》。"仔细想来，他们之所以如此幸运，竟然是他们幸运地诵读过那时的教科书。我们很看重教科书的价值。派纳说，"我们是由课程决定的"。而课程最重要的载体是课本，即教科书。所以可以把他的话改一下："我们是由教科书决定的。"教科书的作用具有隐蔽性、柔性的特点，很难让一个人说出自己在哪些方面确实受到了教科书影响。教科书的影响可以潜移默化地深入到主体的内心，成为主体的知识结构和心智世界之一部分。

教科书在哪里读响，启蒙就跟进到哪里。在有教科书读响的地方，文明出现了，生长了，新社会也形成了。这才是我们需要的真正的教科书。我们看重这样的教科书，我们怀想它们，思忆它们，要还它们本来面貌。清末民初的教科书，因其在开启民智民德中的作用，为大量中国知识分子利用。所以，百年来既有显赫如张之洞、严复、张百熙等人编创的课本，又有一些地位普通的知识人编纂的课本，他们找到了一种自己的发声系统——编写课本，这是边缘者的武器。边缘者不像革命者，不总是用不合作、起义、暗杀等方式，他们借助课本催生新生活、新社会。《百年中国教科书忆》就是对这些有代表性的课本进行追忆式的挖掘。当传统经典从高高的殿堂步向现实的课堂，当救亡图存与重塑国民精神的时代呼声转化为孩童们诵读的浅白课文,当新思想、新知识经过小课本的反复传播被国人认同为公理和常识,小小的课本就为中国大大的启蒙做出了不可替代的贡献。一个世纪后,当我们诵读这些略显粗糙的课文,体会着我们的先辈那忧国忧民也不无褊狭的爱国情怀,内心依然充满感动。

我们觉得,任何教科书都有其特定的意义与价值,即便是遭到世人唾弃的教科书。比如文革时期的教科书。尽管社会彻底否定了"文革",历史似乎已把"文革"遗忘,但"文革"还是犹如现实的影子,伴随现实而行。确实,"文革"时期的教材浅显、充满说教,但有一条大体上可以认同,在"文革"的教材和教学下,孩子们既有童年,也有学习。孩子们在"文革"的课本中,心比天高又嘻嘻哈哈地一路学来,没有压力,没有痛苦,只有不自量力的崇高与责任。这一点恐怕是今日学生所永远难以企及的。"文革"课本不论多么肤浅,我们总不能自欺欺人地认为它不存在。它存在了十年,实实在在的三千六百五十天,实实在在影响甚至形塑了一代人,乃至几代人(因为并非所有的人都是完整接受十年"文革"教育的)。《新中国"红色"课本研究》就是要唤醒它们,由唤醒"文革"课本到唤醒今天的人们去关注"文革"、警觉"文革"的阴影。

如果说十年"文革"是短暂的,那么百年的乡土教材发展历程够长了吧。乡土教材几乎与现代意义的教科书同步产生和发展。是的,乡土教材历经百年,它们从激发爱乡之情到晕染出爱国之情,它们在保护乡土文化,构建和谐乡村;它们在唤醒学子知乡、爱乡、建设乡村;它们在培育乡里乡亲和谐的邻里关系上起了不可替代又亟待研究发掘的作用。今天的人们,为乡村的失落而忧虑,为乡里乡亲的完全陌生化而伤感,为乡村文化的碎裂毁灭而奔走呼号。可他们是否想过,这一切难道与乡土教材的失落没有关系吗?这种失落既表现在对乡土教材的不重视上(乡土教材离消失已经不远了),也表现在乡土教材本身的"弱智"上,看一下百年前的乡土教材,比较一下今天的乡土教材,便能够引起我们的许多思索。希望《百年中国乡土教材研究》成为一次振兴乡土教材的呼号与呐喊。

清末民初,在南方一所西式女学堂,一群女孩在教室读书。她们中有陈衡哲,有秋瑾,有冰心,有丁玲,有萧红……"只须案摊书本,手捏柔毫，坐于绿窗翠箔之下，便是一幅画图。"她们是当时真正独特的风景，她们是社会的异数，她们更是未来。构建未来的不是刺刀，不是监狱，而是学堂中的女孩子们，她们青春焕发。也许还饥肠辘辘地在与家庭和自己的命运抗争，但她们充满希望，正从课本中汲取智慧和力量。女子教科书与女子学堂一样，在中国历史上存在的时间不长。但女子教科书的演变历程如何？它们在中国传统文化的传承与新文明的引进中发挥了什么作用？它们在女性成长中究竟扮演了什么角色？《清末民初女子教科书的文化特性》一书，力求给我们某种答案，某种启迪。

在经历长征等重大挫折之后，中国共产党何以能够迅速扩大其实力，并动员广大农民积极参加抗战？的确，日本侵略中国为党的战略策略调整和党在新的斗争环境下的生存、发展、壮大带来了一定的契机，但若无潜在的力量和正确的举措，契机也会失去。众所周知，1935年红军长征到达陕北时，只剩约两万五千人。以如此微弱的力量，如何能在短期内成功地动员千百万农民投身共产党，投身抗战？共产党在乡村地区组织和动员的工具是什么？谁架起了共产党革命理想与农民现实主义之间的桥梁？共产党通过什么将散漫的小农组织改造成为全心全意支持共产党的力量？在大革命失败后艰苦卓绝的岁月中，共产主义奋斗目标何以在革命根据地被广大穷人内化为内心深处的信仰和信念？弱小的共产党何以在纷繁复杂的矛盾变化及艰难困苦的岁月中获得广大民众持续的认可和拥护？……这些问题并没有得到满意的解答。我们注意到，以往对中国共产党发展的研究多集中于意识形态、政治冲突、权力斗争、阶级对立、军事行动等。这种研究受历史研究中专注于宏大叙事的影响，倾向重大事件和上层精英，极少注意到西北农村学校及其教科书在其中的意义与价值。即便某些研究注意到了学校与革命的关系，也只是聚焦于学生运动或少数革命精英学生，忽视了教科书在其中的作用。而一旦翻阅根据地的《共产儿童读本》《初级新课本》《战时新课本》《国语课本》，我们就会发现，作为拥有最多读者的根据地宣传载体，教科书在宣传共产党的政策、在共产党领导合法化过程中的作用远未被挖掘出来。教科书把共产党的政策与农民的切身利益结合起来，它们传播现代基础文明，灌输无产阶级的话语系统，用崭新的政治意识和行为规范指导民众；它们既充满强烈的政治意识和民族精神，又具有广泛的亲农倾向，是沟通知识精英和农民大众的天然桥梁。根据地小课本所起到的大宣传，在中国革命史上写下了浓墨重彩的一笔。这正是《中国革命根据地教科书研究》想要梳理与表达的。

……

当下，教室正在失去学堂的味道，教科书越来越令学生产生将之从窗口扔出去甚至撕毁的冲动。此刻，面对百年前，或半个世纪前的泛黄的老课本，突然，一种感觉袭来，我们都将逝去，我们正在逝去，而它们还存在着。它们让人反省，让人产生敬畏。

本套书系全国教育科学规划国家社科课题"百年中国教科书在文化传承与创新中的基础作用研究"（BAA120011）的部分研究成果，是我们"教科书团队"的研究成果。这是一个正在成长的团队，也是一个生机勃勃的团队。这个研究团队由我本人领衔，以首都师范大学为基地，辐射全国，主要研究力量有赵长林、吴小鸥、张增田、王昌善、方成智、李祖祥、刘丽群等教授，有段发明、李水平、刘学利、廖巍、刘斌、吴驰、石玉、赵志明、李新、刘景超、崔柯琰等博士，他们在自己擅长的领域对教科书研究进行拓展研究，为团队所取得的研究成果以及本套书的完成做出了自己的贡献。还有我的已毕业或尚未毕业的所有研究生，他们前赴后继，从教科书的整理、归类，资料的查询、书稿的校对等多方面为我们的教科书研究做出了不可或缺的努力。他们在我脑海中留下了大量美好的身影与姿态，但我可爱的同学们，你们知道吗？在我心中，烙下深深印记的，你们最优美的身影与姿态，是你们读书的情影，是你们整理书的情影！教科书是你们的T型台。

总体上说，这套书之所以能够比较顺利地面世，要感谢首都师范大学教育学院，感谢孟繁华教授，感谢蔡春、张增田等教授。我们还要感谢知识产权出版社的汤腊冬女士。感谢我的研究团队，感谢我的学生，我的研究同伴。如果没有他们，很难想象这套书会顺利完成。这都不是客套话。

由于本套书的每个作者都有自己的研究思路与表达风格，我只对形式方面作了一些统一规整，对一些大的结构调整提出了建议，同时提供了所有的教科书照片，没有对其他作者的书稿内容进行全面考校，希望读者能够理解。

首都师范大学　石　鸥
2014年教师节改定于学堂书斋

中学之"存"须靠西学之"讲"
——张之洞的唱歌教科书

一、为何是唱歌教科书 003

二、不能唱的唱歌教科书 005

三、影响 012

欲图教育之普及，必自改良教科书始
——蔡元培与教科书

一、我国最早的新式教科书的"催生婆" 019

二、民国教科书制度的奠基人 024

三、白话教科书吹鼓手 028

四、我国大学教科书本土化的设计师 032

字里行间中国情
——陈独秀《小学万国地理新编》

一、《地理新编》：是编还是译 037

二、《地理新编》的若干启示 041

最早的自编新式教科书
——南洋公学的《（新订）蒙学课本》

一、最早的学校和最早的教科书 049

二、是谁编写了这课本 051

三、这课本编写了些什么 055

四、如何看待这课本的历史意义 060

文、字、画三绝的教科书
——无锡三等公学堂的《蒙学读本》

一、无锡三等公学堂 064

二、《蒙学读本》：作者、内容与形式 066

三、《蒙学读本》给今人的启示 071

最早的私立学堂自编教科书
——澄衷学堂的《字课图说》

一、澄衷学堂　076

二、《字课图说》及其作者　078

三、《字课图说》的基本特征　082

四、《字课图说》的述评　084

让学生乐学乐读的课本
——上海三等学堂教科书

一、钟天纬其人　090

二、《读书乐》　092

最早的海外华人学校课本
——大同学校教科书

一、大同学校的建立　100

二、大同学校的课程与教科书　106

三、大同学校教科书之影响　119

商务印书馆的第一本教科书
——《华英初(进)阶》

一、《华英初(进)阶》的成书　124

二、《华英初(进)阶》之基本特征　126

三、《华英初(进)阶》之意义　130

第一套分科教科书
——文明书局的《蒙学科学教科书》

一、《蒙学科学教科书》：组成与作者　135

二、《蒙学科学教科书》的特征　138

三、《蒙学科学教科书》的影响　140

最彰显作者的课本
——《蒋著修身教科书》
一、蒋智由其人 144
二、蒋智由其书 146

精选精评的中学课本
——林纾的《中学国文读本》
一、林纾编选的教科书 153
二、精选与精评的教科书 154

重教重学的小学课本
——杜亚泉的《绘图文学初阶》
一、《绘图文学初阶》的问世 162
二、重教重学的教科书 164

短暂的书室和永恒的课本
——彪蒙书室和他的白话教科书
一、成、败皆白话课本 175
二、彪蒙书室白话教科书举隅 177
三、彪蒙白话课本的价值 183

通俗的教育和通俗的课本
——陈子褒和他的蒙学教科书
一、陈子褒的课本编撰 186
二、陈子褒的课本简介 189
三、简述陈子褒的通俗课本 195

"举吾国可宝可贵之事物,编为课本"
——刘师培与乡土教科书
一、刘师培其人其事 208

二、刘师培与乡土教科书　211

浸润着湖湘文化的《湖南乡土地理教科书》

一、被遗忘的作者　220
二、湖南乡土地理的出版　223
三、湖南乡土地理的内容　224
四、不会遗忘的乡土教科书　227

民国第一套省级通用教科书
——山西《通俗国文教科书》

一、山西教育概况　234
二、通俗国文教科书　238

中科院与早期少数民族文字教科书

一、少数民族文字：调查与研制　252
二、少数民族文字教科书的编撰　257

转瞬即逝的辉煌
——新中国语文分科教科书

一、汉语、文学分科教学的由来　260
二、汉语、文学教科书的出台与退场　262
三、汉语、文学教科书中止的原因探析　266

牛背上的课本
——耕读教科书

一、耕读小学的兴起与消失　278
二、耕读小学的办学特点　281
三、耕读小学的课程与课本　283

目 录

文革课本的肇始
——天津延安中学的革命课本

一、天津延安中学及其教改方案 290
二、天津延安中学的革命课本 292
三、天津延安中学革命课本的革命特色 301

改革开放后八套半教科书的兴衰

一、"八套半教科书"产生的背景 304
二、"八套半教科书"的建设过程 307
三、"八套半教科书"的基本特点 312
四、"八套半教科书"的积极意义与历史价值 315
五、"八套半教科书"的退出：原因与教训 318
六、"八套半教科书"引出的若干思考 319

后 记

中学之"存"须靠西学之"讲"

——张之洞的唱歌教科书

在我国近代史上，张之洞是个人独立编撰教科书的最高在职官员，他所编的教科书又通过政府作为学堂必修教科书，实际上是最早的官定教科书。

张之洞（1837～1909），字孝达，又字香涛、香严，别称张宫保，直隶南皮（今属河北）人，清末著名的洋务派首领。27岁中进士，授翰林院编修。1867年充任浙江乡试副考官，旋督湖北学政。1873年任四川学政，奏设尊经书院，促进了四川教育的发展。1884年任两广总督，起用冯子材，在镇南关大败法军。1889年调湖广总督。1901年，上疏奏陈变法，多为清廷采用。1906年，授军机大臣。其《劝学篇》系统阐发了"中学治身心，西学应世事"的思想，影响深远。死后，清廷加赠太保，谥文襄。

晚清军机大臣、兼管学部、人称"张相国"的张之洞，不但是一位颇有作为的政治家，同时也是一位具有卓识的教育家。尽管人们多称他是中体西用的代表者，倾向于守旧，其实张之洞向来趋新，尤对推动新学堂最力。中国近代之新式教育、新式学堂、新式学制，多与他有关。张之洞把教育提到了与治国行政相为表里的高度，认为教育是国家兴亡所寄。1898年他在《劝学篇》中就提出了"学术造人才，人才维国势""立国由于人才,人才出于立学"的观点。"窃惟古来世运之明晦,人才之盛衰,其表在政,其里在学。"❶ 故而一生力倾教育、兴学堂、注重人才的培养。张之洞被赞誉为"当今第一通晓学务之人"❷。

最为难能可贵的是,他在身居要职、年近古稀之时,还不辞劳苦,亲自上阵,颇富创意地利用歌谣形式,填以脍炙人口的唱词编写了《张相国新撰唱歌教科书》,将自己对历史、世界、人生的总体理解和把握熔铸在一本小小的教科书中。❸

一、为何是唱歌教科书

马克思在《中国革命和欧洲革命》一文中说:"清王朝的声威一遇到不列颠的枪炮就扫地以尽,天朝帝国万世长存的迷信受到了致命的打击,野蛮的、闭关自守的、与文明世界隔绝的状态被打破了。"❹ 面对西方列强入侵、神州陆沉的紧迫形势,张之洞"生平精神所寄尤在振兴教育,储备人才",❺ 认为"沧海横流,外侮洊至,不讲新学则势不行",❻ 始终坚持"讲求时务,融贯中西,研精器数,以期教育成材,上备国家任使"。❼ 在《张相国新撰唱歌教科书》中,我们看到了他放眼世界、励精图治培养新锐人才的努力,同时,又深深感受到他身为朝廷重臣,殚精竭虑,力图挽救和维护清王朝的统治的忠诚。那么,为什么张之洞要以教科书的形式,而且是以唱歌教科书的形式来宣传自己的主张呢?

---

❶ 苑书义,孙华峰,李秉新. 张之洞全集:第十二册[M]. 石家庄:河北人民出版社,1998:9703.
❷ 朱寿朋. 光绪朝东华录:五[M]. 北京:中华书局,1958:5036.
❸ 石鸥. 唱响在晚清的别样教科书[J]. 书屋,2008(9):1.
❹ 中国革命和欧洲革命[M]//中共中央马克思恩格斯列宁斯大林著作编译局,编. 马克思恩格斯选集:第二卷. 北京:人民出版社,1972:2.
❺ 苑书义,孙华峰,李秉新. 张之洞全集:第二册[M]. 石家庄:河北人民出版社,1998:1065.
❻ 苑书义,孙华峰,李秉新. 张之洞全集:第十二册[M]. 石家庄:河北人民出版社,1998:9726.
❼ 苑书义,孙华峰,李秉新. 张之洞全集:第二册[M]. 石家庄:河北人民出版社,1998:897.

晚清时期，张之洞看到日本明治维新后的国富民强，提出学习"西洋"不如学习"东洋"的主张。当时，日本于1872年发布了近代教育制度的法令，规定在小学校设置唱歌，在中学校设置奏乐。此后日本陆续出版了多种唱歌教科书，著名的有《小学唱歌集》（1880）、《幼儿园唱歌集》（1887）、《明治唱歌》6编（1888~1892）、《中等唱歌集》（1889）、《小学唱歌》6卷（1892~1893）等。❶ 日本学校唱歌课程一开始就是在日本政府的倡导和监督之下进行的，强调它对"忠君爱国精神"养成的作用。为此，日本文部省于明治26年（1893）确定《君之代》《敕语》《奉答》等八首歌曲为全国性节日和纪念日必唱的歌曲。❷ 与此同时，军歌受到大力提倡，特别是在中日甲午战争和日俄战争期间，唱歌被作为一种"军需品"，对日本军国主义的侵略与扩张起了推波助澜的作用。张之洞对此做过认真分析，认为"日本军歌，皆上四字缓读，每字一步，此四字略一停顿。下五字急读，五字共三步"，十分适合"行步之节"。❸ 对日本唱歌教科书的推崇是张之洞亲自编撰教科书的重要缘由之一。其前提是，张之洞认识到新式教科书的价值，认为新式教科书比传统经学典籍更有利于教学，他明确表示，中学之"存"不能不靠西学之"讲"。❹ 要想维系中国传统精神于文化，需要源自西方的教科书这一新式课本形式。这是"中体西用"的重要表现。当时就有学者认为，只有"易以今日教科书之体例，则六经可读，而国学永不废"。❺ 张之洞甚至在《劝学篇》中提出：如果读完他开出的书目，"美质五年可通，中材十年可了。若有学堂专师，或依此纂成学堂专书，中材亦五年可了"（"学堂专书"即新式教科书）。从十年缩短为五年，可见，张之洞心目中新式教科书的价值有多大。同时，张之洞对新式教科书中的唱歌之所以特别关注，与它在日本崛起中的意义有关，而且张之洞治过军，了解军中琅琅上口之口号的作用。

---

❶ 张前．日本学校唱歌与中国学堂乐歌的比较研究［J］．音乐研究，1996（3）：45．
❷ 张前．日本学校唱歌与中国学堂乐歌的比较研究［J］．音乐研究，1996（3）：45．
❸ 刘琪．《三大纪律八项注意》歌的诞生与演变［J］．军营文化天地，2006（3）：3．
❹ 罗志田．裂变中的传承：20世纪前期的中国文化与学术［M］．北京：中华书局，2003：145．
❺ 罗志田．裂变中的传承：20世纪前期的中国文化与学术［M］．北京：中华书局，2003：141-142．

二、不能唱的唱歌教科书

《张相国新撰唱歌教科书》由"学堂歌浅释、军歌、中国大地形势歌"三部分构成。书中无目录、无插图、无版权页。内容创作应在 1904 年左右。光绪三十年（1904）十二月初六日的《札学务处发学歌、军歌》中记载，"前由本部堂自撰《学堂歌》及《军歌》各一通，饬发各学堂学生、各营兵勇，令其熟读歌唱，以期感发其忠爱之忱，鼓励其自强之志……"，❶ 并附有《学堂歌》及《军歌》。在 1904 年 12 月 4 日的上海《时报》上登载有张之洞撰写的《中国大地形势歌》。❷ 以上两处皆说明了书中内容的作者是张之洞。

《学堂歌浅释》由正文及浅释构成，由于"张相国"是张之洞 1906 年任军机大臣后才有的称谓，故笔者认为，该书正文部分为张之洞所作，但浅析说明部分尚不能确定何人，且内容创作时间虽在 1904 年，但《张相国新撰唱歌教科书》印刷出版则很有可能是在 1906 年或以后，且用"新撰"，说明至少是再次印刷。

《张相国新撰唱歌教科书》封面简洁，文字大方，大行楷字体，占据全部封面，分两列竖排。四周缀有花边。书中无目录、无插图、无版权页，出现简单实心圆点符号。

全书歌词文字共计 3080 字。书名号唱歌，其实只有歌词，没有谱曲。内容分三大部分，即《学堂歌浅释》《中国大地形势歌》《军歌》。

1.《学堂歌浅释》

《学堂歌浅释》由正文及浅释两部分构成，正文十三字为一句，呈"三三七"句式排列，中间用空格分开，主韵脚是"ang"。浅释是对正文句的解释，长短不一，多的达 251 字，字小，排在正文句的旁侧。

正文分为 13 段，共 164 句，2132 字。

第 1 段 7 句，一开篇就提到兴学堂的意义，论及体育、德育、智育

---

❶ 苑书义，孙华峰，李秉新. 张之洞全集：第六册 [M]. 石家庄：河北人民出版社，1998：4258.

❷ 张之洞. 中国大地形势歌 [N]. 时报，1904 - 12 - 4.

全面发展的重要性，并强调各民族的平等：

圣天子　图自强　除却兴学无别方
教体育　第一桩　卫生先使民强壮
教德育　先蒙养　人人爱国民善良
教智育　开愚氓　普通知识破天荒
我黄种　遍东方　满蒙汉人都一样

张之洞主张兴学育才，强调以此为立国强本的重要举措。早在1898年，他在《劝学篇》中就提出了"学术造人才，人才维国势"的观点。[1] 因而，在《学堂歌浅释》开篇就强调欲"图自强，除却兴学无别方"。

张之洞明确提出造就体、德、智都有所发展的人才。所以，他主张体操是第一紧要的事，同时讲究卫生也事关健体。体育和卫生都是为了全民健康，全民健康才能保卫国家。因此，张之洞把体育放在第一的位置，而且主张以兵式体操为主。"教体育，第一桩，卫生先使民强壮"。体育"使身体各部均齐、发育四肢、动作敏捷、精神畅快、志气勇壮、养成乐群和众、动遵纪律之习"。

他认为从小养成爱国心与公德至关重要，这就离不开德育"教德育，先蒙养，人人爱国民善良"，"孝父母，尊君上，更须公德联四方"。从孝父母到尊君上，由私德到公德。当然张之洞的公德主要是尊君、爱国。

在张之洞看来，智育也是须臾不能少的，因为智育的目的在于学习新知识，摆脱愚昧，明白事物发展的道理，从而富民进而富国卫国。"教智育，开愚氓，普通知识破天荒"，"物理透，技艺长，方知谋生并保邦"。

第2段12句，论及五大洲的方位，特别提及京都、武昌、北京在地球上的位置。

第3段16句，从历史的角度论及清朝的疆域、种族。

第4段27句，论及历代王朝的政治文化发展概况。

---

[1] 张之洞. 劝学篇·内篇·同心第一 [M]. 李忠兴，评注. 洛阳：中州古籍出版社，1998：50.

第5段32句，介绍近代各门学科的基本功用，特别提及学习各门外国语言的功用。张之洞注重培养"新旧兼学""政艺兼学"的人才。他在《劝学篇》中明确了西学的范围，包括西史、西艺、西政，他认为"学校、地理、度支、赋税、武备、律例、劝工、通商"为西政，"算、绘、矿、医、声、光、化、电"为西艺，❶ 并认为"西政之刑狱，立法最善"❷。本段是全文最长的一段，张之洞打破了传统的经史教育的狭隘内容，引入新的西方"科学"分类，并主张全面学习西方科学：

"说科学　须兼长　一日六钟并不忙"
历史学　知已往　世界变迁弱变强
地理学　先本乡　由近及远分方向
中国外　有列强　勿学井蛙拘坳堂
算数学　简为上　比例代数捷非常
八线表　不用想　能通几何包九章
博物学　穷天壤　卫生益智心开朗
理化学　原质祥　配化制造通阴阳
辩炭酸　分硫养　火药全仗硝磺镪
电矿汽　力声光　理化门门有专长
图画学　摹物状　先用毛笔后尺量
政法学　治国方　后生浅学莫躁妄
陆军学　分两堂　战术计划戒鲁莽
沟垒速　地形相　火器测准马善养
体操学　关衰旺　人人胜兵其国昌

在介绍科学门类之后，张之洞将其亲自制定的学校系统呈现在学生面前，特别将大学八项学科（经学科、政法科、文学科、医科、格致科、农科、工科、商科）的各自课程——呈现，这实际已是清末最早的新式学制的框架了。

---

❶ 张之洞. 劝学篇·内篇·同心第一 [M]. 李忠兴，评注. 洛阳：中州古籍出版社，1998：121.

❷ 张之洞. 劝学篇·内篇·同心第一 [M]. 李忠兴，评注. 洛阳：中州古籍出版社，1998：121.

小学略　中学祥　外国语文习一样
高等学　通两邦　师范须明教育方
实业学　农工商　谋生有术国力强
方言学　少胜长　专备交涉使四方
大学内　分八项　专门经济佐庙堂
通儒院　精思想　新理著书胜列邦

中国官方提倡外国语学习直接源于外交的需要，1862年的同文馆是最早的外语专门学校。后来外国语言学习逐渐出现在普通中学堂中，1902年《钦定学堂章程》与1903年《奏定学堂章程》规定在中学堂设置"外国语"一科。张之洞从实用性出发，介绍了不同外国语言的功能，比如，学日文便于转译西书，学法文可以多了解条约公牍，学德文在于了解武备化学医学矿学等，而拉丁文，则因为不那么实用，所以属于选修范围。

小学成　知识亮　改业谋生并无妨
学国文　文理畅　方解经史古文章
学英文　用处广　英国商务遍华洋
学日文　近我邦　转译西书供采访
学法文　各国尚　条约公牍须磋商
学德文　武备祥　专门字义皆确当
学俄文　交界长　教习虽难也须讲
蜡丁文　古义藏　随意学习不勉强

第6段6句，论及知识分子的人品及作用。

第7段8句，论及历史上与湖北有关的忠良，特别提出湖北之要塞作用。

第8段9句，论及当时湖北兴学的情况。

张之洞对湖北情有独钟，自豪地展示湖北兴学之成就，是有原因的。1889年冬，张之洞奉命任湖广总督，他注重人才培养，创设新学堂，鼓励出国游学、派遣留学生等，成果卓然。"在清末20年间，湖北兴办的各级各类新式学堂（不计蒙养院、半日学堂和简易识字学塾）约为2600所，且其中初等小学又占2361所，绝大多数包括初小在内，最多时在校生约为10万人，较之以前是破天荒的新气象，约占当时全省人口的3.2%。"❶ 湖北一跃成为全国新式教育的先进省，"东西各国文武官员及游历人士，来观鄂省书院学堂者，不可胜数，往往遍览详询，视为至大至要之事"❷。张之洞自豪地展示了湖北兴学的成就：

庚子年　拳匪狂　北京兵火三次殃
湖北省　和约倡　长江人民享安康
派赔款　搜索忙　各省分派民兴商
湖北省　免捐项　就将此款兴学堂
早兴学　民盼望　各省开办无定章
湖北省　二百堂　武汉学生五千强
派出洋　学外邦　各省官费数不广
湖北省　采众长　四百余人东西洋
我同学　生此方　切莫辜负好时光

缘于对湖北的情感，张之洞甚至对武昌的地理位置都有详细的介绍：

测经度　直线量　京都起算作中央
三百六　金球祥　武昌偏西二度强
测纬度　横线长　赤道南北定准望
四十度　北京方　三十度半是武昌

在《中国大地形势歌》中，他还从贸易角度将武昌与北京、上海相提并论："南北二京名胜地　武昌上海贸易场"

第9段11句，举例说明中外由学而兴邦。

第10段5句，举例中外由弱而遭辱。

第11段12句，用"五戒"奉劝人们要跟上时代步伐，要破除封建陋习。张之洞欲在反抗外来压迫和寻求自强独立的过程中反省与改造传统，他认为必须完全扫除社会上的"鸦片、缠足、风水"等生活陋习，以及民间仇视外国人和传教士的观念，中国才有可能强大。但张之洞对

---

❶ 章开沅，张正明，罗福惠. 湖北通史：晚清卷[M]. 武汉：华中师范大学出版社，1999：243-244.

❷ 章开沅，张正明，罗福惠. 湖北通史：晚清卷[M]. 武汉：华中师范大学出版社，1999：243-244.

于外来侵略，对于列强占领我国领土，更多的是要求逆来顺受，未能突出反抗的一面：

"守旧党　老且狂　奉劝警觉醒睡乡"
第一戒　抛灯枪　壮夫志气皆销亡
少行动　多卧床　百岁光阴灯畔荒
第二戒　缠足放　则刑残废也相仿
不耐劳　娇惰养　生下子女定不强
第三戒　封水妄　不敢开山与通江
美富多　五金矿　任地抛弃在山冈
第四戒　惹祸殃　切莫闹教起风浪
胶州澳　属外邦　旅顺广湾都照样
拳匪乱　惊庙堂　赔九百兆本利长
第五戒　鄙外洋　切莫自大学夜郎
顽固见　须扫荡　中国方可望发扬

第12段14句，批评革命的举动，力图以保守的方式改良并维护封建统治。在本段，"莫"字连用，展现了张之洞殚精竭虑地维护皇权，同时也一览无遗地展示了他的保守一面，形象地表达了他中体西用的主张。他以"维新党　多躁狂　奉劝少年须安详"为开端，两次连用4个"莫"字，旁征博引，规劝学生，不误听误信误言。如他指出文明自由是法律范围内的自由，而不是借自由二字耸动天下，那其实是一种野蛮的自由，指出法国人卢梭的民约论主张民权，而不是暴乱肇事来获取民权，劝诫学生要能够"知本""守本"：

自由字　莫误讲　法律范围各国章
民权字　莫狂妄　法主暴虐乱民张
我伦理　莫踰荡　外国爱亲尊君王
我圣教　莫抛荒　文明国粹保久长

接着劝诫学生不要随便谈论革命的话题，如果入外国籍，则遗产归公；并指出维新党强调男女平权，但实质上外国的女人是不入议院的，也是不平等的，同时指出不要和朝廷作对等，多少有些威胁恐吓的成分：

革命话　莫鸱张　悖逆之名不可当

入外籍　莫炎凉　身后遗产归公帑
女平权　莫改常　外国议院无女妆
叛逆报　莫受诓　此辈甘作会匪党

第 13 段 5 句，呼吁成栋梁，兴国邦。

2.《中国大地形势歌》

《中国大地形势歌》14 字一句，呈"七七"句式排列，中间用空格分开，共 15 句，210 字，无标点。内容是中国的地理概况。

南北二京名胜地　武昌上海贸易场
长城万里秦皇筑　排决江河是禹王
扬子江流七千里　东通大海水茫茫
黄河一曲而千里　上通星宿下汪洋

即便是地理内容，也不忘对清代皇帝的歌功颂德，同时把了解和掌握地理知识上升到巩固与护卫国家的高度，至今日，仍然保留地理教科书的敏感。《中国大地形势歌》末了还高唱："中国大势如指掌　金汤巩固祝吾皇"。

3.《军歌》

张之洞在湖北组建和训练新军时，要求军队在训练时唱（喊、吼）"军歌"。鉴于这一需求，他于 1904 年亲自撰写了《军歌》的歌词，"发通省各营着颂"，还要求按日本军歌谱曲（最后是否谱曲，有待考证）。"日本军歌，皆上四字缓读，每字一步，此四字略一停顿，下五字急读，五字共三步"。《军歌》18 字一句，呈"九九"句式排列，中间用空格分开，每九字中第四字处、第九字处出现简单的实心圆点。共分为四段，41 句，738 字。第一段 9 句，大肆歌颂清朝政府；第二段 13 句，阐明练兵之重要性；第三段 8 句，对士兵的基本素质提出要求；第四段 11 句，说明当时严峻的国内外形势。操练时，这种九九句式，被士兵吼出，前四字缓，后五字急，很有气势。

《军歌》强调军人懂得科学知识、自尊自强的重要性：

莫说武夫学问难通晓　外国武官学比文官高
枪炮线路须知算学妙　应敌安营先将地图描

物理化学亦须略知道　钢铁涨缩拉力细推敲
无烟药净不比炸药暴　枪药炮药白药莫混淆

我国文弱外人多耻笑　若不自强瓜分岂能逃
请看印度国土并非小　为奴为马不得脱笼牢

《军歌》注重唤起国民的忧患意识。当时印度已被英国殖民百年之久，广袤的恒河平原上漂荡着愚昧与落后。张之洞用沉叹语气告诫国民，如不自强，中国终会沦为印度第二。在其《学堂歌浅释》中写道"波兰灭，印度亡，犹太遗民散四方"。在《军歌》中更引印度为鉴：

方今五洲万国如虎豹　倚恃强兵利械将人骄
我国文弱外人多耻笑　若不自强瓜分岂能逃
请看印度国土并非小　为奴为马不得脱笼牢
请看犹太国名本古老　只因无君践踏如草茅

《军歌》内容彰显了一代名臣对朝廷的耿耿忠心。张之洞出身于封建官僚家庭，从小受到了系统而严格的儒学教育，一生以"儒臣"自诩，以卫道为己任。他在《军歌》中明确提出"保国保种必须保孔教"，他始终没有放弃对儒学及其所宣扬的皇道的忠诚，在《军歌》一开始，他写道：

大清深仁厚泽十余朝　列圣相承无异舜与尧
刑罚最轻钱粮又最少　汉唐元明谁比本朝高
爱民恤士善政说不了　我祖我父世世受恩膏
况我兵丁重饷蒙温饱　养之千日用之在一朝
我等天性忠勇思报效　作歌奉劝军中我同袍
我朝龙兴长白非荒渺　医巫闾山古名经书标

全书以"圣人在上万年长有道　忠孝为本方是真英豪"为结束语。

三、影响

1. 不断再版，影响广远

《张相国新撰唱歌教科书》发行后，借助于作者的地位和官方推荐，以及教科书本身的优点——琅琅上口，切中时弊，得以迅速传播开来，且出现不同版本，影响日益扩大。

笔者所见还有光绪乙巳（1905）春王月刊印的《张宫保新撰学堂歌》，其内容与《张相国新撰唱歌教科书》完全一样。张宫保即张之洞。

笔者又见有光绪丙午（1906）十二月湖北黄州府劝学所刊《学堂歌笺》，此书的浅析部分是奏保经济特科调查日本学务员署理、湖北黄州府知府王仁俊所撰，较《张相国新撰唱歌教科书》晚出，也复杂许多。但受《张相国新撰唱歌教科书》影响还是比较明显的。

民国以后，虽然张之洞已逝，但笔者所见有修订后的《绘图蒙学唱歌教科书》（无版权页，从其内容看应出版于袁世凯执政期间），封面落有"张宫保鉴定"字样，此书当以《张相国新撰唱歌教科书》为蓝本。但只有两部分，《军歌》部分阙如，而《学堂歌浅释》改为《中华民国学堂歌浅释》。书中所有与满清皇帝相关的内容均已换成民国后的人与事，但其他内容基本未动。如《中华民国学堂歌浅释》将《学堂歌浅释》的"圣天子　图自强　除却兴学无别方"修改为"共和国重教育　除却兴学无别方"。又如《中华大地形势歌》最后两句由原版的"中国大势如指掌　金汤巩固祝吾皇"改为民国版的"中国大势如指掌　金汤巩固万年长"。

2. 最早的官定教科书

《张相国新撰唱歌教科书》是最早以官职命名，钦定意味明显的官定教科书。这也是近代以来唯一的一本以官职命名，并且正式通过官方文件推行于普通学堂及军队的教科书。可谓真正的国定本教科书。在光绪三十年（1904）十二月初六日的《札学务处发学歌、军歌》中，清楚说明"前由本部堂自撰《学堂歌》及《军歌》各一通，饬发各学堂学生、各营兵勇，令其熟读歌唱，以期感发其忠爱之忱，鼓励其自强之志，详加体察各学生、各兵勇于唱歌之际，大足以振奋精神，发皇志气，实属大有裨益，亟应广为刊布，遍发湖北通省各学堂、各军营，一体歌诵，以助训士训兵之用。……先行分发省城各学堂，散给各学生，令其熟读歌唱，以资感发，务须人给一纸，不可遗漏"❶。而且还将《学堂歌》放人字样，工写精刊，用好纸刷印一万本，装订成册，酌发省外各学堂。

3. 强调声韵，广为传诵

此教科书由于押韵、便于记诵，且有官方的推介，发行甚广，很快就广为传唱。当然，《张相国新撰唱歌教科书》并非真正的唱歌课本，张之洞所考虑的并不是唱歌本身的诗情画意及乐感的艺术魅力，而是从封建统治者的立场出发，突出"忠君尊孔"的宗旨，强调富国强兵和抵御外侮的功用，试图借用歌词琅琅上口、便于记诵的优点，以唱歌之名，行振作精神、启蒙教育之实，来达到影响青年人，塑造其国民精神的目的。

如《军歌》，十八字一句，"九九"句式，上四字缓读，下五字急读，上四字缓读，每字一步，略一停顿，下五字急读，五字共三步，被士兵齐声吼出，铿锵而行，很有排山倒海之气势。且听：

莫说武夫/学问难通晓　外国武官/学比文官高
枪炮线路/须知算学妙　应敌安营/先将地图描
方今五洲/万国如虎豹　倚恃强兵/利械将人骄
我国文弱/外人多耻笑　若不自强/瓜分岂能逃
请看印度/国土并非小　为奴为马/不得脱笼牢
请看犹太/国名本古老　只因无君/践踏如草茅
况我兵丁/重饷蒙温饱　养之千日/用之在一朝
我等天性/忠勇思报效　作歌奉劝/军中我同袍
圣人在上/万年长有道　忠孝为本/方是真英豪

值得一提的是，中国人民解放军最琅琅上口便于记诵的"三大纪律八项注意"就是以《军歌》为蓝本改造而成的。《军歌》在辛亥革命成功后，仍然是军歌，只是个别地方有所修改。1919年更名《民主立宪歌》，又做了修改，比如"民主立宪五族共和了，方知今日练兵最为

---

❶ 苑书义，孙华峰，李秉新. 张之洞全集：第六册[M]. 石家庄：河北人民出版社，1998：4258.

高；庚子兵变人人都知晓，若不当兵国家无人保"。1927年毛泽东在井冈山亲自制定了"三大纪律六项注意"，后完善为"三大纪律八项注意"。1935年红军长征到达陕北，把"三大纪律八项注意"按《军歌》（民主立宪歌）的样式改编，并按《军歌》（民主立宪歌）的曲谱完成，很快在部队传唱开来。这是典型的张之洞《军歌》的"九九句式"：

红色军人/个个要牢记，三大纪律/八项的注意
第一不拿/工农一针线，群众对我/拥护又喜欢
……

诵唱时，也是上四字缓读，下五字急读，下里巴人，要求不高，被士兵齐声唱出，铿锵有力，节奏感强，很有气势，在行进中高唱此歌，更显万马奔腾之气势。今天我们听或唱《三大纪律八项注意》，就有这种感觉。

1947年10月，中国人民解放军正式发布《三大纪律八项注意》，1950年和1957年解放军总政治部两次对《三大纪律八项注意》进行修改完善，最终形成今天的《三大纪律八项注意》标准版。❶ 现在不清楚的是，我们是否可以倒推当时张之洞的《军歌》最终谱曲了？如果是，是不是就是今天《三大纪律八项注意》的曲子？

在冯友兰晚年的回忆录里，也这样记录了当时诵唱《学堂歌》的情形："我们这些小孩也学唱这个歌，其实也无所谓唱，因为本来没有谱子，只要大声念，再把腔拉长一点，就算是唱了。"❷《学堂歌》要求"凡学生整列入学时，放学时，整列移动时，出队操演时，行步俱以歌为节，上六字缓读，每一字一步，此六字略一停顿，下七字急读，七字共四步。"❸ 列队学生娃娃在行进中，扯起喉咙大声喊出来，稚声可爱，也是铿锵有声、像模像样、颇有准军人气势的：

历史学　知已往/世界变迁弱变强
地理学　先本乡/由近及远分方向
算数学　简为上/比例代数捷非常

---

❶ 刘琪. 《三大纪律八项注意》歌的诞生与演变[J]. 军营文化天地，2006（3）：3.
❷ 冯友兰. 三松堂自序[M]. 北京：人民出版社，2008：7-8.
❸ 王杨宗编校，近代科学在中国的传播（下）[M]. 济南：山东教育出版社，2009：614.

博物学　穷天壤/卫生益智心开朗
理化学　原质祥/配化制造通阴阳
电矿汽　力声光/理化门门有专长
政法学　治国方/后生浅学莫躁妄
体操学　关衰旺/人人胜兵其国昌

张之洞在古今中西大交汇的关口，博采精取，正视时代提出的新课题，浓缩古今中外知识为一体，遣词用语，锤字炼句，创作了《张相国新撰唱歌教科书》，它虽有一定的历史局限性，但却成为唱响在晚清的别样教科书。❶

---

❶ 石鸥. 唱响在晚清的别样教科书［J］. 书屋，2008（9）：1.

欲图教育之普及,必自改良教科书始
——蔡元培与教科书

蔡元培（1868~1940），字鹤卿，号孑民，浙江绍兴人，民主主义革命家和教育家。曾经担任过绍兴中西学堂监督、上海南洋公学特班总教习，出任过南京临时政府教育总长、北京大学校长、大学院院长、中央研究院院长；阅历丰富，功业显赫，被毛泽东称为"民族伟人"、"学术领袖"。

可以这么说，蔡元培是现代中国知识界的卓越前驱，中国教育史上一位里程碑式的杰出人物。其备受关注的教育实践和教育思想涉及教育宗旨、大学教育、基础教育、社会教育、职业教育、女子教育等各个领域；但人们对他在中国现代教科书发展中举足轻重的作用研究很少。其实，在思想启蒙的大潮中，在中西文化的激烈碰撞中，蔡元培审时度势，洞察秋毫，充分意识到教科书在救国图存中的价值，倡导教科书建设，构建教科书制度，并身体力行，亲自参与教科书的编审。蔡元培在就任北大校长的演讲中说过，自己近期要做两件事，一是改良讲义，二是添购书籍。这两件事情虽小，却是建构良好教育的基本条件，是新式学堂最迫切需要的。蔡元培兑现了自己的承诺。而且不知道是不是巧合，清末民初许多参与教科书建设的学者都被蔡元培聘为北大教授或都像蔡元培一样，在早期的北大做过教授，诸如严复、胡适、陈独秀、章士钊、刘师培、陶孟和、周作人、冯友兰、陈衡哲、任鸿隽、林语堂、顾颉刚，等等。至于他身边的友人，为新式教科书建设功勋卓著的更是大有人在，如张元济、陆费逵、王云五、范源濂、杜亚泉等。

据不完全统计，蔡元培署名亲自编撰或校订或审阅或鉴定的教科书有《中学修身教科书》（商务印书馆，1907）、《最新修身教科书（初等小学）》（商务印书馆，1904）、《初等小学本国历史教科书》（上海会文学社，1905）、《最新官话识字教科书（初等小学）》（1907）、《新时代国语教科书（小学校初级）》（商务印书馆，1927）、《新时代国语教科书》（商务印书馆，初级中学）（1928）、《基本教科书国语（小学校初级）》（商务印书馆，1931）、《基本教科书国文教本（初级中学）》（商务印书馆，1932）、《初中国文教本》（中华书局，1930）等。他还主持制定了全新的资产阶级教育制度，包括教科书审定制度，全面废除了清政府学部编写的教科书，组织审定了大量适应民国需要的教科书，力求发展符合共和新时代的中国现代教科书体系，为我国教科书现代化做出了不可磨灭的贡献。

一、我国最早的新式教科书的"催生婆"

清末，蔡元培先后中秀才、举人、进士，授职翰林编修。中日甲午战争的惨败，丧权辱国的《马关条约》的签订，使这个年轻的翰林"痛苦流涕长太息"，❶ 于是潜心研究西方各国的政治、经济、文化教育和设施，以寻求救国之道。他认为"康党所以失败，由于不先培养革新之人才，而欲以少数人弋取政权，排斥顽旧，不能不情见势绌"❷。1898年秋，蔡元培抛弃了世俗所称羡的功名前程，托疾请假南下从事教育，开始了他教育救国的远大抱负。他不但直接任教于各新式学堂，还积极倡导并身体力行编写新式教科书。

蔡元培返乡后曾先后任绍兴中西学堂监督、剡山书院院长等，在不断的教育实践中，他非常关注新式教科书的发展。蔡元培认为"清之季世，师欧美各国及日本之制，废科举，立学校，始有教科书之名，为教习者，以授课之暇编纂之，限于日力，不能邃密。书肆诎于资而亟于

---

❶ 蔡元培. 孑民自述［M］. 南京：江苏人民出版社，1999：918.
❷ 桂勤. 蔡元培学术文化随笔［M］. 北京：中国青年出版社，1996：282.

利，以廉值购稿而印之，慰情胜无而已。"❶ 为了推进中国现代教科书的发展，"以教育中国男女青年，开发其智识，而推进其国家观念，以为他日恢复国权之基础为目的"，1900～1901年间，他撰写出《学堂教科论》一书。1902年4月27日，蔡元培与蒋智由等人在上海发起成立中国教育会并任会长，提出"我国今日学界最缺乏者为教科书，教育会发兴之始，即欲以此自任"❷。即以编辑适合我国教科书为己任。

上海澄衷学堂1901年开学后，刘树屏是第一任校长，旋即由蔡元培代理主持校务（蔡元培当时是总教习），所以，今天甚至有人认为蔡元培是第一任校长。但蔡元培没做多久，就去南洋公学了。蔡元培在1901年任澄衷学堂代理校长（蔡元培日记记载：农历3月19日去刘树屏家，答应代理一月），去职后仍然留在学堂做事，从事"编字课目"（农历7月25日的日记记载：去澄衷学堂，"编字课目，晨去昏回"）等工作。蔡元培所从事的"编字课目"的书，极有可能就是我国最早的新式教科书之一的澄衷学堂的《字课图说》。

特别值得一提的是，我国第一套现代意义的教科书就是在蔡元培的倡导和直接参与下面世的。

"现代意义的教科书应该满足如下条件：第一，产生了现代学制，根据学制，依学年学期而编写出版；第二，有与之配套的教授书（教授法、教学法）或教学参考书，教授书内容要包括分课教学建议，每课有教学时间建议等；第三，依据教学计划规定的学科分门别类地编写和出版。"❸ 根据这一标准，中国最早的现代意义教科书是1904年商务印书馆出版的《最新教科书》。

对于该套中国第一套现代意义的教科书，蔡元培不但积极策划，并亲自参与编撰。当时的蔡元培正兼任商务印书馆编译所长，他提出：废除科举、兴学校是大势所趋，编辑新式教科书实为急需，建议商务印书馆由编译转为自编新式教科书。商务印书馆"依蔡之计划，决议改变方

---

❶ 蔡元培. 商务印书馆总经理夏君传［M］//商务印书馆编辑部. 商务印书馆九十年. 北京：商务印书馆，1987：1.

❷ 冯自由. 革命逸史初集［M］. 北京：中华书局，1981：117.

❸ 石鸥. 最不该忽视的研究——关于教科书研究的几点思考［J］. 湖南师范大学教育科学学报，2007（5）：1.

针，从事编辑教科书。此商务印书馆编辑教科书之发端也"。❶ 1904 年商务印书馆成功推出了我国第一套现代意义的教科书《最新教科书》。该套教科书"开中国学校用书之新纪录"❷。《最新教科书》系列中的《最新初等小学修身教科书》10 册、《最新高等小学修身教科书》8 册等，蔡元培都亲自参与了它们的编校（初等小学各册由商务印书馆编译所编撰，高凤谦、蔡元培、张元济校订；高等小学各册则由蔡元培校订）。蔡元培等直接把关的这套修身教科书是我国第一套现代教科书，无编撰经验可言，但仍然取得显著的成就，为后续教科书奠定了基石。它最大的特点有：

一是内容上打破了我国传统的以三纲五常为经、以修齐治平为纬的伦理观念，而是从自由、平等、博爱的基点出发，力求体现新时代的特色。

二是全面配套教授法，方便和指导教师教学。《最新教科书》是我国最早系统编撰与学生用书相匹配的教师参考书——教授法的一套教科书。这就可以解答，《最新修身教科书》（第一册）全是插图，没有文字，教师的教和学生的学何从下手这么一个疑问了。❸

三是教科书之间注意横向配合和纵向衔接。比如蔡元培校订的修身教科书上的课文文字一定考虑国文教科书是否已经学习过。《最新初等小学修身教科书》第二册（光绪三十三年孟夏十三版）指出："所列文字即为图说，皆取儿童易解易读者，字数至多者不过三十二字，不逾国文教科书第二册每课字数。本编虽兼列文字，然修身科与国文科不同，仍以反复论解，令学生了解大义为主，不可拘泥文字徒责记诵。"第三册（宣统二年六月二版，第一页）规定："本编为初等小学堂第二年上半年之用（正月起六月止）。本编分二十课，每星期教授一课（计二小时），适供半年之用。授本编时学生已读过国文教科书两册，故所引古人之格言、遗事文字较第二册为繁，然至多者不过五十五字，不逾国文

---

❶ 蒋维乔. 编辑小学教科书之回忆（1897～1905）[M]//商务印书馆编辑部. 商务印书馆九十年. 北京：商务印书馆，1987：57.

❷ 庄俞. 清季兴学与最新教科书[C]//陈学恂主编. 中国近代教育史教学参考资料：上册. 北京：人民教育出版社，1986：656.

❸ 石鸥. 百年中国教科书论[M]. 长沙：湖南师范大学出版社，2013：145.

教科书第三册每课字数。"这样，国文课上学的东西使得修身课能够有效进行，不至于二者脱节；而修身课的教学，反过来又有助于巩固国文课内容。直至今天，我们有些学科的教科书还是互不关照，两两脱节。❶

整个《最新教科书》系列的情况如蒋维乔在《编辑小学教科书之回忆》一文中所说："教科书之形式内容，渐臻完备者，当推商务印书馆之《最新教科书》。此非作者身与其役，竟敢以此自夸，乃客观之事实可以证明：一、此书既出，其他书局之儿童读本，即渐渐不复流行。二、在白话教科书未提倡之前，凡各书局所编之教科书及学部国定之教科书，大率皆模仿此书之体裁。故在彼一时期，能完成教科书之使命者，舍《最新》之外，固罔有能当之无愧者也。"❷ 可见，《最新教科书》具有重要的历史意义。而蔡元培对这套教科书的成功面世是有重要贡献的。

值得注意的是，编撰新式教科书在当时完全是一个新生事物，所以商务印书馆和蔡元培一方面请日本学者参与其中，另一方面蔡元培自己创意，尝试采取承包法编撰课文，按课文数量付费。只是实践检验此法行不通。

1907年12月，蔡元培亲自编写的《中学修身教科书》（署名山阴蔡振）出版，共五册。❸ 这更是蔡元培编撰现代教科书的标志性著作。"本书悉本我国古圣贤道德之原理，旁及东西伦理学大家之学说，斟酌取舍，以求适合于今日之社会立说。"❹《中学修身教科书》不但采用了

---

❶ 石鸥. 百年中国教科书论［M］. 长沙：湖南师范大学出版社，2013：145－146.
❷ 王建军. 中国近代教科书发展研究［M］. 广州：广东教育出版社，1996：105－106.
❸ 这套教科书署名为"山阴蔡振"。据汪家熔先生在《商务印书馆九十年》（商务印书馆，1987年）第481－482页说明：因为1902年广智书局出版了中岛力造著、麦鼎华译的《中等教育伦理学讲话》，蔡先生为之作序。序文很推崇译述得好。这个译本照译了国家伦理篇，这和我国当时政治制度及政治气候是有所违碍的。张之洞见到后很不以为然。而蔡先生在序中还说"吾愿我国言教育者，亟取而应用之，无徒以《四书》《五经》种种参考书，扰我学子之思想也"。张之洞说"蔡序尤其谬妄"，加之后来的《苏报》案，为减少麻烦，此套教科书没有署蔡先生真名。另汪家熔先生说，这部书的第一册是在1907年4月蔡先生在北京等候出国时脱稿，第二、三册是在5月29日离北京之前脱稿，第四、五册是在德国时所编。另有研究认为，蔡元培作序的书是文明书局出版的，被下令查禁（教育部. 第一次中国教育年鉴：戊编［M］. 上海：开明书店，1934：121）。
❹ 蔡振. 中学修身教科书：第一册［M］. 4版. 上海：商务印书馆，1910：例言.

最新的"章节"体例编排,蔡元培还注意在书中揉进了西方一些进步的思想伦理观念,力求为中国的中学生提供一种全面、可行、积极、上进、能体现时代和社会发展要求的修身标准。这套教科书前四册讲述实践伦理学专题,即"修己、家族、社会、国家",第五册讲述理论伦理学,有"良心论、理想论、本务论、德论"等章节,全书开创性地构建了现代伦理学知识体系。同时,还提出了一系列新观念,表达了他希望学生能够时刻以国家和社会的发展为己任的思想。如以体育卫生为本的修身观,本无差等的权利观,非一人之国家观,无高下之职业观等,主张以自由、平等、博爱的原则统率人际关系。这些观点出现在清末的教科书中,不仅影响了一代人的智识水平和思想意识,而且为进一步的教育改革甚至社会改革奠定了思想基础。❶

1911年辛亥革命爆发,蔡元培在受命回国前修订完毕《中学修身教科书》,改五册为上下两篇。书于1912年5月出版,框架和初版书相比无大变动。

1909年9月蔡元培翻译出版了德国著名伦理学家保尔森(F. Paulsen)的《伦理学原理》,此书曾被大中小学校用作伦理学教科书。杨昌济在湖南第一师范学校教书时曾以此书作为伦理学教科书。当时在校读书的毛泽东,极爱读这本书,曾在这本共约十万字的书上,写下了一万二千一百多字的批注,其中有"道德哲学在开放之时代尤要","道德非必待人而有,待人而有者客观之道德律,独立所有者主观之道德律。吾人欲自尽其性,自完其心,自有最可宝贵之道德律","个人有无上之价值,百般之价值依个人而存,使无个人(或个体)则无宇宙,故谓个人之价值大于宇宙之价值可也。故凡有压抑个人、违背个性者,罪莫大焉。故吾国之三纲,在所必去,而教会、资本家、君主、国家四者同为天下之恶魔也"等等;毛泽东还对《伦理学原理》一书中的某些观点加以发挥和批判,写了一篇《心之力》的文章,被杨昌济先生大加称赞,给他打了一百分。❷ 此书对毛泽东之影响,由此可见一斑。

---

❶ 石鸥等. 蔡元培与中国现代教科书的发展[J]. 湖南师范大学学报:教育科学版,2009(2):6.

❷ 李锐. 毛泽东同志的初期革命活动[M]. 北京:中国青年出版社,1957:41.

二、民国教科书制度的奠基人

1911年10月,武昌起义成功,推翻了清政府统治。1912年1月,中华民国南京临时政府成立,蔡元培被任命为民国首任教育总长。上任伊始,蔡元培立即对教育的各个方面进行了大刀阔斧的改革,旨在"给教育立一个统一的智慧的百年大计"❶。他不仅提出了"五育并举"的教育方针,而且促进了民主共和教育宗旨的颁布及《壬子·癸丑学制》的形成,在指导思想、制度设计、改革策略各层面为中国现代教科书的发展奠定了一个全新的基础。

禁用清学部颁行之教科书,为民国教科书发展铺平道路。南京临时政府教育部成立后,蔡元培面临的棘手问题是如何使各地学校的混乱局面尽快恢复正常。有鉴于战争中各地教育"各自为令,不免互有异同,将使全国统一之教育界,俄焉分裂,至为可虑"的状况,❷ 教育部一成立便立即通电全国,明确规定于1912年1月19日"小学读经科,一律废止",且"凡各种教科书,务合乎共和民国宗旨,清学部颁行之教科书,一律禁用";"凡民间通行之教科书,其中如有尊崇满清朝廷,及旧时官制、军制等课,并避讳抬头字样,应由各书局自行修改,呈送样本于本部及本省民政司、教育总会存查。如学校教员遇有教科书中不合共和宗旨者,可随时删改,亦可指出呈请民政司或教育部通知该书局改正"。

一边禁止,一边建设。建设需要引导操作。引导操作莫过于课程标准。蔡元培主导的教育部迅速颁布《普通教育暂行课程之标准》,全力从课程内容上改造封建教育,建立民国教育内容体系,引导课程与教科书建设。课程标准规定了初等小学之科目为"修身、国文、算术、游戏体操,视地方情形,得加设图画、手工、唱歌之一科目或数科目。女子加课裁缝"。高等小学之科目为"修身、国文、算术、中华历史、地理、博物、理化、图画、手工、体操(兼游戏)。女子加课裁缝。视地

---

❶ 蔡元培. 邀范源濂任教育部次长的谈话[M]//高平叔. 蔡元培全集:第2卷. 北京:中华书局,1984:159.

❷ 南京临时政府教育部. 电各省颁发普通教育暂行办法:第4号[R]. 临时政府公报,1912.

方情形，得加设唱歌、外国语、农、工、商业之一科目或数科目"。中学校之科目为"修身、国文、外国语、历史、地理、数学、博物、理化、图画、手工、音乐、体操、法制、经济。女子加课裁缝、家政"❶。同时规定："小学手工科，应加注重"；"高等小学以上体操科，应注重兵式"；"初等小学算术科，自第三学年起，兼课珠算"；"中学校为普通教育，文、实不必分科"❷。从此，课程标准开始主导教科书发展，并一直贯穿整个民国时期。

一边禁止，一边建设。建设更需要指明方向。蔡元培明确表示，"养成共和国民健全之人格"乃民主共和教科书建设的指导思想。他彻底否定了清末"忠君""尊孔"的教育宗旨，指出"忠君与共和政体不合，尊孔与信仰自由相违"❸，认为"在普通教育，务顺应时势，养成共和国民健全之人格"。他从中国教育的实际情况出发，参考欧美各国的教育经验，提出"军国民教育、实利主义教育、公民道德教育、世界观教育和美感教育""五育并举"的教育方针。❹ 1912年9月2日教育部正式颁布实行新的教育宗旨："注重道德教育，以实利教育、军国民教育辅之，更以美感教育完成其道德。"这一教育宗旨就是以蔡元培所提出的"五育并举"的方针为基础制定的，它为现代教科书的发展指明了方向，成为当时教科书建设的目标和追求。1912年成立的中华书局把"养成中华共和国国民"，体现"军国民主义"作为教科书编撰的宗旨。❺ 而当时最大的教科书出版机构商务印书馆的教科书编辑要点，是"注重自由、平等之精神，守法合群之德义，以养成共和国民之人格"；"注重国体政体及一切政法常识，以普及参政之能力"；"注重体育及军事上之知识，以发挥尚武之精神"等。甚至当时有些教科书就以兵式体操的名义出现。

一边禁止，一边建设。建设的重点是教科书制度或框架结构的建设。民国初期，蔡元培任教育总长，很快就成立了编纂、审查二处。编

---

❶ 朱有瓛主编. 中国近代学制史资料：第3辑上册 [C]. 上海：华东师范大学出版社，1990：3 - 4.
❷ 南京临时政府教育部. 普通教育暂行办法：第4号 [R]. 临时政府公报，1912.
❸ 蔡元培. 对于教育方针之意见 [M] //蔡元培选集. 北京：中华书局，1959：14.
❹ 高平叔. 蔡元培全集：第2卷 [M]. 北京：中华书局，1984：263.
❺ 申报. 1912 - 2 - 23.

纂、审查二处的主要职责是：撰述教育方面必要之书，编辑本国教育法令，编译外国教育法令，审查教科书及用品。同时，颁布《审定教科书暂行章程》，并通饬各书局将出版的各种教科书送部审查。❶《审定教科书暂行章程》规定：❷

① 审定教科图书，在本部各学校令未颁发时，得依据本部普通教育暂行办法通令编纂。

② 图书发行人，应于图书出版前，将印本或稿本呈请教育部审定。如用印本呈请审定，由审查人将应修正者签示于该图书上，呈请应即照改。抽出重印，其修改无多者，可暂用校勘表，如用稿本呈请审定时，除签示修改照前项办理外，须并将拟用印刷之纸张行款册幅及封面样式等，并呈查阅，审查人审为可用，发还印刷，印成呈验，核与前式无误，即作为已审定之图书。

……

机构的设置与《审定教科书暂行章程》的颁布，表明在蔡元培的影响下，民国教育部正努力建设教科书审定制度。为了维护审定教科书的权威性，教育部又通告各书局："凡有经本部审定之图书，须照审定教科书暂行规则第九条办理，非照本部签示修改刊印者，不得称为审定本，不得自登本部审定之广告。如欲先登广告者，须以本部登入公报之批语为准，万不能就原批意为删节至违规则"。❸

紧接着，教育部在北京召开全国临时教育会议，改订学制，正式决定中小学教科书采用审定制，讨论并通过了"教科书审定办法案""各省图书审查会规程案"。❹ 9 月 13 日，教育部依据新宗旨、新学制对《审定教科书暂行章程》进行了修正，颁布了《审定教科用图书规程》，其基本要点如下：❺

---

❶ 教育部. 教育部通饬各书局教科图书审查 [J]. 教育杂志，1912（4）：23.

❷ 教育部. 教育部审定教科图书暂行章程 [J]. 教育杂志，1912（4）：1-2.

❸ 国家图书馆.（民国）教育部文牍政令汇编：第 1 册 [M]. 北京：全国图书馆文献微缩复制中心，2004：55-56.

❹ 璩鑫圭，唐良炎. 中国近代教育史资料汇编：学制演变 [M]. 上海：上海教育出版社，2007：655.

❺ 璩鑫圭，唐良炎. 中国近代教育史资料汇编：学制演变 [M]. 上海：上海教育出版社，2007：476-477.

① 初等小学校、高等小学校、中学校、师范学校教科用图书，任人自行编辑，惟须呈请教育部审定。

② 编辑教科用图书，应依据小学校令中学校令师范教育令。

③ 教科用图书，为初等小学校高等小学校，编辑者得以教员用学生用二种，呈请审定，为中学校师范学校，编辑者专以学生用一种，呈请审定。前项教员用图书，为记载教授事项之图书，或附属于该图书之挂图等类。

……

⑦ 已经审查之图书，由教育部送登政府公报，宣布其书名册数定价及某种学校所用并发行之年月日编辑人发行人之姓名等。

⑧ 凡图书于前条宣布之事项，如有更改，发行人须于三个月内呈请教育部复核，再登政府公报宣布，逾期即失审查效力。

⑨ 凡图书已经审定后，若变更其内容，发行人须于六个月内重呈审定，逾期即失审查效力。前项变更内容，如增减页数字句图画注释及换用纸张之类。

……

1927年10月中华民国大学院成立，蔡元培任院长。大学院专设书报编审组，职掌教科图书的审查工作。又在艺术教育委员会下设分组委员会——艺术教育编审委员会，辅助书报编审组，专司艺术教育书报之编纂及审查事宜。❶ 11月4日，议决修正通过《教科图书审查条例》并呈请国民政府核准通过。❷ 12月15日，大学院发布教科图书审查条例布告，该布告指出："前广东国民政府教育行政委员会公布的教科图书审查规程及三民主义教科图书审查规程应自该条例公布之日起同时废止，新颁条例除第一条应展缓至民国十七年九月一日实行外，其余各条均应切实执行。嗣后各中小学教科书编辑人或发行人，应即依照新颁条例内开各条，将各科教科书呈送本院审查，惟小学之用的国文、国语、历史、地理、常识、社会、公民各科，且前经呈送国民政府教育

---

❶ 大学院. 大学院艺术教育编审委员会组织条例 [J]. 大学院公报, 1928 (1): 73.
❷ 大学院. 大学院教育行政处处务会议录 [J]. 大学院公报, 1928 (2): 49.

行政委员会审查在案者,准免于再送。"❶《教科图书审查条例》的基本要点如下:❷

① 中小学所采用之教科图书,非经中华民国大学院审定者,不得采用或发行。

② 小学校及中等学校现在所采用之教科图书,如大学院认为不适当时,得通令各省区教育行政机关转饬所属各学校不得采用,并得禁止其发行。小学校及中等学校现在所采用之教科图书,如大学院认为其有不适当之处,得签示要点,酌定期限,饬令发行人或编辑人遵照修改,逾期不修正呈核时,得依前项办法处理之。

……

⑭ 图书审定后,如经过两年时期,经大学院认为不合时宜者,得取消其审定效力,但须在每学年开学期之三个月前行之。

⑮ 凡未经审定或依前列各条已失审定效力之图书,书面上不得载有大学院审定字样。违犯前项之规定,或对于禁行发行人之命令故不遵守者,科以法律上相当之处罚。

1928年2月、3月大学院根据三民主义先后颁布了《小学暂行条例》与《中学暂行条例》,❸ 重申中小学必须使用大学院审定的教科书。

为了进一步规范教科书的审定工作,大学院又公布了《大学院教科图书审查委员会组织条例》并制定了《暂行教科图书审查办法》。正是在蔡元培等人的不懈努力下,我国中小学教科书的审定走上了规范化、制度化的轨道。

三、白话教科书吹鼓手

清末民初,用通俗文字来开启民智成为一种现代性诉求。人们希望借助白话文的平民性和大众性,以成就国民文化之普及,塑造国民全新

---

❶ 大学院. 公布教科图书审查条例布告 [J]. 大学院公报, 1928 (1): 47.
❷ 大学院. 教科图书审查条例 [J]. 大学院公报, 1928 (1): 22-26.
❸ 大学院. 小学暂行条例,中学暂行条例 [J]. 大学院公报, 1928 (3、4): 13-17, 1-5.

的世界观、价值观，也就是说白话文已成为传播新文化、新思想的有效载体。蔡元培是积极支持和倡导新文化，身体力行白话文的先驱，他赞成文学革命，反对封建复古主义，倡导以科学和民主为内容的新思潮，认为新教育发展所面临的一个大问题，就是国语统一问题。而"教育不普及，语言不统一，实吾国今日之大患"，❶ "吾国今日欲图教育之普及，必自改良教科书始。欲改良教科书，必自改革今日教科书之文体，而专用寻常语言入文始"❷。

蔡元培在绍兴举办新学时期，曾于《学堂教科论》一文提出自己对于言文分离问题的看法，表达了对"言文画一"状态的期待。他说"凡人类之进化系乎思想，而思想之进步系乎语言。思想如传热，无语言以护之则热度不高；思想如流水，无语言以障之则水平如故。是故语言者，接续思想之记号也，犹不足以垂久远，于是有文字则又语言之记号也。思想如算理，语言如数学，文字则代数也。究算理者不能越数学而径习代数，传思想者岂能越语言而径凭文字乎。秦汉以来，治文字不治语言，文字画一而语言不画一，于是语言与文字离，于是识字之人少而无以促思想之进步。迩者有品之士，为切音新字，为白话报为白话经解（绍兴北乡义塾为之），思有以沟通之……"❸ 在蔡元培的理解中，言文合一是教育普及的基础，而教育普及又直接影响了思想的发达。蔡元培早在近代白话文运动的浪潮中，就已经表达了对于白话文体的关注，并在后来创办报刊、宣传革命的启蒙活动中进行了实际的白话写作。1903～1904年他参与《俄事警闻》及《警钟》的编辑时，便大量尝试，身体力行用白话文体来写作，"每日有白话文与文言文论说各一篇"❹。但他同时又说："但那时候作白话文的缘故，是专为通俗易理解，可以普及常识，并非取文言而代之。"❺ 这就是说，那时作为启蒙

---

❶ 高平叔. 蔡元培全集：第3卷［M］. 北京：中华书局，1984：256.
❷ 蔡元培. 发起国语研究会请立案呈［A］//高平叔编. 蔡元培语言及文学论著［M］. 北京：中华书局，1985：159.
❸ 高平叔. 蔡元培全集：第1卷［M］. 北京：中华书局，1984：149.
❹ 蔡元培. 中国新文学大系·总序［A］//赵家璧，主编. 中国新文学大系［C］. 上海：上海良友图书印刷公司，1935：7.
❺ 蔡元培. 中国新文学大系·总序［A］//赵家璧，主编. 中国新文学大系［C］. 上海：上海良友图书印刷公司，1935：7.

家和革命者的蔡元培完全是从启发民智、鼓吹革命的角度来写作白话文的。

辛亥革命前后，教育界再次兴起了采用国语教授的呼声。当时担任南京临时政府教育总长的蔡元培极为赞同并推进国语即白话文教科书的建设。

1916年10月，蔡元培、吴敬恒、黎锦熙等人在北京发起成立"国语研究会"。他们认为帝制之所以能够得以复辟，是因为民智落后于国体，尤其是大多数人不能充分运用语言文字这个工具。1917年国语研究会召开第一次大会，选蔡元培为会长，并且拟定了《国语研究调查之进行计划书》。1919年11月17日，蔡元培在北京女子高等师范学校发表的《国文之将来》的演说中表明："白话是用今人的话传达今人的意思，是直接的。文言是用古人的话来传达今人的意思，是间接的。"❶他说："我敢断定，白话派一定占优势。以照我的观察，将来应用文，一定全用白话"，❷因为白话顺应了"言文合一"的历史趋势。蔡元培认为"夫教育不普及，语言不统一，实吾国今日之大患"❸。认为白话顺应了"言文合一"的历史趋势，并从教育改革的角度阐述了文体改革的必要性。这种主张在当时无疑具有重要的导向价值，对教科书建设意义很大。

作为一名卓越的教育家，蔡元培认为"窃谓吾国今日欲图教育之普及，必自改良教科书始。欲改良教科书，必自改革今日教科书之文体，而专用寻常语言入文始"❹。这种主张在当时无疑具有重要的指导价值。1920年1月8日，蔡元培任会长的国语研究会致函教育部，说他们搜集国语书籍已有几十种，"山西全省国民学校都已改用国语教科书，即使用白话课本。江苏、浙江、湖南等各省小学校亦多有改用国文教科书或兼用国语者。而本届省教育会联合会，有各省设立国语研究会之议，是国语教育问题已日益迫切，则关于国语之材料需用自当益广。本会有鉴

---

❶ 蔡元培. 国文之将来［M］//高平叔编. 蔡元培教育论著选. 北京：人民教育出版社，2011：250.

❷ 高平叔编. 蔡元培全集：第3卷［M］. 北京：中华书局，1984：358.

❸ 高平叔编. 蔡元培全集：第3卷［M］. 北京：中华书局，1984：256.

❹ 蔡元培. 蔡元培语言及文学论著［M］. 河北：河北人民出版社，1985：159.

于此，爰将所得书籍择其无背大部教育宗旨者若干种，开列清单，送请鉴核。并附清单二百份，请分咨各省教育机关及学校研究"。教育部当即即行咨发。1920年1月12日，北洋政府教育部明令改"国文"为"国语"，并通令全国各国民学校先将一、二年级的"国文"改为语体文（即白话文），同年四月，又通令全国各地，从1922年以后，凡国民小学各种教科书一律改为白话文。文言文教科书逐渐被淘汰。

蔡元培不但倡导新文化，鼓励白话教科书，而且身体力行，推动白话教科书的普及。1917年，蔡元培、李石曾等在北京创办了一所新型学校——孔德学校。学校曾经组织胡适、徐悲鸿、钱玄同、沈尹默等十几人，专门讨论教科书问题。大家对现有教科书的不足提出了许多意见，其中两点最突出：一是教育之根本问题。教育对社会进步起一个什么作用，教科书应向受教育者宣扬什么主张，这是大家普遍认为教科书的根本不足。二是教科书之形式问题，尤其是教科书的言文不一致问题。大家认为，采用白话文编写教科书已经到了非解决不可的地步。于是，会议决定由孔德学校自编白话文教科书。顾石君甚至提出："今日所译之教科书，决非专为孔德学校，而为全国各学校计。"❶ 这些问题的提出，表明对教科书的思考已深入到较为实质性的层面。1918年，沈尹默、钱玄同、陈大齐等以"新教育研究会"的名义编出了孔德小学一年级学生用的国语课本，由徐悲鸿负责插图。小学一年级国语课本中先教注音字母，这在当时是一种崭新的试验。钱玄同在《新青年》6卷6号（1919年6月）的"通信"中说："去年蔡子民先生在北京办了个孔德学校，先把那国民学校第一年级改用国语教授，由我们几个人编了一本《国语读本》第一册，据教的人说比用坊间出版的国文教科书，学生要容易领会得多了。"一年后的暑假，孔德小学接着编辑各年级国语课本。他们以商务印书馆出版的课本为蓝本，从中挑选课文，加以审订，并用白话重写，加标点注音，然后油印成活页讲义发给学生用。1920年10月，周作人又向学校建议，让小学生读有文学趣味的白话作品。此后孔德学校的小学、中学国语教材就由周、钱、沈主持，从新出版的书报杂志中选择，有童话、故事、小说、散文、短剧、论述文等。

---

❶ 蔡元培. 蔡元培全集［M］. 北京：中华书局，1984：167.

教材是活页讲义，每年都有变更，不断增添新文章（孔德学校不用书局出版的语文教科书，自己编选教材，有将近20年的历史，直到1937年"七七"事变后，孔德学校才用书局出版的课本）。孔德学校的试验为白话教科书的发展提供了良好的经验。

在新文化运动以及蔡元培等大批知识分子的推动下，白话文教科书渐次普及，文言文教科书逐渐被淘汰。据历届国语统一会审查工作的报告，仅1920年就审定了173册白话文国语教科书，1921年又审定了118册。❶ 1927年6月17日，蔡元培被任命为大学院院长。7月26日，大学院通电小学一律采用语体文，初中入学考试不考文言文。语体文教学与写作成为现实，白话文教科书在中小学正式使用，这标志着中国教科书发展进入一个新的阶段，现代基础教育的发展步入一个崭新的时代。

四、我国大学教科书本土化的设计师

中国新式大学产生后的很长一段时间里，大学教学多用外国人编写的教科书，有的还是外文原版。对于中国大学生几乎清一色使用外文教材的不正常状况，教育界人士深感忧虑。"五四"运动前后，在蔡元培的倡导下，北京大学编撰出版了我国最早的自编大学教材——"北京大学丛书"。据《张元济年谱》记载："（1918年）7月9日，应蔡元培邀请赴北京大学座谈。……后又参加《北京大学丛书》编委会。到会者为蔡元培、夏元瑮、陈独秀、王长信、胡适、章士钊。会上出示已成三书稿：《人类学》（陈映璜）、《心理学大纲》（陈大齐）、《欧洲文学史》（周作人）。"除上述三种之外，还有胡适的《中国哲学史大纲》和梁漱溟的《印度哲学概论》。这些著作大都是在当时授课讲义的基础上编纂的，作者大都刚从欧美、日本学成归国，接受过系统严格的学术训练，能够引入国外学术新动向、新观点，参之以个人的学术研究成果与心得，其中不乏高等教育学科建设的开山之作，如陈映璜的《人类学》（列为"北京大学丛书之四"，1918年10月初版），被称为中国体格人

---

❶ 黎锦熙. 国语运动史纲：卷二［M］. 上海：商务印书馆，1934：121.

类学的开山之作。

20世纪30年代,我国大学教育发展迟缓,其主要原因之一,就是缺乏本国编写的大学教科书。1931年4月,蔡元培在《申报》上发表《国化教科书问题》一文,指出"现在我国学校,自高中以上,率多采用外国文本子,尤其是自然科学,如数理化动植矿等科,多用原文教学。这固然是我们文化落伍的国家,想得到现代的知识所用的苦法子。但吾人终须认为这是不得已的过渡方法。倘若将这种不良状况长时间的展延下去,则吾国学子所受的损失,将不可言谕,实为一件可恼痛的事"❶。提出"国化教科书"的主张,意思就是"把我国各学校所应用的各项教科书——社会科学的或自然科学的——除外国文学而外,都应使之中国化。再明白点讲,就是除开外国文学一项,其余各种科学,都应该采用中国文做的教本"❷。蔡元培还陈述多用外文教本的三项不利之处:其一,糜费时间与脑力;其二,与国情不合;其三,足为普及教育的障碍。他对这三条都有详尽的阐说,如第二条,课本中所举证的实例全取材于外国,"用这种书教中国学生,既不免有隔膜恍惚的弊病,将来出而应世,亦不能充分应用"❸。他认为编印出版中国自己的大学教科书,是近代中国高等教育和学术文化发展的重要课题,如果能够实现这个目标,"则中国青年幸甚,中国文化前途幸甚"❹。

在这一背景下,商务印书馆请蔡元培领衔,邀集国内各大学及学术团体代表组织大学丛书委员会,委员会成员学术造诣高深,有蔡元培、胡适、王世杰、朱家骅、马寅初、任鸿隽、李四光、竺可桢、蒋梦麟、罗家伦等人,约三分之一成员后来膺选为第一届中央研究院院士。委员会"草拟大学校各学院必修的科目,再分别缓急先后,拟定于五年内编印第一期大学用书三百种",❺自次年起每年出版40册。《大学丛书》不仅有国内专家学者的自撰教材,也有大量外国著作的中译本。蔡元培经常参与书稿审读的具体工作。如兰弗得等著的《心理学》一书,蔡

---

❶ 蔡元培. 国化教科书问题 [J]. 申报,1931,大东书局特刊.
❷ 蔡元培. 国化教科书问题 [J]. 申报,1931,大东书局特刊.
❸ 蔡元培. 国化教科书问题 [J]. 申报,1931,大东书局特刊.
❹ 蔡元培. 国化教科书问题 [J]. 申报,1931,大东书局特刊.
❺ 李伯嘉. "一·二八"后的商务印书馆 [C] //商务印书馆. 商务印书馆九十五年. 北京:商务印书馆,1992:329.

元培逐字审读后才确定列入选题计划。从1932~1949年，这套《大学丛书》共出版过三百多种。其中如冯友兰的《中国哲学史》、王力的《中国音韵学》、钱穆的《中国近三百年学术史》等都是影响深远的名著。有的教科书，如厦门大学校长萨本栋所著《物理学》甚至在国外被译成英文出版。此丛书结束了清末以来外文原版教科书垄断我国高等学府的时代，涉及政法、工商、教育、医学等各科，出版后，国内各大学比较乐于采用，从而提高了国内学术著作的水准，并大大减轻了大学生的经济负担。

纵观蔡元培的一生，从早期执教于中国新式教科书的发轫重镇南洋公学以及澄衷学堂，到拟定商务印书馆出版现代教科书的基本方针，直接推动中国第一套现代意义教科书的产生，再到出掌国民政府教育总长积极制定教育方针与制度，引发民初民主共和教科书的繁荣，又到积极推动国语运动，使白话教科书最终取代文言文教科书，甚至大学教科书的发展等，中国现代教科书发展史上的许多关键事件都和先生的倾力投入分不开。蔡元培以其强烈的历史感和高瞻远瞩的自觉意识，在中西文化交流大潮中审时度势，极大地推动了现代教科书发展的历史进程，为我国教科书现代化做出了不可磨灭的贡献。

字里行间中国情

——陈独秀《小学万国地理新编》

在淘搜老教科书的过程中，总有意外的收获。手中这本泛黄的《小学万国地理新编》，封面上手书已显沧桑岁月的浓墨三字"自强子"，当为书的主人自称，颇合20世纪初救国图强的时代氛围。书中随处可见估计来自这位"自强子"的朱笔圈点，书主人油灯下彻夜阅读以求救国之道的急切心情赫然在目。该书虽然面世在一百多年前，但仍然那么新近，即便想把它推远也办不到，它总浮现到我的眼前，似乎在不断提醒着今天的人们——不要忘了它的存在，不要忘了它的作者，更不要忘了那段历史。

《小学万国地理新编》（以下简称《地理新编》），商务印书馆出版，光绪二十八年（1902年）三月初版，当年第二次刊印，光绪三十年（1904）十月3版。本书为光绪三十一年（1905）十月6版。扉页标记：光绪三十一年岁次乙巳，上海商务印书馆第四次刊印。线装直排，上下二卷一册全。上下卷的卷首第一行均突显了书的作者："皖怀陈乾生重辅氏编辑"。

记得刚翻开此书时，"皖怀陈乾生重辅氏"寥寥几个字，着实让我怦然心动，这可是叱咤风云的陈独秀。陈原名陈乾生，字重辅（或作仲甫），1879年10月9日生于安徽安庆怀宁县。曾以众甫、重甫、程仲辅、陈重辅、陈乾生、陈由己等署名著述。

众所周知，陈独秀是我国新文化运动的发起人和旗帜，中国文化启蒙运动的先驱，中国共产党的创始人及首任总书记。但很少有人知道他早期还多次编写教科书，力求实践其早期理想，而小小的课本，也已见这位革命领袖那改天换地的气概。

《地理新编》初版时，陈独秀23岁。就在此书出版的前一年1901年10月，他赴日本留学，广泛接触西方资产阶级政治学说。1902年3月回国，奔走于安徽安庆等地，组织"励志学社"，传播新知，开启民智，宣传爱国，鼓吹革命。他的《地理新编》随即出版发行。尽管该书对研究陈独秀的早期思想有重要意义，但仍然有需要澄清的地方。

一、《地理新编》：是编还是译

关于本书，有不同认识。2006年收藏界曾经出现小轰动，据说是发现了疑是《地理新编》稿本的精美小楷抄本，故而有人宣称该书没有正式出版过，存世的仅是稿本。对此抄本，有人赞同有人怀疑，但未正式出版一说不堪一驳。

比较一致的认识是，陈独秀于1902年交商务印书馆出版的《地理新编》，是以日本人斋藤鹿三郎的《地理教授法》为蓝本译编而成，《地理教授法》又是陈在日本亦乐书院留学期间的普通科课本，也即以他在日本留学的课本为依据编译而成。❶ 该观点演绎自日本早稻田大学教授实藤惠秀，他在《中译日文书目录》❷ 一书中称：陈独秀曾翻译过日本斋藤鹿三郎的《地理教授法》一书，可能就是这本《地理新编》。持此种观点的占多数，认定该书是作者在翻译的基础上改编而成的。

其实，只要我们仔细研读内容，并利用其他方面的证据，就不难发现，本书主要是作者编辑而成，且有很大成分的创新，绝非译作，也不仅仅是细枝末节的改动。理由很多，略举一二。

---

❶ 沈寂. 陈独秀留学问题再考［J］. 安徽史学，1992（4）：21. 沈寂. 陈独秀编辑学刊［J］. 与商务印书馆，1996（2）：12.

❷ 日文原书为：实藤惠秀编，《中译日文书目录》，东京国际文化振兴会，昭和20年版。此书后中文修订汇编出版为：实藤惠秀监修，谭汝谦主编，小川博编辑，《中国译日本书综合目录》，香港中文大学出版社，1980. 此书第440页中书目汇编中提到：斋藤鹿三郎著，陈由己译，《地理教授法》，东大陆译印局，1911年前版（注：陈由己是陈独秀的别号）。

第一，实藤惠秀认为，陈独秀曾翻译过日本斋藤鹿三郎的《地理教授法》一书，这是可以确证的。顾燮光的《译书经眼录》（1934年）提到：《地理教授法》，斋藤鹿三郎著，陈由己译（陈独秀的笔名），东大陆译印局印。但没有注明这书何时翻译出版，只是"该书最初以《最新地理教授法》为题，连载于《湖北学报》1903年6月的第13至15册上，后出单行本"❶（即《地理教授法》）。既然先在1903年的《湖北学报》上连载，单行本肯定在这之后出版，那也肯定是在《地理新编》后出版。且《地理教授法》一书"为小学教授地理之用，凡九章。述明地理科之意义、性质、要点、历史、目的，教授之时期、材料、地理、方法、器械、注意等类。作者系日人，所定课程多为日本地理，苟取为吾华教科书之用，当酌改之，庶免邻猫产子之消"❷。而《最新地理教授法》❸也只有三部分："一、地理学讲究至晚近大变动"；"二、美国教育家讲究地理学之意见"；"三、地理科教授刍议"，该部分含教授之时期、材料、地理、方法、器械、注意等内容，且多举例日本地理说明之。这些内容与陈独秀编写的万国地理几乎完全不同，《地理新编》分六篇若干章，欧洲多达17章，澳洲则只有4章。首为全地总论，内容有象数地理（讲述宇宙空间，包括行星、地轴、赤道、五带等内容）、形质地理（全球的地形分布，介绍大洲、大洋和地形等内容）、政事地理（简述生物、人种分布、政治制度、宗教、风俗、物产等）。这与今天的天文地理、地文地理、人文地理的分类形异质同。从第二篇起，次亚洲，次欧洲，次非洲，次澳洲，次美洲，为五大洲各国的地理，没有涉及教授法的内容。可见，《地理新编》明显不是以斋藤鹿三郎的《（最新）地理教授法》为蓝本的。

第二，从该书的内容篇幅和行文措辞可以明显看出是原作而不是译自日书。

首先，从篇幅和安排顺序上看，第二篇"亚洲各国"，第二章即"中华帝国"，紧排在第一章"亚洲总论"之后，第三章才是"日本帝

---

❶ 邹振环. 晚清西方地理学在中国 [M]. 上海：上海古籍出版社，2000：364.
❷ 王韬、顾燮光等. 近代译书目 [M]. 北京：北京图书馆出版社，2003：542.
❸ 斋藤鹿三郎. 最新地理教授法 [J]. 湖北学报第一集第13，14，15册连载，光绪二十九年（1903）5月15日，5月25日，闰月5日.

国"。而篇幅差别更大，中华帝国共 6 面整，而日本只有不到 3 面的篇幅。

其次，作者对中国及华人充满了同情之心，足可以证明作者的中国人身份，这是与翻译或译本大为不同的。

在写美国时，作者认为："华人分处东西，颇获利益，为美工所忌，迫令政府于 1882 年定禁止华工二十年之例。故华工所虐日深。今年为满禁之期，而主张更续前例者甚多。呜呼，酷矣。"笔下情深，非同胞之亲，难有如此之痛。

在写"安南"（越南）时：自古为中国藩属，近年法国出兵占领东京、交趾支那二部，为殖民地，归法国总督治理……法人在此，施行虐政，土人不堪其苦，寓居华人，亦时遭荼毒。

写"澳大利亚群岛"：现时人口共四百五十万，英产为多，华人亦居七万余，以采金种烟为业。唯英抽华人身税极苛，现且颁限止华人之律矣。

写"英属坎拿大"（加拿大）：近时自由党代保守党执政，严保护内工、排斥华人之律。

写"西伯利亚（属俄罗斯）"：三十年前，割中国黑龙江省北境，……割吉林省东境。

再次，该书字里行间，明显透出作者的中国中心论，不自觉地以中国为分析的逻辑中心。浏览全书，可以发现，作者实际上有意无意以中国眼光或中国中心来思考写作。这足以证明本书的作者不是日本人，只能是中国人。这方面的例子在书中比比皆是，比如：

他是这样来写"高丽"（朝鲜）的：

高丽王国，政体君主专制，大臣亦揽权，惟人民不能参与。前属中国，今为独立自主之邦，而法制犹多仿中国，官吏多虐待人民，而人民委弱，无敢主张民权自由，与之相抗，故国力日益衰弱焉。人性忧柔，多怠惰卑屈之风，北方人朴而少文，女子勤工作。……官多世禄，平民虽有智慧，亦难上进，乡民奇苦。

在写"马来西亚群岛"时写道：大小千余岛，环列中国南海，故又名南洋各岛。……汉代始通中国，唐代互市广东，明代欧种东来……

中国闽广之人，亦于是时迁居各地开垦操舟。

一曰菲律滨群岛。……初为西班牙属部，一千八百九十九年（光绪二十五年）古巴之役，美败西军，遂割于美。

二曰苏禄群岛。……明代中国册封为王。

三曰波罗洲岛。……明代中国册封为王。后为粤人所袭，至今粤人犹多……波罗洲公司，广招华工开垦，至今来者日多。

……苏门答拉东南，曰瓜哇岛……人口有二千万，内华人二十万……华人多服欧装，荷人择其贤者，专理华事。

"荷兰王国"：民习于水，故操舟航海，开欧洲各国之先声。又多专心商业，不惮远行，至今中国南洋各岛。

"孔戈国"（刚果）：一千八百九十八年，与中国立约通商，中国之人，亦可至此做工。

"英属坎拿大"（加拿大）：中国、日本人在此业渔者甚众……坎拿大太平洋铁路，一千八百九十一年告成，自欧赴华，……由此路抵万古法，易轮渡太平洋，直达日本至沪，较由马赛、经红海、新加坡者，速七日。

说"埃及"：立国之古，殆与中国、印度相同，四千年前，即为著名文教之国。

通览全书，这一类可以佐证非译本的内容几唾手可得。再看：

在写高丽特产时，一句"惜其沿海渔利，全归日本人"，基本可以判定不是日本人所写。

在写日本时，作者称"属部有琉球、台湾，皆取自中国"。似有愤懑之意，更不像是日本人所写。

书中提到"苏以士运河"：故今苏以士运河权利，几为法人所独居也。埃及王前亦有股票十七万七千股，后售于英，得英金合华一千六百万两。——此句基本可以判断作者是华人。

当时商务印书馆如此介绍《地理新编》："记载明晰，纲举目张，文辞雅饬，浅显易解。选用地名皆沿旧称，绝无近日译本新奇骇怪之弊，以供小学教授，最为合宜。"也否定了译本的说法。

综上所述，该书当是陈独秀所编写已证据确凿，用今人的习惯做法，至少可以认为是编著。也可能借鉴了其他地理教科书的内容，但基本上可以判断不是译自《（最新）地理教授法》一书。

当然，《小学万国地理新编》在陈独秀两次去日本留学期间出版，应该说这部书的内容部分是他在日本学到的知识的转化也不是不可能的。

二、《地理新编》的若干启示

其一，《地理新编》体现了作者早期的爱国思想与民主追求。 该书面世两年后的1904年，陈独秀写道："以前，在家里读书的时候，天天只知道吃饭睡觉。就是发奋有为，也不过是念念文章，想骗几层功名，光耀门楣罢了。哪知道国家是什么东西，和我有什么关系呢？到了甲午年，才听见人说有个什么日本国，把我们中国打败了。到了庚子年，……八国的联合军，把中国打败了。此时，我才晓得，世界上的人，原来是分为一国一国的，此疆彼界，各不相下。……一国的盛衰荣辱，全国的人都是一样消受，我一个人如何能逃脱得出呢？我想到这里，不觉一身冷汗，十分惭愧。我生长二十多岁，才知道国家乃是全国人的大家，才知道人人有应当尽力于这大家的大义。……自古道，国亡家破，四字相连。……我越思越想，悲从中来，我们中国何以不如外国，要被外国欺侮，此中必有缘故。我便去到各国，查看一番。"❶ 这样，对闭关锁国的悲愤，促使陈独秀于1901年22岁时东渡日本，开始了求知救国的生涯。一年后就有《地理新编》的面世，足可见陈独秀在日本留学期间的勤奋，这也可以说是陈独秀苦于自己早年受传统封闭教育，从而发奋开启民智的努力的结果。

《地理新编》字里行间，已流露出陈独秀对劳苦大众的同情与怜悯，透露着他对民主自由的追求与羡慕，更反映着他对封建专制的不满与反抗。试举几例，来窥见陈独秀的早期思想端倪：

在第二篇"亚洲各国"的第二章"中华帝国"中，他写道：

自古政体，皆主专制，政无大小，听命于朝。人民不能参预，生杀

---

❶ 陈独秀. 说国家［M］//党史资料丛刊编辑部编. 党史资料丛刊：第4辑. 上海：上海人民出版社，1980：103.

与夺，皆君一人专之。

即便1902年时期清朝国势已日见倾颓，对于专制政体的批判性评述也有所显现，但书中能有这样的文字，作者得有足够的勇气，也不能不佩服出版商的识见。这一思想成为教科书内容，必然有助于晚清的中国人认识中外政体的异同，也为十年后的辛亥革命顺利推翻清王朝进行了思想准备。对于中国人，陈独秀写道：

人情耐劳苦，务货财，唯少合群爱国之性，至男子吸鸦片，女子贵缠足，乃中国特别之敝俗。

对国人"少合群爱国之性"的忧虑，颇似鲁迅。而"教育以伦理为主，考试专重儒学"的描写，更是入木三分，切中中国传统教育的本质，也为未来他对传统教育的彻底反叛打下了认识基础。

《地理新编》是这样描写日本帝国的：

政体古系封建，君位一姓相承，君主总揽政权，今皇明治即位以来，忧心外患，发愤图强，诏开议院，许民参政，国由以强，亚洲创行立宪政体，君民共主国政者，自日本始矣。维新以来，教育日进文明，报馆学堂，遍于国内。人情勇敢，多慷慨侠烈之士，容貌酷似中国人，惟男不梳辫，女不缠足耳。

这与当时甲午海战，中国败北，国人对日本刮目相看，掀起学日留日高潮的背景吻合。

在描写美国从英国殖民地中独立出来时，陈独秀用词激昂，颇显露出日后他指点江山的气概："撞自由钟，集全国民，公布独立檄文，举兵抗英，推华盛顿为元帅，血战八年……"。这已经不是在写地理课本了，而是在写他高扬反清革命大旗的宣言（晚清一段时期，"撞自由钟"一说不断出现，比如"撞自由钟、树独立旗"，"独立厅建、自由钟撞""撞破自由钟"等）。陈独秀早期追求自由民主的风格，展现得淋漓尽致。

作者的民主思想还可以从其对欧洲各国的介绍中体现出来。在"欧洲总论"中，作者写道："全洲地小而民强，为国十余……政体各殊，计民主共和之国凡二，法兰西、瑞士是也；君主立宪之国凡十一，曰英曰德……"接着分别介绍欧洲不同国家，竟然首先是法兰西，其次是瑞士，英国、德国都在后面介绍，显然作者没有以大国、强国作为介绍的顺序，而是把民主国家放在最前面，这是作者心仪的国家、心仪的政体。试看对"瑞士民主国"的描述：国政系民主共和，二十二州，各举代议士，至京都伯尔尼，会议国政，地方皆乡官自治，久无战事，为全欧第一乐土。……全地人性宽和，娴于义理，家给人足，终身悦乐焉。

纵观全书，作者很少这样描述一个国家的人性，几乎只有优点，没有缺点。对民主国家赞誉有加。

其二，《地理新编》表现出作者的政治敏锐性和思想深刻性。虽然是地理课本，但对当时各国地理风物、人情、宗教、民族进行了较详尽的描写，对各国的政治制度也有独到的分析，从字里行间我们可以看到作者陈独秀在23岁时就表现出来的敏锐认识和深刻洞见。对"俄罗斯帝国"的评价就是很好的例子：

政体系君主专政，不立议会院，君主独揽政权……咸执压制平民之政策。国中有尼西利党人（应为虚无党人，Nihilists——引者），反抗政府，民之不平朝政者多附之。前皇帝亚历山大，即于十年前被该党所刺。近复扰乱异常，凡大小学校之师徒，无有不附该党者。俄之君臣，有岌岌不可终日之势焉。

1902年作者写完这段话，十多年后，沙皇政府倒台。

再看，在写美国时，说到华人在美国的发展，"华人分处东西，颇获利益，为美工所忌……呜呼，酷矣"。"为美工所忌"一句，似乎提前一百多年写出了今日部分美国人对中国、对中国人、对中国产品的片面认识。

写"英吉利王国"：政体名虽君主立宪，实系民主共和，国之大权，悉为众民议院所执。君主及贵族，均无实权。历代临御王位，不分男女，惟以长幼为序。苏阿二岛，政事统辖于英格伦，不别设政府，惟阿人不喜英政，常欲创自立议院焉。

苏阿二岛，指苏格兰和爱尔兰。爱尔兰后来的发展，进一步证实了"不喜英政"的认识。

……

在锁国愚民、百姓对外部世界十分无知的年代，《地理新编》实乃启迪民智的好书，成为当时商务印书馆比较畅销的教科书之一，曾经多次再版发行，目前看到的版本已经到第十版即第十次印刷了（宣统三年正月，1911年）。该书的传播，让国人知道除有"天子"世袭的封建帝国外，还有"民主""共和"之国，这一认识很快就转化为批判的武器，成为辛亥革命的助推器。

是的，当清政权启开现代教育之幕，允许《地理新编》之类的现代意义的课本进入课堂，武装年轻人的头脑和思想时，清政权除了让位，已别无选择，别无出路。现代教育与教科书切断了清王朝的任何退路，也切断了社会后退的任何可能。当大量新课本进入课堂后，中国社会就只能行进在现代化发展的轨道上，即便缓慢曲折，但谁也挡不住。

最早的自编新式教科书
——南洋公学的《(新订)蒙学课本》

甲午战争后，国家处在危急存亡之秋，人的问题是根本问题。中国国民素质里最缺少什么？成为世纪之交的先驱最为关注的问题。严复在1895年发表的著名论文《原强》中，痛言"民智已下矣，民德已衰矣，民力已困矣"，❶ 并完整地阐释了"开民智、鼓民力、新民德"之说。1896年刑部侍郎李端棻在《请推广学校折》中建议："令每省每县各改其一院，推广功课，变通章程，以为学堂。"❷ 然后再逐渐推广。当时，"中国之患不在一人而在全体，于是汲汲言教育"。❸ 有志之士认为中国使人忧虑的不在于贫穷和软弱，而在于国人的糊涂和愚陋。因此，在"贫"与"愚"的问题上，治"愚"更重要。"今中国有至大之患二，一曰贫，二曰愚。此二者有其一焉，则是以亡国灭种。贫可生愚，愚可生贫。……故曰，就中国之贫，宜先开中国之智。"❹ 所谓开民智就是要通过教育和宣传手段启发全体国民的智识，使其从愚昧走向国富民强的新目标，希望通过教育养成"国民之资格，发达御侮之能力"❺。在这样的思想背景下，"开民智"三个字成了清末知识界共识，启蒙大众

---

❶ 严复. 原强及修订稿 [M] //王拭，编. 严复集·诗文上：第1册. 北京：中华书局，1986：5-32.
❷ 朱有瓛主编. 中国近代学制史料：第1辑下册 [M]. 上海：华东师范大学出版社，1986：489.
❸ 国魂篇 [J]. 浙江潮，1903 (1).
❹ 论贫与愚之因果 [J]. 东方杂志，1904 (1).
❺ 研究教育私议 [N]. 大公报，1906-12-5.

成为这一时期社会思潮演变的重要特征。率先实施者是洋务派官僚、企业家盛宣怀,他建立的天津西学学堂(1895)和上海南洋公学(1897)是中国最早的分阶段的新型普通学校。此后,北京通艺学堂(1897)、绍兴中西学堂(1897)、广州时敏学堂(1898)、无锡三等公学堂(1898)、上海澄衷蒙学堂(1901)等相继成立。

当时,"中西并重"几乎成为所有新式学堂课程设置的基本准则,编辑出版与课程教学相适应的教科书,已成了新式学堂之急需。而中国旧时的教育采用私塾形式,个别教学,注重背诵和练习;教育内容主要是识字、写字和封建道德教育;所用教材是以《三字经》《百家姓》《千字文》为主的蒙学读本,以及诸如《千家诗》《神童诗》《龙文鞭影》《幼学琼林》《幼学杂字》《女儿经》《女二十四孝图说》等知识面窄、内容陈旧的读物。年岁再大一点,则主要学习四书五经。很显然,以儒家经典一统天下的传统教材已不适应新式教育的发展。

张元济回忆自己青年时受教育的经过,有段话很能说明我国传统教学用书的状况,他说:"吾辈胜衣就傅识字数月,即取所谓十三经者读之,但求背诵不尚讲解,且在童稚之年,既与讲解,亦不克领悟也。读十三经未竟,为之师者,见其稍知字义,又责学为八股试帖诸物,未尝以他书授也。吾犹忆十三四岁时,心界、眼界无一非三代以上景象,视世间事相去不知几千万里。偶得《纲鉴易知录》,读之乃知战国之后尚有谓曰秦、曰汉、曰三国、曰晋、曰南北朝、曰隋、曰唐、曰五代、曰宋、曰元、曰明,乃至于我大清者。继又购得《御批通鉴辑览》《资治通鉴》《二十四史》诸书,顾皆卷帙繁重,不能卒读。固由姿禀浅薄,抑亦其书之宜于浏览,而不宜于教科也。"❶

1860年,来华的英国传教士麦高温对当时中国传统教材的批评也一针见血:

中国的课本,也许是学生手中最枯燥、最陈腐、最古怪的东西了,书的作者恐怕从来就没有考虑过学生们的兴趣爱好。书的内容因单调而显得死气沉沉,既缺幽默又少机智,它们最大的"功劳"似乎就在于从来不会在孩子们那活泼爱笑的脸上增加一点儿轻松。西方人一般是从

---

❶ 张元济.中国历史教科书[M].上海:商务印书馆,1903:序.

"猫""狗"之类的词开始他们的学习,这种方法,在中国这片国土上的学者和圣人们看来,确实是太幼稚了,因而是不可取的。中国人的教学是让八九岁的孩子去读一本写深奥伦理观点的书,由此开始他们的学习生涯。这本书是《三字经》。……中国的小学生真是太可怜了。从书中他们得不到快乐,只有无休止的灌输,努力把那些糟糕透顶的文字留在记忆里。而这些东西未必与日常生活有多大关系。孩子们那一张张古板而没有神采的小脸总是显得严肃而镇定,仿佛笑声、嬉戏与微笑对他们而言是一种犯罪,是他们不应该有的。……事实上,中国人总是为成年人着想,两千年来没有哪位作家为孩子们写过什么。❶

出现张元济所指出的这种"心界、眼界无一非三代以上景象",以及麦高温所批评的课本"从来不会在孩子们那活泼爱笑的脸上增加一点儿轻松"的现象,很大程度上要归因于传统教学用书的落后,传统蒙童读物已经远远滞后于时代和学生发展的步伐,显得"不宜教科"了。

很显然,缺乏合适的课本成为新式学堂教学的巨大障碍。社会寄变革之希望于教育,教育又将希望的支点放在教科书上,这是新教育能否取胜于旧教育的关键。西学教科书毕竟与中国文化异源,要从根本上发展中国的普通教育,关键还得靠自己的教科书,所以编辑出版与教学相适应的教科书,成了新式学堂之急需,也可以说是我国方兴未艾的近代教育事业能否取胜于旧教育的一个关键。

于是,一些有创新思想的中国人——首先是那些举办和参与新式教育的中国人率先开始了自编教科书的尝试。这是近代中国人对新式教科书的最初尝试。这些教科书抓住儿童识字这一关键点,从儿童见闻之日常事入手,选取常用之字,注重字义的解释,采用语体(白话)或浅白的文言文形式,力求引发儿童的学习兴趣和提高儿童的识字效果。所选内容由具体到抽象,既注重科学知识的介绍,也注重传统文化的传承;作文则先实用性强的尺牍,后提高性的史论,由实用的浅说琐记到记叙议论。一反传统教材不注重儿童生活,不注重字义讲解、一味灌输的弊端。虽然各种教科书的探索未必尽善,但从总体上体现了近代教科书的发展方向。当时,最有影响力的是南洋公学、无锡三等学堂、上海

---

❶ 麦高温. 中国人生活的明与暗[M]. 朱涛,倪静译. 北京:中华书局,2006:66-67.

三等公学堂、上海澄衷蒙学堂等学校编撰出版的教科书。人们期望教科书中的思想内容"系统地指导"这些未来社会发展主体人群的思想，通过教科书实现从"有限的启蒙"（开官智）❶ 到"普遍的启蒙"（开民智）的转变。这些教科书也确实点燃了轰轰烈烈的、自觉的、有理念的，而且有相当程度组织力的、旨在实现现代意义的社会总动员的大众启蒙运动。自这些新式学堂编写的教科书出现以后，我国教科书逐步走上了制度化和现代化之路。

一、最早的学校和最早的教科书

甲午战争后，中国近代实业巨子盛宣怀认为欲图自强，当以培育人才、筹设学堂为先，以兴学堂为己任。清光绪二十一年（1895）任天津海关道时，盛宣怀奏准设立天津中西学堂，成为中国新式大学的雏形（后改名为北洋大学，今天津大学的前身）。1896 年（光绪二十二年）12 月，他又在上海创办南洋公学。学堂之所以定名为南洋公学，一是因为地处南洋（当时称江、浙、闽、广等地为南洋），二是南洋公学的经费是盛宣怀负责筹集的，"以招商局和电报局的捐款为主"❷，虽然带有强烈的官方色彩，但毕竟不占用国家教育经费，也不属于国家教育系统，性质介乎于官学和私学之间，所以称为"公学"。南洋公学在我国教育近现代化的过程中具有极为重要的意义。它是我国最早的新式学校之一；它内设的师范院是我国最早的师范教育机构，它内设的外院相当于我国最早的公立普通小学教育；它为国家普遍设立新型大、中、小学提供了宝贵的办学经验和范例。南洋公学成立后几经更名。1910 年代后期改为南洋大学；民国时改建为上海交通大学；1956 年夏，根据国务院决定，学校部分迁往西安，分为交通大学上海部分和西安部分；1959 年 7 月，经国务院批准，在此基础上又分别成立上海交通大学和西安交通大学。

盛宣怀曾亲自担任南洋公学的督办，聘请他的同乡、学术湛深、不

---

❶ 汪康年. 汪康年师友书札（一）[M]. 上海：上海古籍出版社，1986：223.
❷ 盛宣怀. 筹集商捐开办南洋公学折 [M] // 舒新城. 中国近代教育史资料：上册. 北京：人民教育出版社，1981：152.

求闻达的何嗣焜担任校长，同时他又力邀时任南京汇文书院（后改为金陵大学）院长的美国传教士福开森（John Calvin Ferguson）博士担任公学的监院兼西文总教习，上海教育界名流张焕纶为中文总教习。此外，他还任用了颇负盛名的翻译家伍光建、李维格以及薛来西、乐提摩等中外教师作为中西教习。如此规模的师资队伍，充分体现了盛宣怀对新学堂的重视程度以及培养贯通中西的新式人才的急切之心。

1897年，南洋公学开学后，盛宣怀集天津中西学堂办学经验并损益之，认为："惟师道立则善人多，故西国学堂必探源于师范；蒙养正则圣功始，故西国学堂必植基于小学。"❶ 先设师范院，以培养师资为先务，任张焕纶为总教习。首次招生40名，兼习中西各学，此为中国师范教育的开端。❷ 1897年4月8日南洋公学师范院正式开学，为校庆日。1903年师范院停办，前后总共七年，培养了一批著名的学生，包括陈懋治、沈庆鸿（叔逵、心工）、朱树人、雷奋、孟森、吴敬恒（稚晖）、白毓崑（雅雨）等，其中不少人成为中国颇有影响的教育家、民主革命家、翻译家。

1897年秋，南洋公学仿效日本师范设附属小学之法，首次纳入普通教育（中小学教育），设立外院，相当于附属小学，开设国文、算学、舆地、史学、体育五科，令师范生分班教之。公学"学资不出于一方，士籍不拘于一省"，❸ 共招生120名学生，年龄在10~18岁之间。在南洋公学外院开设之前，我国并没有进行公立普通小学教育方面的探索。那时出现了许多小学堂，但均非官方所办，因而，南洋公学的外院便是中国最早的公立普通新式小学教育的开始。

1901年，张元济任公学第二任总理，呈文盛宣怀，拟于南洋公学内添设特班，专收学识渊通、年力强健者肄习西学。盛宣怀亲临特班考试，特班招收黄炎培、邵力子、李叔同、胡仁源等学生42人。聘蔡元培为特班总教习（主任），课程均用英文讲授。

---

❶ 朱有瓛主编. 中国近代学制史料：第1辑（下册）[M]. 上海：华东师范大学出版社，1983：511.
❷ 顾明远主编. 教育大辞典：第一卷[Z]. 上海：上海教育出版社，1990：68.
❸ 盛宣怀. 奏陈南洋公学历年办理情形折[M]//陈学恂，主编. 中国近代教育史教学参考资料：上册. 北京：人民教育出版社，1986：315.

为了解决学堂用书问题，南洋公学自译自编了不少教科书。据《南洋公学章程》记载："师范院及中上两院学生本有翻译课程，另设译书院一所，选诸生之有学识而能文者，将图书院购藏东西各国新出之书课，令择要翻译，陆续刊行。"❶ 1898 年，南洋公学成立译书院（1903年停办），南洋公学究竟自译自编了多少教科书，由于年代已远，存世书籍难以查询，考证颇难。但西安交通大学图书馆珍藏有一部光绪二十八年（1902）十月由译书院第一次全本出齐的《原富》，霍有光教授根据其扉页刊有的译书院译印图书广告考证，当时南洋公学出版了教科书13 种，包括《格致读本》四本，《中等格致课本》八本，《小学图画范本》四本，《化学》十一本，《蒙学课本》三本，《大本蒙学课本》一本，《代数设问》七本，《心算教授法》一本，《物算笔算教科书》四本，《习字范本》四本，《几何》三本，还有《本国中等地理教科书》三本，《万国地理教科书》一本。❷

不过，我们认为，实际所编写使用的教科书肯定不止这些，特别是1902 年及之后编写出版的教科书更多。比如《高等小学中国历史教科书》（陈懋治编辑，1902，南洋公学附属小学课本，文明书局出版）就没有进入刚才的统计范围。南洋公学编写出版的教科书还有《初等地理教科书》3 卷（张相文辑，1902），《小学地理教授法》（［日］富泽直礼著、张相文译述，1902），《南洋公学课文选录》4 卷（张美翊选编，1904），《高等小学算术教科书》（吴廷璜编，1910，南洋公学）等。

在南洋公学所有的教科书中，最有名的是师范生为小学生学习使用而编写的《蒙学课本》，初版印刷于 1897 年，是我国最早的自编教科书。

二、是谁编写了这课本

南洋公学的外院，小学生的部分课程由师范院的学生教授。师范院的师范生在对外院小学生进行教学时（实际上在其他"院"的教学也

---

❶ 章玲苓. 盛宣怀与南洋公学师范院 [J]. 档案与史学，2002（6）：46.
❷ 霍有光. 南洋公学译书院及其译印图书 [J]. 西安交通大学学报：社会科学版，1999（4）：46.

一样），没有现成的教科书，翻译的外国小学教科书很多又不适于在教学中使用。于是他们开始尝试自编教科书，以适应新型学校教学的需要。其中有些教科书在使用中取得了较好的教学效果，后来在全国范围内被广泛采用。

在南洋公学所有的教科书中，最有名的小学教科书是1897年师范生编写的《蒙学课本》。因为该教科书上没有署作者名，所以关于南洋公学《蒙学课本》的作者，一直有争议，目前主要有两种说法。

说法之一为："由师范生陈懋治、杜嗣程、沈庆鸿等编撰《蒙学课本》，共三编，是为我国人自编教科书之始。"❶ "1897年，南洋公学师范生陈颂平等编辑《蒙学课本》三册，铅印……是中国有中小学教科书之始。"❷ 这一说法比较普遍，影响力更大。

陈懋治即陈颂平，江苏元和人，1897年考入南洋公学，为首届师范生。他学业优秀，入学不久就担任学长。据说，同年他与同学为南洋公学外院合编《蒙学课本》。1901年被"超拔"为南洋公学附属小学（今南洋模范中学）主任（实际上的附小校长），历任三年。❸ 多说他是《蒙学读本》的主要编者。1902年，他编译了《高等小学中国历史教科书》，由文明书局出版。1916年，他与黎锦熙等发起组织了中国国语研究会，提议小学改"国文科"为"国语科"。他担任过教育部普通教育司佥事，1928年，蔡元培等人筹建教育部"国语统一筹备会"，陈懋治等7人被推为常委，曾任国立北平图书馆筹备委员会委员等。抗战期间，在重庆任行政院参议、中央杂志审查委员会委员、国营中心印书局总经理。后前往台湾，1949年与吴稚晖、胡适、傅斯年等一同创办《国语日报》，并任董事。

沈庆鸿，又名沈心工，字叔逵，1870年2月生于上海。1895年应聘约翰书院（后改为圣约翰大学）执教中文。1897年入南洋公学第一届师范班。中国学堂乐歌的主要创始者。"心工"是他作歌、作曲时用

---

❶ 张静庐编. 中国近代出版史料补编：插页[M]. 北京：中华书局，1957：138 - 139. 霍有光. 南洋公学译书院及其译印图书[J]. 西安交通大学学报：社会科学版，1999（4）：46.

❷ 张静庐辑注. 中国近代出版史料：补编[M]. 北京：中华书局，1957：138.

❸ 西安交通大学. 西安交通大学大事记（1896～2000）：南洋公学时期·1897年[EB/OL]. http://wunit.xjtu.edu.cn/archives/News/Show.asp?id=1227，2004 - 11 - 30.

的笔名。1902年赴日本，与鲁迅同期进入设在东京的弘文学院。在日本，给沈心工最大触动的，是明治维新以后在学校教育、政治宣传和人民生活中发挥着巨大作用的乐歌活动。于是沈心工在日本组织中国留学生成立了"音乐讲习会"，专门聘请日本音乐家为师，研究中国乐歌的创作问题，这是国人举办近代音乐讲习活动的首创。我国近代音乐史上最早的乐歌之一《男儿第一志气高》，就是沈心工当时的习作。此歌后来在国内广为传唱（初名为《体操——兵操》）。1903年2月，沈心工回到国内，执教于南洋附小，一干就是24年。他首先在自己的学校里设置"唱歌"课，以推动乐歌浪潮。根据国民政府教育部第一次中国教育年鉴的记载，这是我国小学设"唱歌"课的开端。沈心工一生作有乐歌180余首。从1904年起，他先后编辑出版了《学校唱歌集》3集、《重编学校唱歌集》6集和《民国唱歌集》4集。

说法之二为，"1897年，公学师范生朱树人编辑的《蒙学课本》作为公学外院的教科书以铅字印刷发刊，这是我国自编教科书的开始"，❶"1898年，南洋公学的朱树人编写了《蒙学课本》"。❷

据夏晓虹教授的研究，《蒙学课本》作者应该是陈懋治、沈庆鸿，可能还有朱树人，但杜嗣程参与编写的可能性不大。❸ 我们认为，朱树人参与的可能性也不大，应该主要由陈懋治、沈庆鸿编写。至于有人提到朱树人编写《蒙学课本》，当受《新订蒙学课本》❹ 影响，他编写的是后者。

光绪二十七年（1901年），南洋公学在《蒙学课本》的已有经验基础上，出版《新订蒙学课本》，该课本有三编，书有署名编者：朱树人，由上海商务印书馆代印。从两种书来看，二者的基本结构相似，但实际差别很大，修订本的起点明显低于原来的课本。

估计很难再看到《蒙学课本》，后人多把《新订蒙学课本》（该书

---

❶ 西安交通大学大事记（1896～2000）：南洋公学时期·1897年［EB/OL］. http：//wunit. xjtu. edu. cn/archives/News/Show. asp？id＝1227. 2004－11－30.

❷ 中华民族近代印刷业的崛起［EB/OL］. http：//www. cgan. net/book/books/print/g－history/gb_12/14_1. htm.

❸ 夏晓虹.《蒙学课本》中的旧学新知［J］. 清华大学学报：哲学社会科学版，2009（4）：41.

❹ 南洋公学. 新订蒙学课本：第三编［M］. 上海：南洋公学，1901：广告.

确实有三编）等同于《蒙学课本》，把二书的作者混淆，认为朱树人是前者的编者。

目前语文教育界和教育史学界广泛称《蒙学课本》为三册、三卷、三编，这也许与南洋公学研究权威霍有光教授展示的研究成果有关，更与中华书局陆费逵的回忆文章有关。

西安交通大学图书馆珍藏有一部光绪二十八年（1902）十月由译书院第一次全本出齐的《原富》，霍教授根据其扉页刊有的译书院译印图书广告考证，当时南洋公学出版了教科书13种，包括《格致读本》四本，《中等格致课本》八本，《小学图画范本》四本，《化学》十一本，《蒙学课本》三本，《大本蒙学课本》一本……❶

陆费逵在1925年的回忆文章中写道："第一部出版的书，要算辛丑年朱树人编、南洋公学出版三本《蒙学课本》。"❷

实际皆有误，以讹传讹。我们下面的研究会提到，这里的"《蒙学课本》三本"实际是指《新订蒙学课本》，它有三本、三编，而文中提到的"《大本蒙学课本》一本"才是《蒙学课本》二卷一册。其实已有研究指出这一点了，比如夏晓虹教授的研究就指出，《蒙学课本》是二编不是三编。❸

其实陆费逵的文章中也已经清楚地指出，所谓三本的《蒙学课本》，出版时间是辛丑年，那就是1901年，肯定是《新订蒙学课本》，而不是《蒙学课本》，只不过陆氏在这里没有提及后者，可能因为《蒙学课本》的影响不如后起的《新订蒙学课本》大。或者因为行文的方便，随手就把"新订"二字给省略掉了。同一篇文章中，陆费逵认为《蒙学课本》要晚于无锡三等公学堂的课本，晚于文明书局的课本，他提到："在《蒙学课本》未出版之前，俞复、丁宝书等在无锡办三等学堂。他们因为无适用的书，就自己编辑起来，并由文明书局出版。"这再次证明该"《蒙学课本》"是1901年的《新订蒙学课本》，确实晚于

---

❶ 霍有光. 南洋公学译书院及其译印图书［J］. 西安交通大学学报：社会科学版，1999（4）：46.

❷ 陆费逵. 与舒新城论中国教科书史书（1925）［C］//舒新城. 近代中国教育史料. 北京：中国人民大学出版社，2012：337.

❸ 夏晓虹.《蒙学课本》中的旧学新知［J］. 清华大学学报：哲学社会科学版，2009（4）.

1898年创办的无锡三等公学堂，但原版的《蒙学课本》初版于1897年，早于无锡三等公学堂，更早于文明书局（1902年）印的课本。

　　从笔者收藏的《蒙学课本》1899年第二次印刷本来看，本书确实只有二卷一册装，三编之说不成立（综合夏教授的研究、我们从书的各种蛛丝马迹以及目前各图书馆藏书看，存在第二册第三编或卷三的可能不大）。尤其重要的是，笔者收藏的出版于1901年冬（光绪二十七年孟冬）的《新订蒙学课本》第三编书末有"南洋公学师范院编译图籍广告"，明确提到，已印已发售之书列有《大本蒙学课本》，没有分册说明，而是一册，而《新订蒙学课本》则有分三册（三编）的说明。

　　《蒙学课本》没有作者名，无目录，无编辑大意之类的任何说明，卷一每课无课题，卷二出现课题，但字体明显小于课次和课文文字。

　　《蒙学课本》有1899年第二次印刷本，全一册，该本由商务印书馆代印，且在卷一和卷二的最后一课，有"蒙学课本卷一终""蒙学课本卷二终"字样，并有"上海商务印书馆代印"字样，由商务印书馆代印应该与张元济有关，或者说有意无意成就了商务印书馆，也成就了张元济。1897年商务印书馆成立，1898年南洋公学附设译书院，张元济出任管理译书院的事务兼总校。编写于1897年的《蒙学课本》初版因为不见其书，到底由谁代印，不得而知，而第二次印刷的书则标明是1899年，由商务印书馆代印。《新订蒙学读本》也于1901年由商务印书馆代印。不论出于何种原因，刚成立的商务印书馆代印了张元济负责的新成立学校编写的教科书，这是事实一；事实二是，商务印书馆也很快成立了编译所（1902），不知道是否受南洋公学译书院和师范院编译书籍行为的影响；事实三，张元济1901年投资商务印书馆；事实四，南洋公学译书院于1903年停办，张元济自然去职，同时受聘为商务印书馆编译所所长，开始了他一生最辉煌的事业。可见，代印《（新订）蒙学课本》这一件微不足道的小事，竟然具有启开时代洪流闸门的力度。

三、这课本编写了些什么

　　南洋公学1897年初版的《蒙学课本》分两编（卷）一册，卷一有

130课，51页，102面；卷二只有32课，26页，52面，卷二每课的分量要大于卷一每课的分量。两卷的分量极不均衡。根本不是目前研究者所认为的，卷二130课，卷三也是130课。❶ 可能的解释是：第一，出于某种原因，该书还没有完全完成（或不再需要按计划完成，而需要改变计划，尽快编写《新订蒙学课本》了）即付印使用；第二，该书从一册的角度考虑问题，不看重卷与卷的平衡，而看重整册书的分量，全书共160余课，分量整体上基本适度。后一种可能性更大。

卷一130课，有课次或课序，没有课题或课文标题，所有课文后面没有作业，没有思考题，课文之间没有密切联系，缺乏单元意识。课文之前先列出生字生词，必要时给予简要解释，之后是课文。卷二32课，既有课次，又有课题，如第二课"地球问答"。课文后首次出现作业或思考题，如第一课后的思考题是"何谓四季……"，而且课文间的联系比较密切，显然是单元意识增强了，比如第1~8课，几乎均为天文地理方面的内容；第9~21课，几乎均为生理学、人的身体方面的内容；第22~32课，则几乎都是现代生活、饮食等方面的内容。就教科书元素的完整性而言，卷二明显优于卷一。看来确实是根据教学需要，教一课，编一课，逐渐完成的。教到第二编时，对教科书的认识更全面了，现代意义的教科书开始萌现。

两年后，光绪二十七年即1901年，《新订蒙学课本》初版发行，分初编、二编、三编。初编为入门之书，主要目的在于识字，每课先列生字，再列正文，由联字而缀句而成文，使学生能以贯串之理而加深理解。二编课文以段为主，全编130课，其中故事60课，物名实字30课，浅说琐记30课，通用便函10课（有研究据此认为《蒙学课本》便是由这些课文组成，❷ 其实二者是不一样的）。所选内容，贴近社会与生活，旨在调动儿童兴趣，令其不生厌倦之情。三编体例大致与二编相同，全编共130课，包括入塾劝勉语及通用书信等内容，后附尺牍十课，"是编节取旧刊蒙学课本，汰旧益新，增删各半，重加编次，令与

---

❶ 霍有光. 南洋公学译书院及其译印图书[J]. 西安交通大学学报：社会科学版，1999（4）：46.

❷ 霍有光. 南洋公学译书院及其译印图书[J]. 西安交通大学学报：社会科学版，1999（4）：46.

初二编条理相属"。可见,《新订蒙学课本》的第一、第二编基本是新编的,而第三编才是对原《蒙学课本》的修订出版,而且修订幅度很大,"增删各半"。

1. 注重教育的大众性,强调对学童德智体的全面促进

《(新订)蒙学课本》的编者清晰地认识到蒙学的基础教育意义,每编的开篇即为编辑大意,旨在解释和说明编写和出版的基本意图。如初编的编辑大意称"小学者,学士农工商,尽人当知之学;非学为政事家文学家义理家也"(《新订蒙学课本》,南洋公学第一次印,上海商务印书馆代印,光绪二十七年,第2页)。一旦认识到蒙学是大众的、基础的、普通的教育,是所有人都应该接受的教育,选材和施教就更有了针对性。一百多年前的课本,能有这种认识,实在不容易,对照今天仍有人在实践中或多或少把中小学教育教成精英教育,不由得不对我们的先辈生出景仰之情。

既然是基础教育,是大众皆要接受的教育,为学生的全面发展打好基础就是当务之急。《(新订)蒙学课本》的编者认为:"泰西教育之学,其旨万端,而以德育、智育、体育为三大纲。德育者,修身之事也;智育者,致知格物之事也;体育者,卫生之事也。蒙养之道,于斯为备。"所以在第二编里,有故事60课,属德育者30课,属智育者15课,属体育者15课。突出德育,兼顾全面。据研究,这是"体育"一词在我国最早正式出现的个案之一。❶(有人认为,"体育"一词最早出现在《蒙学课本》的编辑大意里,但一则该课本没有编辑大意,二则据粗糙排查,该课本中没有发现"体育"一词,只出现了"体操"一词。但在1901年的《新订蒙学课本》中确实出现了"体育"一词,二者再次被混淆了。)

2. 以识字为平台,着重普及新知

与传统蒙学课本不同,南洋公学《(新订)蒙学课本》的内容以识字教学为平台,围绕新知识的传播、思想启蒙与常识教学展开,具有较强的实用性和广泛的社会启蒙意义。最主要的是,在伦理道德方面,虽

---

❶ 毕世明. 20种说法究竟哪个准确——关于体育一词最早出现时间的核查[J]. 体育与科学, 2005 (2).

是以儒家孝悌、忠信、笃敬等为主题，但这类课文所占篇幅不多，而是着重树立知耻、爱国、尚武、诚实、重劳动、讲文明等思想。此外，出现了政治法律的内容，以及以国外故事为素材的课文，比如华盛顿幼时砍樱桃树的故事。❶ 该故事近年被一些人吵得沸沸扬扬的，认为是假的、是说谎，他们怀念民国老课本。这些人可能没有发现，他们坚决反对、力求清除的"假内容"，其实并不是今人编撰或杜撰的，它们都有很好的"出身"，它们历经时光的检验，已成为经典，被传诵百年。

除此之外，课文内容还大量包含科技、教育、文化、政治、法律方面的知识。科技新知诸如算学、重学、热学、气学、光学、电学、化学、天文学、地理学、动物学、植物学等，几年后的《最新教科书》之中学理科课本的分类将这一思想付诸实践。现代文明与科技诸如钱币、税捐、戒烟、戒酒、讲卫生、反鸦片、防雷电、释雷电、新闻纸、锻炼身体、体操之事等，乃至制盐、种麦、养蚕、养蜂、制蜜，温度计、望远镜，无所不有，是完全不同于传统童蒙学之以封建伦常、道德乃至性命之学为主要内容的新型蒙学课本。

《蒙学课本》出现了很多反迷信、讲科学方面的知识，比如讲雨水不是来自天上而是来自地面，讲燃纸为什么不能丢入厕所内，讲水具有的三性等。有些知识在当时非常有震撼意义，如对天圆地方之说的颠覆等。"古人云：天圆而地方。其实不然，地浮于空气之中，形圆如球，其上下前后左右，皆有山川人物，惟其体积大，故人不觉其圆也。"❷（关于当时最新的天文地理的新知在课本中还有不少，这对于我国民众的科学启蒙具有重要价值。❸）

《新订蒙学课本》共三编，初编为入门之书，主要目的在于识字，如第 1 课内容为"公名字：天、地、日、月、山、水；天地、日月、山水"。二编课文以段为主，共 130 课，其中故事 60 课；物名实字 30 课，物名但取通俗；浅说琐记 30 课，或敷陈浅理，或摹写景物，既为多识之助，亦备学文之式；通用便函 10 课，简短易学，无粉饰累赘之谈。所选内容"皆家人琐屑之谈，几席凡近之语"，如第 9 课《不识字之

---

❶ 蒙学课本：卷一［M］. 南洋公学第二次印（商务印书馆代印）. 1899：69 课.
❷ 蒙学课本：卷一［M］. 南洋公学第二次印（商务印书馆代印）. 1899：4 课.
❸ 石鸥，吴小鸥. 清末民初教科书的科学启蒙［J］. 高等教育研究，2012（11）.

害》、第 25 课《兄弟争斗》、第 33 课《妄言自害》、第 82 课《气冷变水》、第 106 课《毋轻贫人》、第 112 课《空气》、第 116 课《不贪受赏》等。三编共 130 课，包括入塾劝勉语及通用书信等内容。可见，《（新订）蒙学课本》在内容选择上摆脱了空洞高深的伦理说教，选取贴近儿童生活、易知易行的材料，以求新民德开民智，也便于儿童理解。

3. 注重学生的学，关心教师的教

全书语言浅显易懂，开始使用非常浅显的文言文甚至白话文，便于教育的普及，便于初学诵读、理解、记忆，起到识字、阅读、习作示范的综合作用，受到学童的欢迎。"取习见习闻之事物，演以通俗文字，要使童子由已知而达於未知而已"。在编写形式上，它切中了传统教材中文字语言离为二物的弊端，采用了符合口语习惯的双音联词，"以两名相联，开卷由联字而缀句而成文。七八岁童子稍有知识者，谅无不能贯串之理，较之蛮记十三经，不二字者，似稍有益"，选字时，注意将具有并列或联想意义的两字，如天和地，日和月，人和身，牛和毛相连组词，继而扩展为三字、四字，乃至九字、十字的相连，逐渐接句而成。连字成句，继而成段成文。

《新订蒙学课本》自第二编每课之末设练习思考题，有些思考题甚至是开放性的、创新性的，不求标准答案。如该书二编第 1 课《母鸡护雏》：

某儿出游，见雏鸡独行。狸猝至，欲攫之。雏惊叫，母鸡闻声驰至，以喙啄狸，狸乃去。旁有老者，告儿曰，鸡之护其雏尤母之护其子也。

问：雏鸡因何遇险？母护其子子当何如？

这一问题的后一问很能激发学生的想象，培养他们的创新能力，也很好地进行了传统伦理的教育。

《新订蒙学课本》在每编封面内页印有"初编为七八岁童子而作，二编三编以次选进。三书首尾衔接，习二三编者必从初编入手。如年龄稍长以能贯串文义，可将初编并日习，习毕接读二三编，幸勿陵越"字样，强调学习过程的循序渐进。在第二编编辑大意中指出"每授一课，

自当先由教习指授，初编卒业，即当练习读书之法。是编课首必列零字，教习先就正文讲明本义乃令学生自讲正文，教习为指误处。"这种指导语，类似今天的教学参考书，有利于使用者（特别是新教师）在具体的教学过程中减少盲目探索，提高教学效率。

《（新订）蒙学课本》由上海商务印书馆代印，铅字印刷，无插图，无现代标点，也无具体教学课时的建议。最重要的是这套教科书没有匹配相应的如何使用教科书的教授书（相当于今天的教学参考书），没有按严格的学年学期（实际上当时还没有现代意义的学制）以及学科编写，所以只能称之为现代意义教科书的雏形。

四、如何看待这课本的历史意义

《（新订）蒙学课本》是"中国人自编小学教科书的开端"，[1] 是"近代我国最早编写的小学语文教科书"，[2] 具有重要的历史地位和意义。最突出的是，《（新订）蒙学课本》起到了我国自编教科书的示范作用，为以后的教科书编写指明了方向，开了中国教科书现代化进程之先河。

在中国还没有自己的新式教科书之前，西方教科书的引进是伴随着奴化教育，冲击着古老的中国大地。南洋公学的《（新订）蒙学课本》作为新旧两种教育体制更迭时期的产物，虽然其体例、形式以及内容多有借鉴西方教科书成功之处，但其编写并不是生搬硬套西方教科书的内容，而是适合中国儿童的生活习惯和文化背景。教科书内容始终坚持培养学生乐观向上、热爱自然、关爱社会、蓬勃进取的人生态度，学生从中既可学习自然常识和社会常识，也可以接受通俗语言教育，还可以通过它了解世界，接触科学。字里行间体现了强烈的时代特征和鲜明的中国特色。

《（新订）蒙学课本》吸取了西方资本主义教育的某些长处，在全国率先作了大胆的尝试，为后续教科书的编写提供了许多可供借鉴的经

---

[1] 陈景磐. 中国近代教育史 [M]. 北京：人民教育出版社，1979：176.
[2] 顾明远. 教育大辞典：第二卷 [Z]. 上海：上海教育出版社，1990：312.

验。它是中国人自编新式小学教科书的开端，是近代我国最早编写的小学语文教科书，具有重要的历史地位和意义，它为以后的教科书编写提供了重要参考。自南洋公学推出自编小学教科书蒙学课本后，其他学堂纷纷效法，其中最有影响的有无锡三等公学堂、上海澄衷蒙学堂、上海三等公学堂、京师大学堂等。尤其是前三所学校，地理位置比较靠近，容易相互影响。我们在《新订蒙学课本》（1901）的广告页中可以看到，无锡三等公学堂就是南洋公学各种教科书的一个寄卖点。该书甚至影响了商务印书馆后来的教科书编写。1903年，张元济接任商务印书馆编译所所长之职，他总结《（新订）蒙学课本》以及世面上其他几种教科书的优缺点，聘请富有教学经验的专家执笔，于1904~1908年间出齐了全套10册《最新国文教材》，获得极大成功。至此，《（新订）蒙学课本》独领风骚的局面被打破，但这是一种升华意义的退出，它的精华已经渗透到以《最新教科书》为代表的其他新式教科书之中。

《（新订）蒙学课本》开启了中国教科书现代化的进程，自南洋公学推出自编教科书后，中国学校教育由此结束了以翻译为主的近代教科书阶段，真正进入了自编新式教科书的历史新阶段。

当然，《（新订）蒙学课本》也带有开创之物粗糙及不完善的特点。无现代标点，也无具体教学课时的建议，诚如蒋维乔在《编辑小学教科书之回忆》一文中所说："印刷则用铅字，又无图画，然在草创之时，殆无足怪。"❶ 正因为《（新订）蒙学课本》没有插图，光绪三十二年（1906）仲春，南洋公学编有《最新绘图蒙学课本》，图文并茂，由兰陵社发行，弥补了《（新订）蒙学课本》没有插图的缺陷。

---

❶ 张静庐辑注. 中国近代出版史料补编·插页 [M]. 北京：中华书局，1957：139.

文、字、画三绝的教科书

——无锡三等公学堂的《蒙学读本》

早期的无锡民族工商业家多有晚清官绅背景，既深受传统中国文化的浸淫，又是洋务派实业救国的倡导者，他们"重名犹过于重利"，热心于教育事业。国学大师、史学家无锡人钱穆曾这样描述："凡属无锡人，在上海设厂，经营获利，必在其本乡设立一私立学校，以助地方教育之发展。"❶ 新式教育在无锡发轫甚早，与全国其它地方相比，无锡的新式教育在科举废止前已相当发达。1898 年光绪颁布变法诏令，推行新式教育。从 1898 至 1905 年 8 年间，无锡城乡共创办新式学堂达 46 所之多。❷ 正因为这样，无锡一地才会产生如此之多的专家学者、院士名流，才有了传承中国文化的一大批精英，如国学大师钱穆、钱钟书等。近代教育是无锡文脉一段辉煌的历史，而无锡三等公学堂又为无锡新式教育添上了浓墨重彩的一笔。

一、无锡三等公学堂

光绪二十四年（1898）八月，由无锡举人俞复、裘廷梁会同友人丁宝书、吴稚晖、杜嗣程等学习日本的办学体制，创办无锡三等公学堂。俞复兼任堂长。此时，吴和杜正在早一年成立的南洋公学任职。

---

❶ 王立人主编. 吴文化与和谐文化 [M]. 苏州：凤凰出版社，2008：8.
❷ 陈钟英，周汉成. 关于教育会的补正 [M] //无锡文史资料研究委员会. 无锡文史资料. 无锡：无锡文史资料研究委员会. 1987：16 辑.

俞复（1866～1931），字仲还，无锡人。光绪十二年（1886）入县学，光绪二十年中举人。次年四月康有为发起"公车上书"，俞复参与签名。戊戌年（1898），他会同吴稚晖、丁宝书等人借崇安寺金刚殿创办三等公学堂（分中学、高小、初小三级）。光绪二十七年暑期，他参加留日学生杨荫杭在无锡分设的励志学会，裘廷梁、秦鼎臣和他被推为正、副会长，借埃实学堂每周集会1次，讲授新知识，宣传反清革命。后加入同盟会。宣统元年，江苏省成立咨议局，他被推选为议员。辛亥革命兴起，无锡光复，裘廷梁任锡金军政分府民政部部长。但3天后即辞职，由俞复代理。民国元年1月，锡金军政分府实行军民分治，成立无锡县民政署，俞复出任民政长（即县长）。5月，由秦毓鎏继任，俞复出任无锡市公所总董。民国6年5月，俞复在上海文明书局任经理期间，与当时旅沪的无锡同乡廉泉、丁福保等人发起成立"少年进德会"。他们鉴于"人心不古"，倡导"不度众生，誓不成佛"的精神，劝说青年入会。每季出版1期《少年进德汇编》。在上海期间，他和陈仲英等无锡人还参与蔡元培、吴稚晖、李石曾等人发起的组织赴法勤工俭学活动。俞复工书法，至今日，他的书法作品仍出现在全国各地的拍卖会上。

丁宝书（1866～1936），也叫丁保书，字云轩，无锡人。幼年读四书五经，但性喜绘画，课余常到附近裱画店中观摹国画。13岁时，他临摹名家花卉已能达到乱真的地步。光绪十五年中秀才，光绪十九年参加乡试，中副榜，同年就读于江阴南菁书院。在校期间，与吴稚晖等人畅谈新学，开始学习英文、数学、物理、化学等课程。光绪二十四年（1898），他与吴稚晖、俞复等在无锡崇安寺创立三等公学堂，并担任国文教习，编写具有新学内容的蒙学教科书。廉泉在上海创设文明书局时，聘请其为美术编辑，并兼任书局附设的文明小学教员。

无锡三等公学堂为无锡最早的新式学堂之一，不收学费。之所以命名为三等公学堂，是因该学堂仿照日本学制，开设中学校、高等小学校、寻常小学校三级。"同人于戊戌八月创办无锡三等公学堂。三等命名之由，盖无锡为大县，仿泰东设学之级，例设中学校、高等小学校、寻常小学校三级。"❶ 学校仿日本，学校课程也多少会仿日本学校的课

---

❶ 蒙学读本全书［M］. 上海：文明书局，1907：序.

程。"堂中课程,略仿日本寻常小学校,分修身、读书、作文、习字、算术等科。"❶ 设置这些课程,必然要求有相应的课本,而当时各地书坊并没有这类教科书,于是,为了教学的需要,他们只能自编课本。这是当时几乎所有新式学校都面临的问题。无锡三等公学堂自编的教科书极有影响,较之南洋公学的《蒙学课本》更具备现代教科书的全部特征。

二、《蒙学读本》:作者、内容与形式

成立于1898年的无锡三等公学堂的平时教学由十几位教师轮流担任,俞复则经常驻堂主事。和当时其他新式学堂一样,由于教科书缺乏,学堂教师便每日选编课书一首,令学生抄读,随编随教,这些服务于教学需要的材料明显有效,学生进步很快,所以这些材料从"讲义"转正为教科书,成为该学校的正式教科书,前后历经三载,于1901年完成,名《蒙学读本全书》,共七编,编为七册。在初版的"序"中,编者提到:学校"开办至今,适族三载。读书一科,随编随教,本不足存。近欲录副者颇多,爰图画写稿,付之石印,略加诠次,厘为七编。……窃维国家当百度振兴,学校渐次推广,……但今朝廷未设文部,私学校读本尤鲜善者。出是编以课童子,无非为教育之热心所迫。同方大雅,当共谅之。"❷

《蒙学读本全书》前三编为初级读本,以儿童"游戏习惯之事",如击球、捕蝉、钓鱼这一类儿童易于接触闻见之事理为题材,其间亦旁及地理、历史、物理等方面的知识,以扩充儿童的知识量,且各编均附有"启事便函"。第四编是修身书,"专重德育,用论语弟子章,分纲提目,系以历史故事,每课以示指归"(四编"约旨")。第五编主要内容为智育,"专重智育,采辑子部喻言,每课系以答问,剖理精晰,引儿童渐入思想阶段"(五编"约旨")。第六编是记叙文,内容多半是新撰的,有一二十篇选自《资治通鉴》,如赤壁之战、淝水之战等。"前

---

❶ 蒙学读本全书[M]. 上海:文明书局,1907:序.
❷ 蒙学读本全书[M]. 上海:文明书局,1907:序.

半为修辞，以奥衍富丽之文，写游戏习惯之事，为儿童读史汉巨篇之引；后半为达理，即以游戏之事命题，演为议论之文，为学作论断文之引导。"（六编"约旨"）第七编是论说文，内容也多半是新撰的，"选史汉通鉴最有兴会之文，暨左国周秦诸子隽美之篇，以及唐宋迄近代名家论说"（七编"约旨"）。

由于《蒙学读本全书》编者落款为无锡三等公学堂，故我们只能认为这一套教科书是集体智慧的结晶，具体作者有哪些人，目前尚无法确证。但根据目前所掌握的资料看，俞复应该是主要作者。有的人认为由朱树人等编，由俞复、丁宝书等书写（编写），丁宝书绘图，杜嗣程缮写；还有人认为，是俞复、丁宝书、吴稚晖等编写，赵鸿雪绘图，杜嗣程缮写。陆费逵1926年索得俞复自己的一篇回忆文章，提到"于是俞氏等锐意编著，随编随教，以实地试验其合用与否"，"俞氏则常川在堂主事，每日选编课书一首，令学生抄读"。❶所以，比较有把握的是，俞复应该是主要编作者之一。1902年3月，该套教科书经京师大学堂管学大臣审定，报请官厅存案，交付上海文澜书局石印发行，载明"寻常小学堂读书科生徒用教科书"，并申明"文法书嗣出"，文法书类似于教授书、教授法或今天的教学参考书，以供教师教学时参考。这是我们发现的我国近现代教科书发展历程中最早正式配备教授法的教科书。该套书也出现过上海文宝书局代印的版本（1902年10月第2次印刷），❷同时受到无锡埃实学堂资助（埃实学堂由杨模等创办于1897年冬，1898年2月14日，即农历正月二十四日正式开学。这是无锡近代最早的新学堂，学堂聘请著名数学家华蘅芳为总教习，设历史、地理、算学、英文、日文等课。1904年7月，遭米商反对，酿成毁学事件，学校被毁。当年重建复学。1934年，学校按所在地定名，称连元街小学，沿续至今）。

也许是因为发现自己编撰的教科书市场反响很好，交由上海文澜书局或其他书局代印不如自己开店印刷。于是就在书成的1902年夏季，

---

❶ 俞复．无锡三等公学堂［C］//舒新城．近代中国教育史料．北京：中国人民大学出版社，2012：332．

❷ 该版次比较复杂，在第五编（1902年10月）的扉页注明上海文宝书局代印，版权页则表明，印刷所和发行所均为上海文明书局，资印者为无锡埃实学堂。

无锡三等公学堂的创办者俞复、廉泉等人，又于上海创办了文明书局，与商务印书馆贴邻。也确实与商务印书馆一同，在清末新式教科书编撰出版方面成为最突出的两家书坊。书局创办之初，立即将原来由上海其他书局印刷的《蒙学读本全书》重印发行。该书至光绪三十三至三十四年（1907～1908）间，已印二十余版，各地翻印者，不可胜计，成为清末新学制颁布之初最为盛行的小学教科书。俞复自称："当此学堂萌芽时代，儿童发蒙用书，先只有南洋公学所编之《蒙学课本全书》，仅有三四册。又其他零星课本，皆不成军者。自此书出，一时不胫而走。至光绪三十年，已印十余版，而各地翻印冒售者，多至不可胜计。至光绪三十三、四年间，各家渐有国文教科本出版，而是书销售数乃渐衰落。计此书前后占我国小学教育上一部分势力者，实有五六年也。"❶这里所谓各家渐有"国文教科本"，当是1904年商务印书馆陆续出版的《最新国文教科书》系列。

该套教科书由浅入深，楷书石印，附有图画，极为美观，故盛行一时，是同时期最完备最漂亮的新式教科书，它比南洋公学的《蒙学课本》更美观，比澄衷学堂的《字课图说》更综合。南洋公学的《蒙学课本》，尤其是澄衷学堂的《字课图说》，严格的讲，更类似于识字教科书，且《蒙学课本》无插图，而无锡三等公学堂的《蒙学读本全书》则已经是真正意义的语文教科书了，曾执当时小学教科书的牛耳，在20世纪初受到普遍的欢迎，教师喜欢教，学生高兴读，深得时人及以后的出版家、教育家的好评。❷ 1925年12月1日陆费逵在提到文明书局出版的《蒙学读本全书》七编时，曾说："这本书写、画都好，文字简洁而有趣，在那时能有此种出品，实在难得。"❸ 为什么呢？因为该书由俞复等编写（俞是旧时举人，学识深厚，又是著名书法家，他的书法今天还在拍卖），由丁宝书绘图（丁是清末著名画家），由杜嗣程缮写（杜也是清末有名的书画家，其书法今天仍有拍卖）。三人合作，遂成一时美品。书成后石印成书，风行一时，当时书画文有"三绝"之

---

❶ 舒新城. 近代中国教育史料［M］. 北京：中国人民大学出版社，2012：332.
❷ 石鸥. 最具备现代意义的学校自编语文教科书：无锡三等公学堂的《蒙学读本全书》［J］. 湖南教育（语文版），2008（3）：5.
❸ 舒新城. 近代中国教育史料：第2册［M］. 上海：中华书局，1928：337.

称。也有一说认为是由丁宝书执笔，赵鸿雪绘图，杜嗣程缮写。这三位也是当时名家，不影响书画文之"三绝"的美誉。

内容上，该教科书取材接近儿童生活，多为编者新撰。《蒙学读本全书》共七编，每编50至80篇课文不等。涉及内容为识字、修身、历史、地理、天文、生理卫生、珠算、几何、动物、植物、化学、格致等多门学科。以《蒙学读本全书》第二编为例，教科书的内容既有儿童游戏之事，如《放纸鸢》《猴戏》《绳虎》《纸球》《扑蝶》《钓鱼》等，又有儿童生活之常理，如《上学》《早起》《扫地》《休沐日》《借衣》《搭凉棚》《友爱歌》等，还有自然常识，如《下雪》《浮冰》《清明》《新晴》《时雨》《端阳》《雨雪霜露》等。同时，编者也十分关注科学新知识的选入，如第二编第四十五课《新闻纸》等。想象一下，较之从早到晚苦苦诵读"人之初，性本善"的学童，手捧这种有"猴戏""钓鱼""捕蝶"的教科书的学童，当是多么的幸运啊！

形式上，该教科书以浅近文言，编以儿歌与故事，附有精美图画与简易标点。无锡三等公学堂本身就是模仿日本学校而建立，所以该套教科书的重要特点也是模仿日本教科书而编写的。当时，日本小学教科书都使用白话文，比较通俗易懂，但由于文言文是当时中国的官话，在今后的考试与工作中都有要求，于是《蒙学读本全书》的编者们在对比中日两国文字后，决定整套《蒙学读本全书》都用浅显的文言文，"日本寻常小学读本一二编，皆用国音白话。然彼有通国所习之假名，故名物皆可用也。我国无假名，则所谓白话者，不过用这个那个、我们他们，助成句语，儿童素未习官音者，与解浅近文言，亦未见有难易之别。况儿童习惯白话，后日试学作文，反多文俗夹杂之病。是编一用浅近文言，不敢掺入白话。"（一编"约旨"）在内容的编排上，作者借鉴日本教科书编排的先进理念，按由浅入深的原则编排，循序渐进，如"日本读本书，二编与一编，阶级不甚差异。吾国各种蒙书，往往初编浅显，二编突接以深文实理，小儿骤难解悟。是编是理文句，与初编一律，惟每课篇幅较初篇为长"（二编"约旨"）。

但到底通过什么途径借鉴日本教科书，仍然不清楚。不过我们发现，该套教科书有些课文与在日本横滨成立的华侨学校——大同学校教科书（后面我们有专论）的课文完全相同。如大同学校《新读本》之下册卷六，第五十课："新雨之后，园中种竹数竿，遂有小鸟成群，飞集其上，鸣声让下，甚可乐也。忽有风来，吹入竹中，竹动鸟惊，散飞四处。"而《蒙学读本全书》之第二编第三十二课以"种竹"为名，内容完全相同。只是大同学校课本没有课名，只有课序，而无锡三等公学堂的课本二者皆已具备，且课后留有问题。因为该编没有版权信息，大同学校课本的版权信息也不完整，所以我们只能推论无锡三等公学堂课本参考并借鉴了大同学校的课本，因为前者的教科书要素更完整。当然，也可能存在两者都借鉴了日本某教科书的情况。

为了引发儿童读书之兴趣，《蒙学读本全书》在编写上，注意吸取传统蒙学教材的某些手法，采用整齐、押韵的诗歌形式。"坊间蒙书，多用短句散语，殊少意趣。小儿诵而思倦，是编所辑，间杂歌谣，便小儿口诵。盖古者小学，本有音乐歌词，以陶冶其性灵，和畅之血气。故《曲礼》不删韵语。"（一编"约旨"）如第一编第八课"读书一时，游散一时；读书之时，不可游散；游散之时，弗用读书"；第二编第五十一课《励学歌》"两小儿，同贤愚，及长大，各异途，一为人中杰，一为车前夫，人问何故分优劣，读书不读书之别"。第四编采用故事形式，将中国历史上的修身故事，组成文章。这套教科书，除了文字外，还有精美插图，堪称图文并茂，有些插图，至今都让人爱不释手。"书有图画，最易醒目。矧在儿童，尤性所喜，是编遇有情景可图者，罔不尽情点缀。务使儿童一展卷时，未解字义，已了然于画意所及，浏览循诵，断不至再有畏读之虑。"（一编"约旨"）如第二编第十二课为《新晴》，课文内容为"连日阴雨，气象闷塞，人心不乐。一日略放晴，光竹林乏中，小鸟时鸣，短篱之根，野花吐蕊，人心顿为之喜悦焉"。文字的左边配有插图，图中小鸟在树枝上鸣唱，地上嫩草野花，画面栩栩如生。难怪该书风行一时，书画文有"三绝"之称（如前所述，该书最有可能由俞复编撰，清末著名画家丁宝书等绘图，杜嗣程缮写，石印成书）。

体例上，该教科书前有"约旨"（相当于编写说明），书中设有问题，融教科书与教学辅导书为一体。前三编为初级读本，重识字，以儿童"游戏习惯之事"，如击球、捕蝉、钓鱼这一类儿童喜闻乐见的活动为题材，其间亦旁及地理、历史、物理等方面的知识，且各编均附有

"启事便函"。为加强识字效果，第一编后面还附有"字类备温"，将全书400多单字分为名字、代字、动字、静字、状字、介字、联字七类，便于儿童复习。第二、三编于每课后，列有问题二三则，用以启发儿童理解课文。如第二编第二十课《体操》"前日薄暮之时，先生选学生二十人，长短相等者，排列于运动场之上，教之体操。学生问先生，体操有何用，先生曰，体操者，可以健筋骨，动血脉，最有益者也。问，先生选何等学生教体操？问，体操之益何如"。

第四编是修身书，"专重德育，用论语弟子章，分纲提目，系以历史故事，每课以示指归"（四编"约旨"），阐明"良知良能"的普遍意义。

第五编主要内容为智育，"专重智育，采辑子部喻言，每课系以答问，剖理精晰，引儿童渐入思想阶段"（五编"约旨"）。该编每课设有问答，剖理精晰，以训练儿童的思维能力，"是编因问置答，由答设问，相生一气"（五编"约旨"）。如第一课《楚人之坠剑》：

楚人有涉江者，其剑自舟中坠于水，遽契其舟曰，是吾剑之所坠。舟止，从其所契者，入水求之，舟已行之，则剑不行，求剑若此，不亦惑乎？人之固执不通者，何以异此。问楚人何以有剑？答：剑为古人常佩之物。问未涉剑在何处？方涉剑在何处？已涉剑在何处？答：未涉，剑在身。方涉，剑在舟。已涉，剑在水。问剑何以在水？答：自舟中坠下也。问剑坠于水，当如何求之？答：当止舟求之。问楚人若何求之？答：契舟为记以求之。

第六编的记叙文在编排上前半部分课文重修辞，以奥衍富丽之文，写游戏习惯之事，为儿童读史汉巨篇之引。后半部分课文重达理。这样实际上是将教科书与教学辅导书合二为一。也就是说，教学辅导书的意义已被编者所意识到了。

三、《蒙学读本》给今人的启示

《蒙学读本全书》因教学实践而编写，又通过教学实践来修正，体现了教科书编写的先进理念和科学方法。

无锡三等公学堂平时教学由十几位教师轮流担任，俞复则经常驻堂主事。由于教科书缺乏，他们便每日选编课文一首，用于教学实践。又在本课中设问题数条，让学生笔答之。从而对所编课文进行检验。该堂学生，有初学者，也有曾在外间求学数年而字义全不晓者，入学半年后，则面貌大变。这使俞复等人信心倍增。他们锐意编着，随编随教，以实地试验其合用与否。这种在行动中不断探索、不断修正的教科书编写方式，可以根据实际教学情况选择适合的内容，解决教科书教学中遇到的问题，这也是这套教科书之所以受到普遍欢迎的基础。另外，教科书的编写不但立足于教学实践，而且还具有发展的眼光，反封建的民主意识萌芽。如对愚孝的批判，"儿童内蕴，具有孝友。良知良能，本无甚奇异。世传卧冰哭竹，其事半涉荒唐。至于郭巨埋儿，尤为绝伦理之大者。是编所征故实，专取平易近人，无奇异难行之弊"（四编"约旨"）。

《蒙学读本全书》从内容到形式都力求适应儿童的心理特点及教学的基本原则。

《蒙学读本全书》的编写注重儿童心理发展的特点，其内容选择从儿童日常游戏到生活礼仪到自然、社会，由近及远，有利于构建知识的意义，而且体现了对注意、记忆、想像规律的遵循，以及对情感价值的充分运用。如"草虫花鸟，鼠斗蚁争，游戏精神，而出以浅语，前三编之例也。是编事类则仍写游戏，问辞则务求奥衍。……是编议论文，均以叙事之游戏命题，衡之以精奥之公理。事既洞达，理自易解。儿童读此，粗知辩论之大纲。"（六编"约旨"）"古人事实，见智见仁，随学者之寻求。惟儿童识量有限，裁判抉择，茫无畔岸。是编每课加以结尾，发明书中目的。举一反三，即为后日论事之助。"（四编"约旨"）这样做的目的在于突出教学重点。全套书中第一编的"字类备温"、第二和三编的"问题二三则"、第四编的"指归"、第五编每课的"问答"等，则充分体现了巩固性教学原则。特别是书中对于教学中情感作用的认识，足可见编写者对教育心理学知识的较好领悟。如"诗歌为情感教育，专使儿童起文学之嗜好，发忠孝之至性，于修身一科，极有关系。宜随时引掖，干预其内蕴之活泼。是编韵语，视初编稍有模范，而寓意亦教深远。"（二编"约旨"）第二编有《爱君歌》《崇圣歌》《入学歌》《敬孝歌》《友爱歌》《励学歌》等，使儿童读起来琅琅上口。这样，"导思想之丰富，发情感之绚丽。儿童读此，庶无枯寂粗犷之病。"（六编"约旨")又如"儿童教育，宜振起其兴会。兴会不盛，则记忆力必弱。是编皆节取历史中最有兴会之文。如名伶登舞台，声容荼火，征鼓器填，万头蠕动，剧场鼎沸。儿童想像当年之状态，安得不舞蹈再四，脑髓增长"（七编"约旨"）。

《蒙学读本全书》反映了当时先进知识分子对国家强大和民族富强的美好愿望，注重激励爱国主义情感。

尤其值得一提的是，《蒙学读本全书》的编写并未局限于知识的传授，而是结合近代中国贫弱相仍、外患日亟的残酷现实，以激励爱国主义为目标。如第一编第一课为《我生大清国，我为大清民》，以形成学生明确的国民意识。第三编第二课中写道："祝我国，固金汤，长欧美，雄东洋，陆军海军炽而昌，全球翻映龙旗光。帝国主义新膨胀，毋庸老大徒悲伤！印度灭，波兰亡，请看我帝国，睡狮奋吼剧烈场。"另外编者运用比喻手法，让学生感受民族之危亡，如在第二编第二十七课《燕雀之智》中写道"燕雀处于一室之下，子母相哺也，……自以为安矣。灶突决则火上焚栋，燕雀颜色不变，是何也。乃不知祸之将及已矣。夫为人臣者，父子兄弟相兴，比周于一国，而不知其国之危，其与燕雀之智不异矣。"第三编的"约旨"则说明"地理之于教育，亦占要课。盖知我国地理，可发其宝爱土地之思，知我国与全球相关之形势，而后有强国保种之志气。"又如，"咸阳送戍，哭震云霄，由怯弱之素积也。立五洲竞争之场，正宜露我头角。是编将吾国二千年战史，豪杰骏雄之方略，节取而汇录之，儿童读此，庶热血溢涌。共有爱敌忾气象，以成完全之国民"（七编"约旨"）。

《蒙学读本全书》贴近中国儿童的生活习惯和文化背景。

编者虽然注重学习国外特别是日本编撰教科书的经验，"日本儿童作文，往往令述眼前事物。因体会真切，能发达自己之经验也。是编略登说牛、说犬等十数首。品察物情，状写形模，略示作文之程度，兼为物理学一科，示之先导"（三编"约旨"），但它的编写并不生搬硬套日本教科书，而是根据中国国情来熔铸这些材料，使之更适合中国教育的特点。在二编中借用了日本教科书中的故事形式而更换其"桃太郎"等内容，"日本读本书初二编，如载桃太郎等事，皆演日用小说，复述家庭之教育。我国儿童习闻之事，既不同于日本，乃呆译日本书者，并此而译之，是何异嗜蟹而误食蟛蜞，是编学级则务合日本，而所演游戏故实，则尽属吾国惯习之事。"（二编"约旨"）第二编第二课《崇圣歌》"先师孔子倡宗教，巍巍高大如山斗，终身服教誓弗违，叩首叩首九叩首"。第十一课为《清明》"清明者，春日之佳节也。时则绿草满地，好花齐开，城中士女，有踏青之游。近者登城，远者登山。是日游人甚众焉。问士女何以要踏青？问近者远者游于何处？"教科书内容非常贴近中国儿童的生活习惯和文化背景。在第五编中则说明，"泰西读本每多喻言，趣博而旨显有。然以本国习闻之故事，吾国强译之，已属无味，更或译笔粗陋，事趣而文不趣，转令读者生厌，是编亦用喻言，而尽取之周秦诸子。上者得其寓意之所在，次亦可记其故实，以为益智之资"（五编"约旨"）。

值得注意的是，该套教科书表明已经编写出"文法书"，相当于今天的教师用书或教学参考书，较之南洋公学的《蒙学课本》和澄衷蒙学堂的《字课图说》，它更具备现代教科书的特征。遗憾的是，该"文法书"已无从查考。

后来文明书局又将《蒙学读本全书》之第五编至第七编单独摘出，编成《高等小学国文读本》之卷一与卷二，1907年6月经学部审定出版。

最早的私立学堂自编教科书
——澄衷学堂的《字课图说》

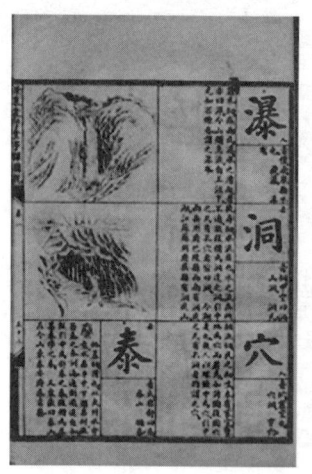

一、澄衷学堂

在19世纪末，我国新式学堂的教科书基本上全都译自西方或日本，最后两年里，学堂自编的第一本教科书南洋公学的《蒙学课本》出现。又两年，另一本学堂自编课本《字课图说》出版。

《字课图说》是叶澄衷创办的澄衷学堂自编的语文识字教科书，也是我国最早的现代教科书雏形之一，影响深远。

叶澄衷（1840~1899），原名成忠，原籍浙江慈溪，生于镇海。我国早期著名工商业家，是著名的宁波商团的先驱和领袖。他做生意很有天赋，头脑清醒，善观时变，为人处事既诚且信，热心公益事业，乐善好施，被称为"首善之商"。在宁波商帮中，一直流传着这样一句话："做人当如叶澄衷"。

叶澄衷幼时丧父，家境贫寒，因而深感幼年贫困辍学的痛苦，立志兴办教育。经商成功后，他认为"兴天下之利，莫大于兴学"❶，于是先后创办了三所学校。第一所学校并不正规，在创办实业的过程中，他为了培养商务人才，曾专门聘请洋人教师，组织店员学习知识，类似于培训机构。第二所是1871年他在老家庄市创办的叶氏义庄，这所学校

---

❶ 上海澄衷高级中学简介. http：//czgj. hledu. sh. cn/info_ detal. jsp? inford = info55000008532. 2012 - 12 - 25.

的目的是让庄市家乡的子弟能够接受英语等现代教育，帮助穷苦孩子免费读书。包玉刚、邵逸夫都在这家义庄接受了启蒙教育。第三所即澄衷学堂，创始于1899年，落成于1901年。1899年，叶家捐出10万两银子和近30亩地，在上海虹口张家湾（今唐山路）创办学堂，叶澄衷当年病逝，其子秉承遗命，使上海第一所由中国人创办的进行正规西式现代教育的学堂之一——澄衷蒙学堂（现上海唐山路第一小学和澄衷中学的前身），于1901年4月16日正式开学（辛丑年二月二十八）。关于办学目的，叶澄衷明确表示"成忠半生艰苦，自惭学问未深，每思造就人才，必须有人提倡"，久欲"设立学堂""亟思举办"，旨在使"学习之人，学有进益，大则可望成才，小则得以谋业"。并指定学堂取名"澄衷学堂"。❶

澄衷学堂最初以招收宁波贫家子弟为主，后来规模扩大，渐渐成了上海一所有名的私立学校。在澄衷学堂，学生的课程安排已体现现代学制要求，设置了"国文、英文、算学"，还有"物理、化学、博物、图画"诸科，学生分班依照各科的平均成绩，"但英文、算学程度过低的都不能入高班"，❷按胡适当年理解，这是该学堂重视西学，异于沪上其它学堂的一个特点。

1901年开学后，刘树屏是澄衷学堂第一任校长。但他不久即因病请假，邀请比自己小11岁的蔡元培代理主持校务（有一种说法认为蔡元培当时是总教习），所以，今天有人认为蔡元培是第一任校长。但蔡元培也未做多久，便去了南洋公学。有研究显示，刘树屏休病不久，当年下半年就又主政学堂（这与蔡元培主持校务时间不长相印证）。证据是，是年九月，清廷醇亲王载沣出访德国，途经上海时，曾经到澄衷学堂视察，校长刘树屏参与接待。❸但似乎刘树屏还是只做了一年校长。首先，1902年刘树屏便去执掌南洋公学，处理"墨水瓶事件"去了。其次，在当今上海澄衷高级中学的官网上，1901年出现了四位校长，分别是刘树屏、蔡元培、章樑、白作霖。第五位校长于1905年产生，即1901年的校长中最后一位一直做到1905年。目前的文献说法各异，

❶ 叶公澄衷荣哀录［M］.怀德堂印本.上海图书馆藏，1902.
❷ 胡适.四十自述·在上海［M］.合肥：安徽教育出版社，1999：45.
❸ 郦千明.叶澄衷传［M］.杭州：浙江大学出版社，2010：135.

有说法认为章梫是1902年才做校长的。而白作霖至少在1906年应该还是校长，第五位校长最早也是于1906年产生。

胡适和竺可桢是澄衷学堂的早期学生之一，他们在澄衷学堂迈出了接受新式近代教育的第一步。先后在澄衷学堂讲学的有马寅初、章太炎、陶行知、马君武、章士钊、林语堂、杜重远、陈鹤琴、章乃器、夏丏尊等。一百多年来，这所学校为中国培养了大量学生，包括著名学者胡适、科学家竺可桢、海牙国际法庭大法官倪征等。胡适回忆在此求学的情况时说："澄衷的好处在于管理的严肃，考试的认真。还有一个好处，就是学校的办事人真能注意到每个学生的功课和品行。"❶ 他在1936年写的《敬贺母校卅五周纪念》一文中，感慨道："我离开澄衷整整三十年了。但我现在回忆那一年半的光阴，我还觉得那是我幼年最得益的时期。"❷ 他还说过："我在澄衷只住了一年半，但英文和算学的基础都是在这里打下的。"❸

叶澄衷教育兴国的理想，通过他的学生延泽了一个多世纪。正因为如此，蒋维乔把他称之为近世兴学的伟人。❹

澄衷学堂不但培养了大批优秀人才，还积极参与新式教科书编撰出版，为新式教育提供了重要的保障。据初步统计，到1906年，澄衷学堂出版的各种新式教科书有18种（不含《字课图说》），包括《小学本国史教科书》《小学本国史教授用本》《小学格致读本》《普通国文读本》《高等小学国文读本》《中学东洋史》《中学西洋史》《高等小学本国地理》《亚洲地理教科书》《欧洲地理》《非洲地理》《美洲地理》《大洋洲地理》《高等东西洋历史》等。❺

二、《字课图说》及其作者

《字课图说》共四卷，八册。全书图文并茂，选3000余字，有黑白

---

❶ 持诚求真办学有方［N］．文汇报，2005－8－16．
❷ 澄衷中小学卅五周纪念刊［N］．申报，1936－4－16．
❸ 胡适．四十自述·在上海［M］．合肥：安徽教育出版社，1999：45．
❹ 蒋维乔．近世兴学三伟人［J］．教育杂志，1911（7）：标题．
❺ 字课图说［M］．澄衷蒙学堂．1906：广告页．

插图762幅。封面是"澄衷蒙学堂字课图说"字样，而扉页则多是"澄衷学堂字课图说"字样。扉页还有"本学堂印书处印""苏州吴子城绘图"等字样。该书没有现代意义的版权页，从首卷的"凡例"看，编撰者似为刘树屏。

刘树屏（1857~1917），字葆良，号补臣，江苏武进人，光绪十六年进士，翰林院编修，安徽候补道。甲午战后，他提倡改革教育，办新式教育，改龙城书院为致用精舍。后调任安徽，集资创办皖南中学。1901年首任上海澄衷学堂校长，清光绪二十八年（1902）冬南洋公学发生"墨水瓶事件"后，刘出任公学总理。光绪二十九年（1903），经盛宣怀保荐，任津浦铁路南段总办，一直到辛亥革命。民国后隐居不出。

澄衷学堂创办后，该校第一任校长刘树屏认为传统教材"其施也悖，其求也佛。不责以日用行习之常，而反语以性与天道高远难行之旨，不循循焉师尼山善诱之术，而惟束缚以立之威"不利于新式学堂教学之用。因此，他注意结合儿童心理特点，主张课本应该"词尚浅近，一切深文奥义不及焉"，遂组织编写《字课图说》一套，于光绪二十七年（1901）出版，以助儿童识字教育。关于此书，一般都认为是由刘树屏编写。虽然课本没有作者名，但有序言（凡例），作序的是刘树屏，据此认定为刘树屏著。

我们偏向于认为是集体成果。首先，刘树屏的"凡例"写道："此书乃众为聚敛以成之。"明确表示是集体成果。其次，有研究提出，当时学堂设立师范研究室，聘白作霖为主任，组织教师和校外一些有志于教育的人士为研究员，以日本教科书为参考，研究教学方法和教学内容，"精心编印《字课图说》"。❶ 由此看来，至少白作霖极有可能是重要作者。

白作霖，字振民，生平不详。一说他是南洋公学1897年首批入学的师范生，后留校任教。1899年他向公学报告他的教学安排，并对如何编译教科书、改变轻中重西的情况提出建议，引起了校长的重视。二说他是澄衷学堂1901年的第四任校长（今上海澄衷高级中学官网）。三

---

❶ 郦千明. 叶澄衷传[M]. 杭州：浙江大学出版社，2010：136.

说他是留日学生，曾经翻译出版我国最早的《比较行政法》（1902）一书，还和张相文、傅运森合译《列国岁计政要》十二册（1901年，当时张相文正在南洋公学任教员）。白作霖应该在1902年进入澄衷学堂，从胡适的回忆看，他至少在1905～1906年还是校长（总教习），正好是胡就读期间。胡适进澄衷学堂由于白，出澄衷学堂一定意义上也是由于白。❶ 综合上述各种情况，白作霖参与编撰《字课图说》课本的可能性是比较大的。

还有一个情况也值得关注。蔡元培在1901年曾经短暂地做过澄衷学堂的代理校长（一个月时间，蔡元培日记记载：农历3月19日去刘树屏家，答应代理一月），去职后却仍然留在学堂做事，从事"编字课目"（农历7月25日的日记记载：去澄衷学堂，"编字课目，晨去昏回"）等工作。几月后（9月13日）应盛宣怀邀请去南洋公学特班做总教习（但从日记看，这以前他就一直关注并参与特班的设立和招生的事情）。蔡元培做的这个"编字课目"是什么书呢？是否与《字课图说》有关系呢？从时间上看，《字课图说》"凡例"记录是"光绪二十七年夏六月"，初版时间为"夏月"，"夏月"可以理解为农历六至八月。可以肯定的是，写作"凡例"早于正式出版时间，所以初版时间为农历七八月份的可能性为大。蔡元培日记记载农历七月"编字课目，晨去昏回"，显然时间紧迫。据此应该是《字课图说》的课目工作，该书首卷恰好全部是检字、字类等内容，编写这些字和课目的任务很重。由此我们认为，蔡元培也参加了《字课图说》的实际编撰工作。

我们可以这么认为，此课本是刘树屏领衔，白作霖、蔡元培等参与其中，共同编撰完成的。这些人均与早于澄衷学堂四年创办的南洋公学有关。既然专为小学堂训蒙而作，他们又或就读或任教于南洋公学，很可能该教材的编写受南洋公学早于《字课图说》三年出版的《蒙学课本》的启迪。

绘图者为"苏州吴子城"。"吴子城"何许人也？几乎查不到任何有价值的信息，很可能"吴子城"并非人名。古时的"吴子城"建成

---

❶ 胡适的二哥胡绍之与白振民是同学，时白任澄衷学堂校长，是他劝胡适进入澄衷学堂的（1905年春季）。白管理学生十分严格，1906年因出操以及带来的对学生处理问题，胡适与白发生冲突，导致胡最后离开学校。关于此事，胡适在日记和《四十自述》中都有记载。

于公元前560年，是吴王诸樊的都城。约五十年后，他的儿子阖闾将城址扩大，将"吴子城"做了苏州城的内城，作用相当于北京的紫禁城。苏州乃文人荟萃之地，"苏州吴子城"很可能被苏州某一家画室主人取作画室的名字。笔者认为，刘树屏当时在编撰《字课图说》时，绘图是由该画室的画家而作，故曰"苏州吴子城绘画"。当然此说还需要验证，也希望得到读者的帮助。

《字课图说》大开本于1901年夏月初版（"凡例"时间是夏六月），共八册。初次印刷者为顺城书局。面世后即大受欢迎，"海内风行"，被多次翻刻。1901年冬便第二次印刷，由上海鸿宝书局出版。以后的多数出版印刷都是澄衷学堂印书处完成的。该书出现过两种版本，一种是大开本（线装16开），一种是缩印版（小开本，36开）。大开本1901年初版，当年冬天就第二次石印，1903年4月有第七次印本，9月则第十次印刷，1905年出现第十二次印刷。缩印版是在光绪三十一年（1905）冬月第一次缩印，光绪三十二年4月便出现第四次缩印本。说明了该书在当时的受欢迎程度。该书成为清末最有影响的新式学堂自编教科书之一。著名专家矛盾曾回忆道，他的母亲就是用澄衷学堂的识字课本来教他识字的。

正因为《字课图说》大受欢迎，也必然引来模仿甚至抄袭。澄衷学堂为此申请了当时特有的"版权保护"——请地方行政长官明文告示，规定"翻刻必究"，"由钦命二品顶戴江南分巡苏松太兵备道袁为给示谕禁事"，文中提到《字课图说》被环地福抄袭之事，并禁止了环地福的《字课图说》："环地福，袭字课图说名目，就原书选用三千余字，移易次序，率脱稍加增删，抄撮攘为己有，工料务趋简陋，数字教？略同原书，厚薄广狭仅及原书之半。只求牟利，罔顾害人，虽非照样翻印，而鲁鱼亥豕，改头换面隐混之弊，更胜于依样画葫芦。既虑贻误学者，尤与学界版权大有妨碍。将环地福书讹谬之处——籖明呈请给示，严梦异分行县廟一体查禁等情并呈澄衷学堂图说，环地福分类图式各入本到除批示外，全行给第一次编印第一册光绪三十一年陆日初一严禁"。这应该是影响很大的抄袭事件。

《环地福分类字课图说》由美租界内的环地福书局出版于1905年。环地福书局的老板是赵金寿，字铸伯（巨伯），江西人，光绪十五年

(1889年），参加光绪己丑科殿试，登进士三甲134名。《环地福字课图说》署名由赵金寿编撰，也是八册，内容与澄衷学堂《字课图说》雷同，如"凡例"，"是书专为学堂训蒙而作也。选字均计三千有余，生僻字概不录用。其字体均从正写。凡字之间因附以图者，或从本法或仿西式，取其蒙童一见而知易开知识也"，与澄衷学堂《字课图说》的"凡例"内容及其表达很接近。《环地福字课图说》由储丙鹑（星远）校订，储是南洋公学教员，也编著过一些新式教科书。在光绪三十一年3月20日的校订说明或序言中，储说："是年春天到上海，偶然下榻于环地福书局，即赵君辑书处，被请求校勘该书，复请名手绘图千幅"。看样子，该"字课图说"是对彼"字课图说"的抄袭一事储并不知情。

此书被官方认定为抄袭并禁止。但事实上，该书并没有被完全禁止，民国后的1916年还有该书的出版，只是改为由上海普新书局出版，书名仍然为《环地福字课图说》。这个书局与环地福书局的关系有待考证。

三、《字课图说》的基本特征

《字课图说》最大的特点，也是它超越南洋公学《蒙学课本》的所在，就是有大量插图（初步统计，黑白插图762幅），借解说与插图帮助儿童识字。

全书的基本内容为：第一卷第一册为凡例、检字、类字，后附勘误。第一卷第二册生字学习的内容主要与天文、地理有关，从"天、地、日、月"开始。第二卷以道德、政治、经济、教育为主，如第二卷第一册开篇为"礼、治、政、教"等，第二册开篇为"封、秩、俸、禄"等。第三卷以数学、常识教育为主，如第一册开篇为"数、类、多、少"等。第四卷生字以日常生活教育为主，如第一册开篇为"孕、产、生、育"等。可见，该课本打破了单纯识字的模式，以识字为主，兼顾综合知识、伦理道德、日常规范的教育。

《字课图说》以生字学习为主，以类相聚，从读音到字义，一一兼顾。"共选浅近字3000余，皆世俗所通行及书塾所习见者。惟第二卷'锌、锰、铂、钾'之属，稍乖此例，以其为原质定名，屡见译本化学

书，不能省也，其他生僻字，概从割爱，其字有数体则以最常用之体为正，而附见其余"。❶

在形式方面，《字课图说》的文字竖排，配有大量插图，使用标点符号两类，即引号和实心圆点。从第一卷第二册开始，每字一方格，文字与插图相配。刘树屏在"凡例"中说："绘图凡名字动字之非图不显者，均附以图，或摹我国旧图，或据译本西图，求是而已"，此书所绘的插图有两类，一是当时通行的人物画的画法，二是模仿西方技法（有的是直接翻印西方）的插图。插图散布各卷，有地图、人物、花鸟、建筑、器物等，地图尤为难得，插图大小不一（大者半页）。每页最多排六字，少则排两字。每字一大方块，分三区或四区编排，第一区在右上方，为"字"，即格内楷体书写一大字，在其某一角注有声调，分别为"上"（左上）、"去"（右上）、"平"（左下）、"入"（右下）四声。第二区在右下方，为"简说"，先用汉字注音，后释义，并组词。文字位于该字下方，为十岁以下儿童而设。第三区在左上方，为"详说"，释音注切音，释义则先释本义，次释引申义，假借义，文字位于该字左边，为十一岁以上学生而设。如有插图，则为第四区，排在该字大方块的左侧或下方。这无疑对识字教学是有利的。

在体例方面，《字课图说》首卷"凡例"说明编写该书的宗旨、选字的总数、排字的顺序、文字的说明、绘图、检字、类字、分级字、教授法等。全书按词性分类集中编排，共分"名、代、动、静、状、介、连、助"九类。每类中又把意义相关的字编在一起，按天文、地理、人事、物性之属分别编排。如"俯""仰""伸"排在一起，"嫁""娶""婚""纳"一起学习。有另类的集中识字的考量。

"识字之序，按深浅分为二级，先浅后深。浅者定为初级，计选一千数百字，特于检字中加圈；深者定为次级。"为了照顾到不同学生的需求，《字课图说》的每一个字都有"简说""详说"之分，"简说为十岁以下学生而设，先释音注音某字，或注某字某声，均依字典，次释义，务以一语剖晰之，次引证，举其与它字联缀者"，"详说为十一岁以上学生而设，先注切音，次释本义……，次释引申义，假借义。凡现

---

❶ 字课图说[M]. 澄衷学堂，1903：1.

行事例、新理名词,皆随字附释,要以有用为主,其经古雅训、古书偶见者,不及备载"。❶

在教学方面,《字课图说》生字不论是集中编排,还是详、简解说,都考虑了教学的需要和顺序。对于具体的教学方法,作者也交代得非常仔细,诚如"凡例"中所说"识字之序则分浅深二级,先浅后深,浅者定为初级,计选一千数百字"。

"讲授初级:斋中悬一黑板,教习取初级之字,书于板上,令学童备格本一份,一一依笔画先后仿录,次书四声于字旁,次书字音,次书字义,其格本即为理字本,学童录毕,教习逐一与之讲说,以诸童心境融彻,口说了然为度"。"还讲:教习次日拭去黑板上字,将学童理字本取置面前,令其坐本位默讲,先讲音读,后讲字义,以口说无误而能触发音者为上,若有错误,令检理字本覆阅更正,再求熟悉无误,然后授以它字。功课毕时,随取前数日或前数月已习之字,令其还讲,避免遗忘"。

"讲授二级:初级千数百字,日授数字约需一年之功,学童即已能写能解,心地开明,乃将二级之字,酌量浅深,分别指授,自必易于领悟矣"。可见,作者费尽心机设计教学方法,为教师的教提供帮助。

四、《字课图说》的述评

1.《字课图说》注重汉字"音、形、义"的结合,力求体现汉字识字规律。

汉字作为一种表意文字,素有"东方魔块"之称,是至今还在生气勃勃地存在并被使用着的人类最古老的文字体系之一。由于汉字是以表意为主并附带表音的"符号文字",所以教儿童认字时关键是教其辨认字形,由形知义。同时,汉字构词主要用二次构词法复合构词,这就决定我们的识字教育没必要像拼音文字那样,分散开来用较长的时间去进行,而可以在短期内集中突击完成。我们的常用词条大约有 4 万到 5 万,但构词的基本字只有 3000 到 5000 个。只要学会 3000 到 5000 个基

---

❶ 字课图说 [M]. 澄衷学堂,1903:1.

本字，就可掌握这4万到5万个词条。《字课图说》每字学习时都强调构词，注重音、形、义的结合，展开近似集中识字的教学。这样，学习效率就比较高，可以产生"生词熟字"的效果，能减轻学生学习汉字的负担，降低学字的难度。

2.《字课图说》注重拓展视野，传播西方现代文明，具有鲜明的时代特征。

《字课图说》虽然名为识字课本，但作者在编排时，注重阐发字的新意，且以图为主，引领生字。更有一些新出现的字，尤为重视给学生提供国际视野与西方文明。如在卷一第40页（大开）右页上部排有两个字"意、瑞"，中下部则为一副以意大利为中心，周边有瑞士的地图。左页上部排有两个字"荷、比"，中下部则为一副以荷兰、比利时为中心的地图。地图的提高难能可贵。同时，作者十分巧妙地将大量西方现代科学知识编入其中，可称得上是一部西学普及之书。比如对于电的解释，"阴阳二气薄而生热，热而发光曰电"。"动植及金类多有含之者。今所用，则人造之电也"，讲到了人可以发电。由电的概念扩展到雷："阴阳二电摩荡空际，鼓击而成声者为雷。雷声必在电后者，光行较速于声。如施放火炮，先见火后闻声也。避雷之法，勿近铁器，勿着湿衣，勿倚高墙，勿开窗户。屋高设防雷竿，可以引电入地"，提供防雷知识，破除迷信。"锌、锰、铂、钾"之属，虽然比较生僻，但仍然出现在课本之中，因为这类字"屡见译本化学书，不能省也"。

编撰者对西方的工商业发达尤为关注，羡慕之情溢于言表。如"机"字，编撰者指出："泰西机器著于全球，大之如船炮之坚利，小之如钟表灯镜之精奇，无不出之于机。中国虽已效设船械纺织诸厂，而获益则犹未也"。又"制"字，"泰西以工商立国，故其制造益精，又皆运用机器以省人力。一人引机，可成数十百人之功。故出货多而价值廉也"。编者还注重对西方政治文明的介绍，如对"讼"字的解释："争以言者谓之讼，讼必决之于公。故从言从公。工于讼词者曰讼师。中国悬为厉禁。泰西则择精于律学者给以执照，使为民办曲直，谓之律师"。此条不明明在批评中国"禁讼"做法，而提倡为老百姓打官司的律师制度吗？对"议"字的解释也很有意思："谓欲事合于义，必群相论议也。因引申为风议谏议之议。今中国有事上闻，辄归部奏；泰西各国则归上下议院公议"。字里行间，宣传了西方的议会制度。这样的例子在书中比比皆是，作者可谓用心良苦，匠心独运。澄衷学堂之所以培养了如此多的具有新思想和新思维的人才，其《字课图说》功不可没。

3.《字课图说》关注因材施教，力求激发学生兴趣，满足不同层次学生的需求，体现了较强的适应性。

好的教科书不但要强调其育人功能，而且必须考虑到其适应性和普遍性。《字课图说》专为小学堂训蒙而作，因此，追求浅显，一切深文奥义均不涉及。

教科书的最佳适应性在《字课图说》中得以充分体现。它从读音到字义，一一兼顾，并照顾了不同年龄儿童之需要。首先，《字课图说》中字分浅深二级，浅字特于检字中加圈注明，学习时间为一年，之后，再深字。其次，其中字解为详略二说，"简说为十岁以下学生而设"，"详说为十一岁以上学生而设"，这样一本书可反复使用，周期延长，其适应性明显增加。《字课图说》这样的编排，不但遵循了教学中的循序渐进原则，而且还可满足学习过程中特殊学生的需求。部分学生天资聪慧或有一定基础，一书在手，他们可自我调整学习进度，利于自学。

《字课图说》配有大量精美图画，每字以说为主，兼有插图，或摹我国旧图，或据译本西图，关注学生感性认识和学习兴趣。教材中字图相互配合，生动形象，符合直观性原则。如"凳"字，右上角书写一个大大的楷体"凳"，右下角释义为"几属人所坐者"，有"台凳""鼓凳"等，左侧便画出高、长、矮三种凳子的图。而"娶"和"嫁"两字就更有意思了，一帮人在前面敲锣打鼓吹唢呐，一帮人则举着回避牌和伞盖，而后面是八抬大轿，好不热闹。《字课图说》以书法楷体、工笔绘图印刷，楷体书法与工笔绘画刚柔相济，互相匹配，或粗或细，或轻或重，或枯或润，或藏或露，效果活泼，使学生在潜移默化中受到了艺术的熏陶。又因蒙童模仿能力较强，《字课图说》尤如一本字帖和画帖，学生日日研习，不但能学习识字，提高文化素养，还可提高自身的书法与绘画水平，这显然具有潜在课程之功效，有利于增强学生的艺术素养和审美情趣，同时也是一次很有意义的文化之旅。

但《字课图说》的严重不足是，全书脱离文句，只讲单字，且注解也多有不妥之处。如注解以《尔雅》《说文》等古书为准，以远解近，把儿童身边常见的事物解释得深远复杂，反而使学生如入云雾之中。另外，此套教材仍然没有相应的教授书，没有课时分配，没有严格的学年、学期制，所以只能把它看成是现代教科书的雏形。

让学生乐学乐读的课本
——上海三等学堂教科书

一、钟天纬其人

钟天纬是一个名气不大的真正名人。

钟天纬（1840~1900），字鹤笙，江苏松江（今属上海市）人。幼习举业，26岁中秀才，33岁（1872年）入上海广方言馆学习西学三年，光绪元年（1875年），应徐建寅之邀，赴山东机器局翻译馆任职。光绪五年，受清政府出使德国大臣李凤苞邀请游历欧洲各国，考察政治、文化和经济状况，比较西方与中国文化教育之短长。光绪七年回国，受聘于江南制造局翻译馆，与英国人傅兰雅一起工作，合译了《西国近事类编》《工程致富》《英美水师表》《铸钱说略》《考工纪要》等书。光绪十三年，应盛宣怀之邀赴山东烟台，分析上海轮船局、电报局两局之利弊，颇得重视。

19世纪80年代中期后，钟天纬积极参与上海格致书院的西学考课，应课考卷多次获列优等。其根据游历考察所得撰写的《格致说》《格致之学中西异同论》《西学古今辩》《中西学术源流论》等篇，专门探讨中西文化的差异和优劣。

1886年，傅兰雅和王韬策划了格致课艺，进行类似于征文的竞赛，旨在吸引主流学者。后来这一活动成为上海格致书院在通商口岸之外"传播西学的事业中最为成功的一项"。❶他们模仿科举殿试的形式，在中西文报纸上公布获奖者名单，将获奖者的作品编入《格致课艺汇编》，还将最优秀的文章刊登在诸如《申报》这样很有影响力的报纸上。活动主题都是要求针对当时来自国外的科学和技术阐发论述。在这些活动中，钟天纬凸显出来，显示了他的非凡才学。

从1886至1893年，他们共举行了42次课艺，有17名中国高级官员（包括李鸿章、刘坤一）给出了86个题目，共收到征文2236篇，有46.1%的文章获了奖。这些文章在介绍西学、进行科技启蒙方面做出了贡献，但有些文章也充分暴露了作者对现代科学的无知。如1889年春季特课的题目是李鸿章出的，要求解释达尔文与斯宾塞的著作。该次征文中获得第一名的蒋同寅，竟把达尔文说成了一个撰写了化学著作的著名地理学家，把斯宾塞说成了一个数学家。获得第三名的朱澄叙把达尔文写成了一个因旅行而闻名的地理学家。❷在这次课艺中钟天纬只得了第四名，但今日美国学者在检阅了这些获奖文章后，认为他的文章是最优秀的。钟天纬在这篇获得第四名的文章中，以全面讲述希腊科学开篇，然后描述了从亚里士多德到培根、达尔文、斯宾塞的科学发展过程。钟天纬总结了培根、达尔文和斯宾塞对现代科学的贡献：

> 越二千零三年，始有英人贝根，出而尽变其说……贝根年十三，入太学肆业，厌弃旧学，即有超然独立之概……乃专心于格致之学……其学之大旨，以格致各事，必须有实在凭据者为根基，因而穷极其理，不可先悬一理为的，而考证物性以实之。以是凡目中所见，世上各物，胥欲格其理而致其知……

> 迨一千八百零九年而达文生焉……祖为医生，父为格致家……及长入苏格兰壹丁倍格大书院读书，得入选。后随英国兵船，环游地球，测量绘图，并考究动植各物、舆地等事……一千八百五十九年，特著一书，论万物分种类之根源（《物种起源》），并论万物强存弱灭之理（用

---

❶ 傅兰雅. 上海格致书院格致课艺报告 [N]. 北华捷报，1888-1-25.
❷ 本杰明·艾尔曼. 中国近代科学的文化史 [M]. 王红霞等译. 上海：上海古籍出版社，2009：144.

斯宾塞的话说就是"适者生存")。

其大旨谓，凡植物动物之种类，时有变迁，并非缔造至今一成不变，其动植物之不合宜者，渐渐渐灭，其合宜者得以永存。此为天道自然之理（接近但不完全是"天择"）。但其说与耶稣之旨相反，故各国儒士，均不服其言。初时辩驳蜂起，今则佩服者渐多，而格致学从此大为改变。此亦可谓千秋崛起之人也。

至于施本思……小于达文者十一年，生平所著之书，多推论达文所述之理，使人知生活之理、灵魂之理……其所谓确可知者，皆万物外见之粗质，而万物之精微，则确有不可知者在也……❶

尽管使用的是格物的言辞表达自己的观点，但钟天纬这篇文章简明地描述了达尔文的学说，并介绍了斯宾塞的方法论，这比严复1898年翻译赫胥黎的《天演论》几乎早了十年。而且严复用的是"天择"，钟天纬用的是"天道的自然法则"，前者更接近当时的传教士的说法，试图回避变异与自然选择这一关键事实，有宗教的意味，后者突出的是自然法则本身，显然更进步。这也可以解释为什么钟天纬的文章对达尔文和斯宾塞的认识更准确，却只能取得第四名——反映了官员们对达尔文观点的敌视或不理解。今天有美国学者甚至认为，钟天纬的答卷是"唯一的一篇清楚地描述了达尔文的学说如何'与耶稣之旨相反'的文章"。❷

钟天纬在19世纪70~90年代开辟科学知识新天地方面做出了重要贡献，谭嗣同、康有为等著名革新人物都得益于包括钟天纬在内的一批知识精英（包括李善兰、华蘅芳、徐寿等）的努力。

二、《读书乐》

1896年3月，钟天纬创办上海三等学堂。盛宣怀将上海电报局总办经元善捐出的高昌庙经正书院旧屋暂借给钟用作该校校舍。钟于当日

---

❶ 王韬. 格致书院课艺：第一卷[C]. 上海：图书集成公司，1902：21a-b.
❷ 本杰明·艾尔曼. 中国近代科学的文化史[M]. 王红霞等译. 上海：上海古籍出版社，2009：147.

发布启事，先开蒙馆三塾，将来待经费许可，再开设六塾，将学有成效者，送南北洋大学堂。9月得到盛宣怀批准，由电报总局拨助常年经费洋1000元办学。❶ 学堂分"蒙馆、经馆二种，实皆外国之小学堂也。若依南北洋头二等大学堂言之，经馆可名为三等学堂，蒙馆可名为四等学堂"❷。蒙馆以识字明义为主，自八岁入塾至十岁为止，其习三年，必先通字义而后读书，要求"有三千个音义烂熟之字，有九百课由浅入深之书，以此先立根基，则将来华文洋文皆一以贯之矣"❸。蒙馆开设识字、读书、讲书、写字、算法、体操六门课程。经馆以经书为正，习西文为辅，由蒙馆满期学生选拔入馆，年则自十一岁至十三岁为止，共习三年，"务令中国四书五经无不贯串，史鉴舆地亦皆通晓，洋文亦已窥门径"❹。并说明，"以上两馆，皆专作策论，不作八股试贴功夫"❺。开设英文、华文、讲书、作文、算法、体操六门课程。

在上海三等公学成立后，钟天纬认为"设学渐多而教科中善本实不易得，坊间近刻虽多，采辑简陋，翻译纰缪，不胜枚举"❻。欲使"蒙学者育才之初桄、盖蒙之义训为昧，得镜照之，昧者斯明，故先字义，次喻言智慧格致，终之以经余史约，总次六门，固井然有序，秩然不紊，非特言明且清，理纯而正，俗不伤雅，浅而易晓，为学者检束身心，启发智识之助已也。"❼ 基于这一认识，钟天纬"故课艺成书"❽，自己编译了一套供学童使用的教科书，分别称之为：《字义》《喻言》《智慧》《格致》《经余》《史约》等，统名为《读书乐》，也称《蒙学镜》，于1898年出版使用，由上海美华书馆印刷，署名上海三等学堂编译。该书仅有课文，没有任何解释、无标点、无作业、无思考题。该书

---

❶ 上海交通大学校史网. 南洋公学1896（光绪二十二年）纪事［EB/OL］. http：//jdxiaoshi.sjtu.edu.cn/szdjwz_view.jsp? id = 2.
❷ 三等公学总章程［M］//朱有瓛，主编. 中国近代学制史料（第1辑下册）. 上海：华东师范大学出版社，1986：578.
❸ 三等公学总章程（1896）［M］. 上海：上海三等学堂，1903.
❹ 三等公学总章程（1896）［M］. 上海：上海三等学堂，1903.
❺ 三等公学总章程（1896）［M］. 上海：上海三等学堂，1903.
❻ 字义教科书·序［M］//朱有瓛，主编. 中国近代学制史料（第1辑下册）. 上海：华东师范大学出版社，1986：591.
❼ 字义教科书［M］. 上海：上海三等学堂，1903：序.
❽ 字义教科书［M］. 上海：上海三等学堂，1903：序.

出版后在当时产生了一定的影响。

"读书乐"一词有两层含义：一是儿童只有在快乐之中，才能学得好；二是读这套书，应该是快乐的而不是苦闷的。所谓"蒙学镜"，则是"蒙之义训为昧，得镜照之，昧者斯明"。❶

钟天纬鉴于自己的切身体会，痛恨旧式教学。他"束发受书"以来，"所从不下十余师。每馆皆守其老师宿儒之教法，如金科玉律，不敢稍越准绳……如是者十余年，犹不知书中是何意……始知十余年徒掷光阴费精神于无用之地"。❷ 由于对旧式教育的不满，钟天纬把自己编撰的教科书与自己摸索的新式教授法结合起来，对小学教育进行改革，提高了教学效率。钟天纬的新式教授法的形成和发展大致经历了四个阶段：

一是青年时代在家乡设帐授徒。早在1863年，钟天纬就在家乡做私塾老师，对传统教学的弊端有了更深刻的认识。1873年他进入上海江南制造局的广方言馆学习三年西学，激发了其改进传统教学方式的想法。

二是应徐建寅邀请教授其子，后赴德国做李凤苞之子家庭教师。1875年，钟天纬应邀赴山东教授徐建寅的两个儿子，他尝试新的教学方法，效果显著。徐非常满意，并将其推荐给时任德国大使李凤苞，于是钟天纬便有了游历欧洲的经历。在德国，他更是用新法教授李的儿子，自此对西方教授法有了更多的理解和认识。

三是回国后教授自己的儿子及亲戚的孩子。1881年钟天纬因病回国，白天在翻译馆工作，晚上在家教授儿子钟镜寰，此时他的教授法不仅仅在讲授层面，还利用教具开展教学。他在《学堂宜用新法教授议》一文中对这一方法作了回顾：因剪纸作方字，每晚教以二十字……故寰儿于十一二岁时，业已开笔作春秋策论，皆获益于此法也。钟镜寰长大后也投身于新式教育之中，并编撰有《蒙学格致》等教科书。

四是创办上海三等学堂及其新式学堂。1896年办三等学堂时期，他的教授法更加成熟，其特点是更加注重调动学生的学习兴趣，重视

---

❶ 钟天纬. 字义教科书［M］. 上海：上海三等学堂，1903：序.

❷ 钟天纬. 学堂宜用新法教授议［M］//陈元晖，陈学恂，田正平编. 中国近代教育史资料汇编－教育思想. 上海：上海教育出版社，2007：450－452.

由浅入深、循序渐进，关注知识巩固的科学方法，而不是死记硬背的"巩固"。❶

钟天纬的教学方法与传统私塾的教学方法有本质区别，而与当时流行于德国的赫尔巴特的教学形式阶段论很接近，这与他在德国的经历应该极有关联。一定程度上可以认为，钟天纬是最早介绍并实践赫尔巴特教学理论的人物。

钟天纬提出，"若用新法教授初学蒙童，每日先授方子，逐字讲解意义，不妨悉用土音。每日以识二十字为限，俟识千余字，即选《二十四孝》《二十四悌》《学堂日记》《感应篇图说》《阴骘文图证》等书，编成三百课，配以石印绘图，每日随讲随读兼温旧课，此第二年功课也。再次年择《国策》《史记》《汉书》等文理稍深，篇幅较长者，仍选三百课，亦随讲随读，兼温字义，此第三年功课也。合计三年后有三千字义烂熟胸中，有九百课由浅入深之书本，而谓不能融会义理耶？……故课艺成书"。❷ 于是他编成《字义教科书》作为《读书乐》之最基础的教材，"先字义，次喻言智慧格致，终之以经余史约，总次六门"，❸ 是为三等公学之蒙学用书，此书被认为是我国近代首部用语体文编写教科书的读本，❹ 是中国第一部白话文小学教科书。❺

以《蒙学镜》卷一《字义》为例，全书分为9章47课，9章依次为"实字、形容字、称谓字、动作字、发语字、帮助字、接连字、语助字、呼声字"。❻ 共3769字，均为常用字。后重印时补充了130字，达3899字。而对每个字，简单的则直接组词，稍难的则用1~4字解释字义，以帮助儿童加深理解。书所采用形式颇为独特，字单列，边上用小字上下排列，在当时的蒙学课本中比较少见。这种体例与钟天纬的新法教授法十分吻合。他在《训蒙捷诀》中指出，"乡人读书，往往有四五

---

❶ 薛毓良. 钟天纬传［M］. 上海：上海社会科学出版社，2011：230-233.
❷ 钟天纬. 学堂宜用新法教授议（1896）［M］//朱有瓛，主编. 中国近代学制史料（第1辑下册）. 上海：华东师范大学出版社，1986：591.
❸ 钟天纬. 学堂宜用新法教授议（1896）［M］//朱有瓛，主编. 中国近代学制史料（第1辑下册）. 上海：华东师范大学出版社，1986：591.
❹ 王建军. 中国近代教科书发展研究［M］. 广州：广东教育出版社，1996：98.
❺ 薛毓良. 钟天纬传［M］. 上海：上海社会科学出版社，2011：221.
❻ 钟天纬. 字义教科书［M］. 上海：上海三等学堂，1903.

年之久，而能解之字无一百，能识之字，无一千，皆因拘守旧法，未得捷径故耳"。蒙学的关键在于认字、解字，"寻常人每以多读书为主，而不以认字解字为主，无怪乎读书数年，依然如一木一石也"。关于认字之法，"认字必先认口头言语，然后十三经集字，盖童子读书，苦不晓解，若口头言语，则声入心通，自能认得，在童子大有乐趣，正童子之心得也"。只有教给儿童文字，注重他们的理解力，才能"腾出精力，足以读中外有用之书，岂非当今兴学之极大关键哉！"❶ 所以，《字义》教科书以字义为篇首，采用集中识字的办法，力图"将初学蒙养之功，十年缩作二三年。"❷

但这种集中识字并不是以字形或读音为依据进行的，而是以字义为依据，且数量较大，对于儿童的字词学习来说，仍然具有很大的难度。比如在"实字"一章第7课"人伦"，共80个生字，包括父、母、宗、族、祖、考、高、曾、伯、仲、叔、侄、姊、妹、兄、弟、爷、娘、爹、妣、哥、姐、儿、孙、嫡、庶、姬、妾、夫、妇……所有汉字确实符合人伦主旨，但不太符合汉字的识字规律，识记比较困难。

《读书乐》涵盖面很广，书中出现多种文体，且有了分科意识，如"史略"和"智慧"分开，体现了把历史与哲学从传统的"文"中分离出来。而"格致"单列，也突出了理科的价值。第二卷《喻言》涉及大量寓言，像"两鸡相斗""狐骂葡萄""牧童说谎""农夫救蛇"等，容易引发学生兴趣。其中不少课文成为经典，流传使用至今。比如第六课"牧童说谎"，就是今天家喻户晓的"说谎的孩子"的课文原型。该课文在一百多年前是这样的：

"有一牧童，为主人牧羊。牧童常戏呼曰：狼来矣。以此为戏。迨主人出，方知其妄，以后不甚听之。一日狼果来攫羊，牧童呼救于主人，主人以为仍妄言，而不出救。羊俱为狼所食。故劝世人，切不可妄语，恐一旦忽遇真事，反无人肯信，而致误事矣。"❸

---

❶ 钟天纬. 训蒙捷诀［M］. 上海：上海三等学堂，1903.
❷ 钟天纬. 学堂宜用新法教授议（1896）［M］//朱有瓛，主编. 中国近代学制史料（第1辑下册）. 上海：华东师范大学出版社，1986：591.
❸ 上海三等学堂编译. 读书乐：卷二［M］. 上海：美华书馆，1898：2.

钟天纬编撰的教科书已经冲破了单纯的文字教学的局限,也摆脱了中国传统经书的束缚,开始引进现代教育内容,培养新型人才的意识和策略逐渐明晰,而且开始出现"单元"这一教科书重要元素的雏形。比如,《字义》教科书第一章"实字"中的课文:第二十一课"花草",第二十二课"树木",第二十三课"药科",第二十四课"禾苗",第二十五课"蔬果"。这比同时期的一些教科书进了一大步。

对于钟天纬在中国近代思想文化史中的地位,著名学者熊月之教授有评价:"可以毫不夸张地说,在1880年代末1890年代初,或者说在严复以前,论对西学理解的程度,钟天纬不光在上海,就是在整个中国,无出其右。"❶ 但是对于这样重要的人物,"检视中国近代史论著,钟天纬却未能获得应有的历史地位与评价"。❷ 在这里,我们对他在教科书方面贡献的评价,只是一个尝试,是对几近消亡的课本的追忆,也是对课本作者的怀念。

---

❶ 薛毓良. 钟天纬传[M]. 上海:上海社会科学出版社,2011:序言.
❷ 李华兴. 论钟天纬[J]. 史林,1994(3):25-33.

最早的海外华人学校课本
——大同学校教科书

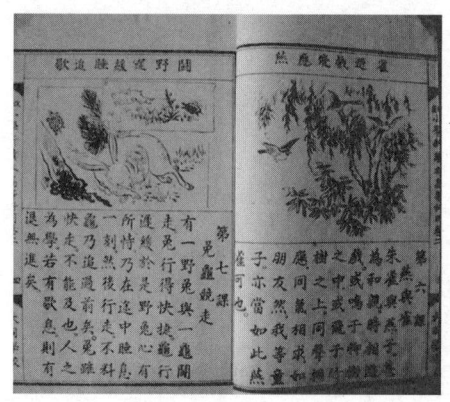

笔者在教科书收藏过程中，偶然从旧书市场淘来几本比较特别的老课本，版权署名是"大同学校"。当时因为没有听说过该学校，书太少，也难以查到资料，所以没有过多关注。只是随着时间的推移，淘到手的该学校教科书逐渐增多，了解它的欲望也一天天增加。下面是多费周折整理出来的一些相关资料及我们的研究认识，供感兴趣者参考。

一、大同学校的建立

大同学校是近代华人在日本兴办的第一所华侨学校。

日本近代华侨学校的诞生可以追溯到19世纪末。19世纪中叶，中日两国相继被迫敲开国门。横滨开港以后，在日华侨人数陆续增加，至19世纪末，横滨成为重要的华侨聚集地，横滨华侨占日本华侨总数的60%。[1] 该区域逐渐形成了富有特色的华侨组织及社会生活方式，而建立适合横滨华侨需要的教育组织便是华侨文化发展到一定程度的必然要求。

在日本，近代华侨学校诞生之前，就已经出现了个人开办的私塾，或是由中华会馆开办的旧式学馆等对华侨子弟实施教育的机构。但是，由于这些教育活动的规模都比较小，而且其所用教育方式、教授的内容也都极为落后，无法满足日益增长的教育需求。华侨社会内部要求建立与居留国日本同样的近代学校的愿望日趋强烈。

日本华侨的教育分为旧式、新式两个阶段。旧式教育以小规模的私

---

[1] 朱慧玲. 当代日本华侨教育 [M]. 太原：山西教育出版社，1996：77.

塾为主，主要讲授"四书""五经"。新式教育则是在资产阶级民主革命运动兴起后，以创办新式学堂为形式，讲授新知识，建立新学制。"新式学校教育时期，以1897年日本横滨华侨在孙中山支持下创办的中西学校（后改名大同学校）为标志……是日本乃至世界第一所近代华侨学校，从而开创了世界近代华侨教育的先河。"❶ 而且，有日本学者认为"华侨"一词最早就是来自横滨华侨学校。❷

1. 大同学校建立的背景

大同学校的建立有三个主要原因：

第一，对当时日本西式教育不平等性的不满。冯自由所著的《革命逸史初集》中有关"横滨大同学校"的章节提到其建立的时代背景及发展情况：当时在横滨没有新式华侨学校，华人的后代只好就读西人创办的学校，但是在其中经常受到欺负，令人难以忍受，出现过在校学生不堪压迫而退学的情况。

第二，对传统中式教育的过于陈旧不满。在日华侨逐渐意识到旧式的私塾蒙馆已经无法满足其子女教育的需求，他们希望能给子女创造更好的受教育机会，因此在当地创办华侨学校的愿望日益强烈。❸ 创办者之中的冯镜如、邝汝磐曾经有过一次深刻的经历，某次他们外出，住所旁边是一所蒙馆，"其教师老学究也。教室甚狭，而容数十童，课以四书五经，只令记诵，不求训诂。每日自晨及酉，兀坐于室，无有休息，学童背诵，有不识者，则鞭挞而答楚之，呻吟之声不绝于耳"❹。这种情景强化了创办者创办新式学校的意愿。加之日本的资本主义迅速发展，华侨自然也得近代风气之先，兴办新式教育的客观可能性增强。

第三，与孙中山、康有为、梁启超有密切关联。陈少白在《兴中会革命史要》一书中记述：1897年秋，与横滨侨商邝汝磐、冯镜如等兴中会的先进分子在横滨三余轩商讨为华侨子弟建立学校及筹集建校资金

---

❶ 梅伟强，张国雄主编. 五邑华侨华人史［M］. 广州：广东高等教育出版社，2001：194-199.
❷ 陈昌福. 孙中山和日本华侨［J］. 上海师范大学学报，1986（3）：3-8.
❸ 冯自由. 革命逸史初集［M］. 北京：中华书局，1981：50-53.
❹ 1909年，冯锦龙《大同同学录》《大同学校略史》广东省中山图书馆藏。转引自学校法人横滨山手中华学园《横滨山手中华学校百年校志》，第43页，2005年5月发行。

问题。之后，他们向中华会馆提交了方案，得到董事们的支持，议决学校暂设于会馆内，建校经费一部分由会馆提供，其余向侨胞筹募，教师则从国内招聘。其时正好孙中山从英国经加拿大来到日本（"适先生至，创校事逐由先生主持"）。1897年8月16日孙中山等抵达横滨，并寄寓山下町137号，离即将创办于山下町140号的大同学校很近），陈少白将此事向他汇报，孙中山表示支持，❶并亲自笔题校名为"中西学校"，其中"中"为"中华"，"西"为"西洋"，寓意融汇"中""西"两方。考虑到兴中会缺乏这方面人才，先生便推荐当时颇有名气的梁启超出任校长。❷时梁启超正在上海办《时务报》，不能兼顾。他便推荐徐勤、林奎、陈荫农3人前来横滨。❸

2. 大同学校的建立

1897年冬，横滨的第一所华侨学校"中西学校"在横滨中区山下町140号设址开学。当时有学生160多人。1923年横滨遭大地震，横滨大同学校毁于一旦，是故"无形解散"，今校址已不复存。

大同学校最初由徐勤任校长（总教习。1900年徐回国，林慧儒接任校长），徐勤出任校长后，康有为"取礼运之意"，更改校名为"大同学校"并亲书门额为赠。此时，孙中山因兴中会事务繁重无暇顾及，且觉得大同二字与自己的政治主张无大异，便也同意使用这个名字，自己也不再参与学校之事了。

大同学校办学两年，成效略著，遂于1899年3月18日（光绪二十五年二月初七）在山下町140号举行了一次隆重的开学典礼，日本著名政治家犬养毅就任名誉校长，与日本前首相大隈重信、宫崎寅藏❹等日

---

❶ 一说专门就办学事请教于孙中山先生（"以此就商于总理"），而不是"正巧"孙中山来横滨。见冯自由《革命逸史》初集第48页，中华书局，1981年。

❷ 罗晃潮. 日本华侨史 [M]. 广州：广东高等教育出版社，1994：261.

❸ 一说由康有为改荐其门生徐勤、陈荫农、陈默庵、汤觉顿等4人赴日任教，《革命逸史》初集第48页。

❹ 犬养毅（1855～1932），日本第29任首相（1931.12～1932.5），日本近代明治、大正、昭和三朝元老重臣，著名资产阶级政党政治家，孙中山的革命密友，九一八事变后被日本激进军人杀害。大隈重信（1838～1922），日本第8任和第17任内阁总理大臣（首相）。明治维新的志士之一，早稻田大学的创始人。他主导的改革成功让日本建立了近代工业，不但挽救了刚成立不久的明治政府，还为未来日本的腾飞打下了坚实的基础。宫崎寅藏（1871～1922）是一位支持辛亥革命的日本革命家，孙中山的日本好友，曾被邀参加孙中山就任临时大总统的仪式。

本友人一起参加典礼并演讲。❶"由梁启超为首，中华会馆董事孔云生、谭玉阶、大同学校理事邝余初、林北泉等，以及横滨华侨有关人士数百人，齐集大同学校。"❷ 典礼宴会上，一些名流以及梁启超和徐勤分别发表了演讲，❸ 惜演讲内容不详。

"横滨大同学校的旧址在横滨山下町140号……大同学校名义上徐勤任校长，梁启超流亡日本后，实际上负责一切大政方针。"❹ 梁启超非常关注大同学校的发展，并于1901年又建立大同学校的幼稚园。❺ 其大儿子梁思成就是在他流亡的第三年（1901）出生于日本的，而且在大同学校接受了幼儿园教育和小学教育。梁思成曾经回忆说："我出生在东京，后来在横滨和神户附近的须磨渡过了我的童年，到十岁时，辛亥革命之后才回到我的祖国。五十余年来，我并不讳言自己对日本军国主义的深刻仇恨，但脑子里童年的美好回忆，却始终如一地萦绕着。我爱美丽的日本和我童年记忆中和蔼可亲的善良的日本人民。这里面有幼稚园和小学里教导我的师长，有在须磨海边教我游泳的渔人，有我坐火车上学时每天在车上照料我的车掌……还有许多当年在一起嬉戏的日本小朋友。"❻

戊戌变法后，以梁启超为首的康门弟子群来到横滨，为横滨大同学校增添了新的力量，除林奎外，梁启田（字君力）、钟卓京、劳熴（字伯燮）、鲍炽、罗昌等都先后出任过中文教习，1899年横滨大同学校的学生总人数也由150名增至200余名。梁启超还在横滨大同学校创立了"志学会"，引导学生讨论政治得失，分析各种变法主张。稍后梁启超又创办了神户同文学校和东京高等大同学校，横滨大同学校的优等生冯懋龙（冯自由）、冯斯栾、郑贯一、曾广勷、郑云汉和张汝智等七人也

---

❶ 梁启超主编. 大同学校开校记［J］. 清议报（中华书局影印本），1899，1：585.
❷ 王良. 横滨华侨志［Z］. 横滨：财团法人中华会馆，1995：767.
❸ 梁启超主编. 大同学校开校记［J］. 清议报（中华书局影印本），1899，1：585.
❹ 石云艳. 梁启超与日本［M］. 天津：天津人民出版社，2005：247.
❺ 一说1904年：1907年3月27日的《横滨贸易新报》记载，大同学校1904年增设幼稚园。按理，1907年的记载应该是比较准确的，事发没有几年，但这就无法解释为幼稚园编写的《幼稚新读本》在1901年出版发行的事实。
❻ 梁思成. 唐招提寺金堂与中国唐代建筑［M］//鉴真和尚逝世一千二百周年纪念委员会编，鉴真纪念集. 1963.

升入东京高等大同学校继续学习，同时湖南时务学堂的林圭、蔡锷、范源濂、秦力山和唐才质等十余人也进入该校。由于东京高等大同学校的气氛更为自由宽松，诸生"高谈革命"，并吸引了不少有志青年前往交流学习，使之成为中国留日学生一时之大本营，这也算是横滨大同学校的扩展和提升。

3. 大同学校的办学宗旨

大同学校办学宗旨，关注民族教育、爱国主义教育，也注重传统文化教育，近乎保守，这与其校长徐勤维新派的背景有密切关系。

徐勤（1873~1945）字君勉，号雪庵，广东三水人，最早接受康有为变法思想的草堂弟子之一，也是最早投入变法宣传和实务之中的弟子之一。1890年秋初次谒见康有为，著弟子籍，1891年入长兴里万木草堂受业。深得康有为的嘉许，是康有为最忠实、信赖的门徒，被人誉为"康氏之子路"，他与康有为关系之密切，甚至连梁启超都及不上。戊戌变法发生后，康有为罹难舟中，危难之际，作书托付徐勤照料老母家人，由此可见一斑。后来徐勤任保皇会副会长，保皇会改为宪政会后则出任副总裁，积极协助康有为推行保皇运动，论其力其功，不愧为康氏之股肱。1897年正值维新运动风起云涌之际，康有为派遣以徐勤为首的四位心腹弟子东渡日本，执教横滨，徐勤等人也不负师门厚望，他们在推行以"学以报国"为主旨的励志教育的同时，以横滨大同学校为中心，广泛联络华侨，鼓吹变法维新，开创了维新派在海外的第一块根据地。1897年冬徐勤受任横滨大同学校总教习之时，年仅二十五岁。庚子前夕，康有为策划勤王运动，调徐勤离横滨，此后徐勤再也没有回过横滨大同学校。徐勤离开横滨后，由另一康门弟子林奎（字慧儒）继任总教习。

学校多以救国勉励学生，在校园及课本书面书写爱国标语，诵读爱国短歌。徐勤遵循康有为的思想，亲拟"立志、读书、合群、尊教、保国"五条办学纲领，要培养学生立志"作变法之元勋"。❶ 徐勤于讲学之暇复承康有为命，以振兴孔教为己任，在学校开展各种尊孔祭孔的活

---

❶ 横滨山手中华学园编撰. 横滨山手中华学校百年校志 [Z]. 横滨山手中华学园，2005：45.

动，强调"立志、合群"的重要性。每星期日，生徒须在孔子像前行三跪九叩礼。据说曾有基督教学生赵子彬因拒绝拜跪，被教员陈荫农迫令退学，因此华侨基督教徒大生恶感。❶

维新保皇是大同学校的基本特色。尤其是光绪皇帝下令变法，康、梁感觉备受重视，维新派学者便以为中国的复兴在于维新变法此举，大同学校内倾向维新派的教师亦沾沾自喜，教学中所出课题，都是歌颂圣君誉扬新政之作。

由于横滨华侨中皇权思想浓厚，对于受皇帝"恩宠"的康、梁保皇派寄予厚望，在主观上更愿意接近维新派，再加上梁启超很注意在当地华侨中进行宣传，所以学校成立后不久至1923年学校因为地震倒塌，大同学校的经营权，就一直掌握在保皇派手中，成为中国维新派的根据地。❷

大同学校规定"老师和学生每逢礼拜天要向孔子像行三跪九叩礼，此事引起华侨基督徒的不满"，此后，横滨华侨中的部份基督徒要求另为华侨设学校。同时，革命党对此也非常不满。

1912年袁世凯窃国阴谋暴露，孙中山发动第二次革命。革命失败后，孙中山被迫东渡，许多革命党人亦多东渡留学避祸，其时横滨只有大同学校，革命党人对之历有不满，于是孙中山与卢逸堂、黄焯民等同盟会会员相议，决定另创华侨学校与大同学校相抗。新华侨学校以逸堂为董事长，招聘东渡日本的革命志士和留学生多人，为校长、教员，1913年正式开学。鉴于大同学校学生以富裕侨胞子弟为多，1913年的这所华侨学校，则特别欢迎贫苦侨胞子弟，按家庭贫富情况收费，远较大同学校学费为廉。学校开办后，除革命党人子弟、侨胞各界人士子弟及由大同学校转入新华侨学校就读的学生外，当雇员或小店主的侨胞，甚至一些母亲是华侨的日本人家庭，都纷纷遣送子弟入学，全校学生迅速达到400多人，超过大同学校而成为全埠规模最大的一间华侨学校。横滨埠这两间华侨学校，主办人的党派不同，主张不同，学生情况不同，时有争议。侨胞儿童中亦有歌谣云："大同大碌竹，华侨木虱仔"，

---

❶ 冯自由.革命逸史：初集［M］.北京：中华书局，1981：52.
❷ 王良.横滨华侨志［Z］.横滨：财团法人中华会馆，1995：771.

意指大同学校的学生年龄大，如大碌竹（广东把水烟筒俗称大碌竹）一样，而华侨学校贫苦学生多，身上有虱子，讥为不卫生。

4. 大同学校的影响

1897年创办于日本横滨的横滨大同学校，使更多的华侨及其子弟接受了新式教育，提高了当地华侨的文化素质，也在这些人中传播了爱国和科学思想。最初兴办学校时，学生由6岁至13岁共计140人，女子30人。至1908~1909年间，在校学习人数达260多人，人数最多时达到450人。到1911年，大同学校毕业并考入日本大学和专门学校者达103人，未入大学而直接归国服务者49人。1911年清朝宣统帝赐御书匾额一方，表彰大同学校"育学广才"。❶ 大同学校是日本乃至全球第一所近代华侨学校，从而开创了世界近代华侨学校之先河，在华侨社会产生了重大影响。其创建对于20世纪初东南亚各地华侨学校的兴建起到了促进和示范作用。此后，华侨凡有建立学校的，都效仿大同学校。不仅如此，该校也为20世纪初清政府建立近代学校提供了参考，在客观上推动了中国教育的近代化进程。

1899年，华侨以大同学校为范本，在东京创办了高等大同学校，梁启超任校长。《清议报全编》中曾提到："横滨学校，开设既已经年，生徒精进，成就者不少。而地方限，教师有限，未能多分班数故当设高等学校使高才生以次递升……一二年后，卒业生徒，皆当递进，不可无一校以容之。"❷ 于是，梁启超多方筹集经费以设立东京大同高等学校。

二、大同学校的课程与教科书

大同学校创办之初，"学校诸生，暂分二等，一等习中西东文，兼习算学；二等专习中文，兼习天文地理各图"。功课依日本小学规则，有修身、国文、英文、东文、数学、历史、地理、理化、体操等课程。主要教材由老师们自己编写。变法失败后，康、梁亡命日本，校中便更

---

❶ 赵尔巽主编．清史稿［M］．北京：中华书局，1978．
❷ 梁启超编．清议报全编［Z］．横滨：横滨新民社辑印，1901．

改采用梁启超撰写的《戊戌政变记》和康梁诗集为教材。❶

大同学校自编教科书以幼稚园读本和小学读本著称。

1.《幼稚新读本》

1901年，大同学校发行了幼稚园国语教科书《幼稚新读本》❷，该书由继任徐勤的大同学校校长林奎（慧儒）❸编著，发行人林紫垣，（横滨）东海石版所印刷。封面除书名外，还有"大同学校"字样，以及孔子纪年和中国传统纪年。如卷三封面，中："幼稚新读本"；右："孔子生二千四百五十二年，光绪二十七年七月一日刻"；左偏下："大同学校"。该套教科书共六卷，每卷45~60课不等，每课介绍四种事物或行为。

第二卷共45课，每课均用两字表达，以植物瓜果为主。如：

第一课　含笑　茉莉　水仙　蔷薇
第二课　牡丹　玫瑰　金橘　黄皮
第三课　蜜柑　水柿　菱角　荔枝
第四课　竹笋　莲藕　苹果　沙梨
第五课　茨菇　萝葡　丝瓜　菜莎
第六课　杏仁　香信　白果　苹婆
第七课　葡萄　茄子　石榴　菠萝
第八课　鹧鸪　鹦鹉　白鹭　鸡雏
第九课　鹌鹑　翠鸟　孔雀　天鹅
第十课　鸳鸯　麒麟　豺狼　骆驼
……
第四十四课　弯弓　射箭　演说　敲棋
第四十五课　鸦噪　狗吠　蝶舞　雀飞

---

❶ 横滨山手中华学园编撰. 横滨山手中华学校百年校志 [Z]. 横滨山手中华学园，2005：58.

❷ 日本神奈川县里图书馆藏第三卷。

❸ 林慧儒，名奎，生卒年不详，与梁启超友善，同为康有为弟子。曾在徐勤之后任日本大同学校校长（1900~1904），著《小学新读本》（大同学校排印本），论文有《任公大事记》等，其侄林近（1923~2004）是现代著名篆刻家。

第三卷共50课，均用三字表达。❶ 如第十三课：红缨帽、白铁煲、新闻纸、地球图；第二十三课：千里镜、百叶窗、吉林炮、毛瑟枪。该套教科书特别有意思，内容基本上都是各类事物，有些是正规名字，有些似乎是地方称谓，注意传播地方文化和地方特产。该套书重点不是识字（实际上，该教科书的生字很难，对于学童而言，识字是一件非常困难的事情），而是识物，进而识意境。如"树流影　花飘香　果结实　蕊含芳"（第三十九课），"马快走　鹊高飞　犬空吠　鸟急啼"（第四十七课）。

以第三卷课文为例，每课左右两页，每页各两事物，共四种事物，以动植物、日常用品为主。以图释文，图文并茂，比国内长期使用的《三字经》《百家姓》等蒙学读本要生动活泼得多，是真正的"新"读本：

第一课　三足鼎　八卦钟　三尺剑　六钧弓
第二课　瓷器碟　玻璃盅　苏漆盒　水烟筒
第三课　白玲雀　五花骢　堕背鸭　折腰蜂
第四课　福州榄　天津梨　穿山甲　飞狐狸
第五课　三弄笛　一围棋　一斑豹　五總龟
第六课　锡灯盏　瓦茶壶　葵叶扇　竹饭盂
第七课　端石砚　博山炉　菖蒲剑　葫芦壶
第八课　金刚剑　珊瑚珠　绒毛鸭　角鲸鱼
第十三课　红缨帽　白铁煲　新闻纸　地球图……
第二十三课　千里镜　百叶窗　吉林炮　毛瑟枪……
第三十九课　树流影　花飘香　果结实　蕊含芳
第四十七课　马快走　鹊高飞　犬空吠　鸟急啼

《幼稚新读本》有几个标志性特点：

有课序，没有课题；该读本远比国内一般教科书印制精美，白纸，

---

❶ 由学校法人横滨山手中华学园编撰的《横滨山手中华学校百年校志》（2005年5月发行，第59页）对本校教科书的编撰提出了自己的权威看法。但有两点需要纠正：一是并非每卷都是50课，比如第二卷即只有45课；第二并非每卷都是三字表达，比如第二卷就是二字表达。

字大图清；线装；课文图文并茂，至少前三卷是右文左图，以图释文，帮助理解。有些图很有意思，比如第二卷第十九课：皮靴　雨伞　色碟　图章。在"图章"二字的左边，配上一幅图章的插图，图章雕刻的是"大同学校藏书印记"；每卷都介绍四种事物；每课字数与卷数相一致，即第一卷每课四种事物，每种事物一字介绍，如梅、兰、菊、竹，而第三卷每课四种事物，每种事物则三字介绍，如福州榄、天津梨、穿山甲、飞狐狸等（至少前三卷这一特点）。

为了便于陈述，我们把该初版新读本称之为 A 版。此外，我们还看到该书的第二种版本实物，分上下册，我们称之为 B 版。上册至少出现了卷一、卷二、卷三。B 版上册的卷二和 A 版的卷二内容相同，共 45 课。而 B 版上册的卷三则比 A 版的卷三要简单（仅 46 课，少 4 课）。似乎由此可以判定 B 版新读本比 A 版的编写发行时间要晚（即在 1901 年以后），是对 A 版教科书内容的一种修订。实际上 B 版的很多内容是把 A 版卷三的一课内容分为两课内容，每课一页，如：

B 版上册卷三：

第五课　福州榄　天津梨

第六课　穿山甲　飞狐狸

（以上为 A 版卷三的第四课）

B 版上册卷三：

第七课　锡灯盏　瓦茶壶

第八课　葵叶扇　竹饭盂

（以上为 A 版卷三的第六课）

B 版格局仍然是左图右文，但该版本不见版权页信息（只是订口处有"幼稚新读本""大同学校"字样）。印制显然不如前述 A 版本，纸张质量不高，色黄纸薄，开本略小于致生号印刷开本，令人怀疑该版本为国内翻刻印制的，并不是大同学校自己在日本印刷的一种版本。当然这仍然有待于进一步论证。

2.《小学新读本》

1902 年 8 月 10 日，大同学校编写发行小学国语教科书《小学新读本》，其封面和《幼稚新读本》形式一样（我们称之为大同学校的 C 版课本），林慧儒编著，冯紫珊任发行人，（横滨）致生号印刷。C 版教科书分六卷，每卷 50 课，共 300 课，"每日一课供寻常小学二年之用"❶。

C 版教科书显然是针对"幼稚园卒业后，略能识字解诂方授而读之"。对照前述幼稚园教学用的六卷本《幼稚新读本》（A 版），幼稚园卒业后授而读之的《小学新读本》相当于初等小学的水平，其内容的容量和难度都有所增加。

以下是《小学新读本》卷一、二、三的课文目录。❷

	卷一	卷二	卷三
第一课	日及鸟	割禾	孩子打蛤
第二课	紫藤及牡丹	垂钓	鸡公珍珠
第三课	云雀及黄莺	秋季	电车
第四课	舞猴	诗	砂纸
第五课	车轮	水车	冒雪返馆
第六课	菊花	鸡及猫	狮驴争气
第七课	圣像	金鱼	读书之法
第八课	兄弟正直	毛菇	歌
第九课	雪人	冬季	鹅生金蛋
第十课	抛球及打秋千	诗	农夫救蛇
第十一课	放纸鸢	指南针	野兔
第十二课	气泡	读书敲棋	白鹅
第十三课	童子职业	读书写画	犬影
第十四课	敬长	货车	鸠之传书
第十五课	问新年	孔子圣诞	书之
第十六课	月形	续前	狐指骂菩提
第十七课	鸡蛋	猴	野猪自护
第十八课	狗寻主人	牛及马之用	货币
第十九课	子孝父母	风琴	鹰夺枭食
第二十课	卫兵	电灯	蜗牛

---

❶ 大同学校. 小学新读本：卷一 [M]. 致生号发行，1902：例言.
❷ 横滨山手中华学园编撰. 横滨山手中华学校百年校志 [Z]. 横滨山手中华学园，2005：63.

	卷一	卷二	卷三
第二十一课	春季	检身	蜘蛛设计保命
第二十二课	诗	礼貌	毒蛇咬锉
第二十三课	逆水船	火柴	猴于鹦战
第二十四课	耕田	德律风	歌
第二十五课	教盲人	人力车	麻
第二十六课	分左右手	马车	乌鹊食蛤
第二十七课	象	敬师	蜜之妙计
第二十八课	牛	续前	怜老人
第二十九课	夏季	施济穷民	温泉
第三十课	诗	孝事祖母	五金
第三十一课	女工	燕与雀	续
第三十二课	假马	兔龟竞走	歌
第三十三课	体操	脚车	猜物
第三十四课	持枪及剑	留声机器	蟹及猿
第三十五课	兵戏	天生之物	续
第三十六课	忠孝	智慧	续
第三十七课	燕雏	童性温柔	鼠报师恩
第三十八课	月影	听父训	新闻纸
第三十九课	钟	浅水轮船	歌
第四十课	绵裘	电线	鸦插假毛
第四十一课	老鼠	诚实	牛狗同群
第四十二课	落梅惊读	勤助父业	鸡鹄同饲
第四十三课	帆船	人及鸟兽	饮食
第四十四课	验算学	歌	书信之法
第四十五课	考试受赏	汽车	书之文
第四十六课	歌	深水轮船	学校
第四十七课	四方之向	勤俭	歌
第四十八课	书及鲤鱼	师弟	二草羊
第四十九课	井	识见	举起重人
第五十课	夺旗竞走	/	三角镜

C版教科书有课序，也有课题。如卷一第一课"日及鸟"：

旭日初升，好鸟鸣于树上，有声有色，我两人开窗观望，侧耳倾听，甚有趣也。

如此看，若为初上学者，C版内容与文字确实较难，若是学过A版《幼稚新读本》的学童，则难度属正常，学童大体可以接受。"文字由简至繁，第一课至三十课三十余字，第三十课至六十课四十余字，此后逐渐加增以至二百字止"。课文比较注重儿童学习，"每课多举学童习见习闻之事，无非引以趣味耳"，"每隔数课间以诗歌以助兴趣"。课本印制颇良，图文并茂，每课均有插图，且与《幼稚新读本》不同，是上图下文，插图精美。

3.《改良新读本》

除了前述两种三版教科书外，我们还发现有若干大同学校的改良版新读本。

一是寻常科用的《改良小学新读本》，这套改良版新读本比较复杂。

第一，出现了基于《幼稚新读本》的《改良小学新读本》修订版（我们称之为D版），时间在1903～1904年之间。该改良版或名为《改良小学新读本寻常科用》，如卷三，封面除了"改良小学新读本寻常科用"字样外，同时以小字注明"原名幼稚读本"；或直接以"改良幼稚新读本"命名，如卷一，封面直接为"改良幼稚新读本"，扉页则是"改良小学新读本寻常科用"。卷一不少于58课，卷二45课，卷二与《幼稚新读本》A版卷二内容和课数均相同。卷三只有46课（比《幼稚新读本》A版卷三少4课，与B版第三卷等同），容量大幅度削减，说明确实经过改良修订。原来每课四种事物，现在是两种事物，实际是有些拆一课为二课，有些则被去掉了。仍然是三字文，右文左图，一课一页。如A版卷三的第二十三课"千里镜、百叶窗、吉林炮、毛瑟枪"，现在成为D版卷三二十五、二十六两课的内容，二十五课"千里镜、百叶窗"；二十六课"吉林炮、毛瑟枪"。卷三共46课，每课介绍两种事物，一共介绍了92种动物植物和器皿及生活用具：

第一课　三足鼎　八卦钟

第二课　三尺剑　六钧弓
第三课　瓷器碟　玻璃盅
第四课　百灵雀　五花骢
第五课　福州榄　天津梨
第六课　穿山甲　飞狐狸
第七课　锡灯盏　瓦茶壶
第八课　葵叶扇　竹饭盂
第九课　端石砚　博山炉
第十课　金刚剑　珊瑚珠……
第十八课　龙眼树　鸡冠花……
第二十五课　千里镜　百叶窗
第二十六课　吉林炮　毛瑟枪……
第四十一课　果结实　蕊含芳……
第四十六课　鸥逐浪　鹏凌风

改良版（寻常科用）署名著作者仍然是林慧儒，致生号印刷，发行兼印刷者为著名侨商冯紫珊。❶ 印制精美，图文皆佳，左图右文。

很有意思的是，尽管该套教科书是在日本编著和印刷的，版权页也出现了日本明治三十六年印刷发行的字样，但扉页显赫的标注"孔子生二千四百五十四年、光绪二十九年岁次癸卯"，版权页更是写着："著作者　林慧儒　横滨市山下町百四十番清国人"，以及"发行兼印刷者　冯紫珊　横滨市山下町五十六番地清国人"。身在日本，时时不忘自己是中国人。其中有一课是这样写的："中国十八省，人数四万万，我生在中国，我为中国民"（卷六第一课）。

封底出现了"版权所有　不准复制"的版权保护提示。"改良新读本"（寻常科用）编写发行在1903年，虽然比《幼稚新读本》晚了两

---

❶ 冯紫珊，祖籍广东省南海县，出生于香港。父冯展扬，在香港经商，因结交"红头贼"（太平军士兵）而被捕入狱。为免受株连，便随胞兄冯镜如东逃日本，在横滨开设致生印刷店。1895年广州起义失败后，接待赴日避居横滨的孙中山、陈少白、郑士良等人。与兄冯镜如联络华侨，参与和组织建立横滨兴中会，被举为兴中会横滨分会司库。刊印《扬州十日记》《嘉定屠城记》和《明夷待访录》中的《原君》《原臣》两篇，作为鼓吹反清革命的宣传品。旋又资助孙中山转赴檀香山。戊戌变法后任横滨保皇会会长，后兼《新民丛报》编辑发行人，1921年在粤去世。

年，但仍然只有课序，没有课题，没有目录。

那么 D 版与 B 版的关系呢？从内容看，二者几乎完全一致。至少 D 版卷三与 B 版卷三内容是完全等同的。因为 B 版没有出版时间，也有可能 B 版是对 D 版的盗版而不是对 A 版的修订，问题是这次盗版没有把"改良"二字搬上，这又为什么？或是 D 版是对 B 版的精致化（指印刷等形式上的完善），那么 B 版似乎就不应该是盗版，问题是如何解释 B 版印刷大不如 A、C、D 版呢？

该改良版本（即 D 版）也出现了上下册装订的版本，我们称之为 E 版。E 版上册包括卷一到卷三，下册包括卷四到卷六（改良版本之 E 版也没有版权页信息，印刷者未知，而且印制不精美，和前述 B 版的版本、纸张等形式高度接近，所以我们的结论和前面一样，可能 E 版本不是出自大同学校和致生号，而是盗版的，或有其他原因）。奇怪的是 E 版内容和最初的 A 版内容完全一致，而不是和改良版 D 版内容一致，这是比较费解的。因为改良版 D 版首先就是压缩内容，降低难度，而号称改良版的 E 版本为什么却没有随之跟进，而是保持与最初的 A 版本一致呢？也即与难度大、容量大的原版本保持一致，没有修改，没有改良，解释为盗版也许更有理由了。但这又产生新的问题：E 版难度和容量要大于 D 版，而形式上一致（都有"改良"的字样）；其难度和容量与 A 版一致，但形式上不一样（E 版有"改良"字样，A 版没有）。为什么会出现这样的版本？有待于我们以及读者的进一步澄清。

现在的局面是，内容上：A 版与 E 版相同，B 版与 D 版相同。A 版和 D 版从内容到形式，印刷精美，又有版权信息，肯定是正版，A 版出版最早，D 版是对 A 版的修订改良；B 版与 E 版虽然都缺乏版权信息，但二者的物理形态高度一致，且显著区别于 A 与 D 版，但从内容看，B 版的出现要晚于 E 版（难度和容量降低了），从形式上看，E 版的出现要晚于 B 版（E 版有"改良"二字），我们一时无法解释这一现象。

第二，出现了也许不是基于《幼稚新读本》的《改良小学新读本》（寻常科用）教科书。书名《改良小学新读本寻常科用》，共六卷，重辑者冯紫珊，时间是 1904 年，我们称之为 F 版。第一卷有冯紫珊的"序"。在"序"中冯提到："横滨大同学校林慧儒先生辑有小学读本，分为寻常科六卷、高等科六卷，共分十二卷"，"初次付梓，不胫而走者，一时风行海内外，迩来各地纷纷函索者，苦无以应之，再版三版，须臾即罄，今将此书重加修饰，精者存之，冗者删之"，出版发行，"以副索者之美意焉"。❶ 由此可见两点：

一是除了《小学新读本》（寻常科）六卷，林慧儒还编著过《小学新读本》（高等科用）六卷，只是后者我们未见实物；

二是这套林编冯改的改良版教科书除了《改良小学新读本》（寻常科用）外，还包含《改良小学新读本》（高等科用），各六卷。

但我们前述的《改良小学新读本寻常科用》（D版），以及下面要分析的《改良小学新读本》（高等科用），二者均为1903年印刷发行（而冯紫珊重辑的F版是1904年发行的）。❷ 且D版明确标示为依据《幼稚新读本》（A版）而改良。这里的F版从冯"序"看，则更似依据一套分寻常科和高等科用的《小学新读本》改良。但该套书没有看到任何实物。我们看到的C版《小学新读本》，它没有分寻常科和高等科。

F版寻常科用书按六卷出版。第一卷六十课，左图右文，除了第一课外，每课都是四个字，全为名词，四种事物。如第二课：日月斗星；第三课：云雨烟冰；第四十二课：梅兰竹菊。该书基本上是一页一课（除了第一课壹一贰二叁三肆四伍五陆六柒七捌八玖九拾十），有课序无课题。因寻常科六卷三百课，而第一卷有六十课，可以推论其他各卷课数没有定规，有多有少。

从这些课文看，该改良版（F版）寻常科似乎就是以A版《幼稚新读本》为基础改良的，因为C版《小学新读本》卷一课文根本不是这样的。这与冯"序"有出入。

现在我们仍然没有完全梳理清楚《幼稚新读本》《小学新读本》《改良小学新读本》（寻常小学）之间的关系。因为：

---

❶ 大同学校.改良小学新读本寻常科用：卷一［M］.致生号发行，1904：序.

❷ 学校法人横滨山手中华学园编撰的《横滨山手中华学校百年校志》，2005年5月发行。该学校的前身即大同学校，由书中可见，作者为了梳理清楚本校的历史，花了很大的努力和辛勤，但也只查到目前收藏于日本各图书馆的该套教科书的非常有限的几卷：收藏于日本东京都立中央图书馆的《小学新读本》卷一至卷三，收藏于日本神奈川县里图书馆的《幼稚新读本》第三卷。显然不如笔者的收藏。

如前述，我们既发现了明确标明是由《幼稚新读本》修订而成的《改良小学新读本寻常科用》（D版）的证据与实物，也发现了是由《小学新读本》修订而成的《改良小学新读本寻常科用》（F版）的证据（冯"序"）。尽管《幼稚新读本》和《小学新读本》的作者为同一个人。

二是高等科用的《改良小学新读本》。

由前冯"序"可见，大同学校在1904年出版发行过在林慧儒编著基础上，由冯紫珊重辑修订的、包括寻常科用和高等科用两种共十二卷的《改良小学新读本》，其中《改良小学新读本》（高等科用）六卷。

但我们发现另一种《改良小学新读本》（高等科用）教科书。这套1903年大同学校编写发行的《改良小学新读本高等科用》教科书，由梁文卿[1]编著，致生号印刷发行，发行者还是冯紫珊。所见版本卷二、卷四各有50课，我们称之为G版。该书从《幼稚新读本》的左图右文改为上图下文。非常可贵的是，该书基本上是一页一课，课序、课题都有，生字置于页顶，基本齐备现代教科书的元素。

梁著《改良小学新读本高等科用》卷二课文目录如下：

第一课　德律风
第二课　人力车
第三课　马车
第四课　施济穷人
第五课　孝事祖母
第六课　燕与雀
第七课　兔龟竞走
第八课　脚车
第九课　天生之物
第十课　智慧
第十一课　童性温柔
第十二课　听父训

---

[1] 梁文卿，广东湛江人。曾经是《新中国报》（维新保皇会机关报，1900年，一说为1903年创刊于美国檀香山）、《日新报》（加拿大最早的华文报纸。1903年创刊于温哥华，维新会在加拿大的机关报）的主笔，参与与孙中山革命派的论战。发表有《致任公先生书》等文。

第十三课　电线
第十四课　诚实
第十五课　勤助父业
第十六课　人及鸟兽
第十七课　勉童杂语
第十八课　汽车
第十九课　深水轮船
第二十课　浅水轮船
第二十一课　勤俭
第二十二课　师弟
第二十三课　识见
第二十四课　孩子打蛤
第二十五课　电车
第二十六课　钞纸
第二十七课　冒雪上学
第二十八课　狮驴之争
第二十九课　读书之法
第三十课　鹅生金蛋
第三十一课　农夫救蛇
第三十二课　野兔
第三十三课　犬影
第三十四课　鸠能传书
第三十五课　书之文曰
第三十六课　狐指骂菩提
第三十七课　野猪自护
第三十八课　货币
第三十九课　鹰夺鸦食
第四十课　蜘蛛设法保命
第四十一课　毒蛇咬锉
第四十二课　猴与鹦战
第四十三课　乌鹊食蛤

第四十四课　蜜之妙计
第四十五课　怜老人
第四十六课　温泉
第四十七课　五金
第四十八课　鼠报狮恩
第四十九课　新闻纸
第五十课　　鸦插假毛

无署名、无版权信息的《改良小学新读本高等科用》卷四也是五十课，第一课眇鹿失计，第五十课沈巫化俗。上图下文，有课序、课题。不知此书是林著还是梁著。

综合前述教科书修订情况的各种资料，可以推测：

或大同学校只是编撰发行过一套《小学新读本》教科书，包括寻常小学用和高等科用各六卷，原作者是林慧儒。然后在高等科用书的基础上分别有梁文卿和冯紫珊两种修订改良版。梁版在前，1903年发行，没有注明原作者，而是修订者自己署了名，发行者为冯；冯版在后，1904年发行，注明了原作者是林慧儒，重辑修订者、发行者均为冯。

或大同学校编撰发行过两套《小学新读本高等科用》教科书，均为六卷。一套由林慧儒原著，在此基础上由冯紫珊修订改良（1904）；一套是由梁文卿原著并修订改良（1903）。

但对照一下梁著《改良小学新读本高等科用》卷二课文目录，发现它和林著《小学新读本》内容高度一致，梁著卷二共50课，其中有21课与林著卷二课文相同，24课与林著卷三完全相同，只有5课稍有改动，比如林著是"冒雪返馆""狮驴争气"，而梁著是"冒雪上学""狮驴之争"，梁著应该说修改得更便于学童理解。基本结论是梁著应该是对林著的细微改良与修订，大同学校的读本主要是由林慧儒一人编著的。有意思的是，梁进行改良的对象是林著小学读本，既没有注明是寻常科，也没有注明是高等科，而改良后则成为"高等科用"书了。是不是可以这样大胆推测：

大同学校林慧儒编著的《幼稚新读本》六卷被理解并修订为《改良小学新读本寻常科》六卷。理由：有实物《改良小学新读本寻常科》，封面注明原著乃《幼稚新读本》；每卷课文数量不一样，有课序无课题,均同《幼稚新读本》的特点;内容也与《幼稚新读本》高度接近。

而同样林著的《小学新读本》六卷则被理解并修订为《改良小学新读本高等科》六卷。事实是,没有专门分类编写发行过《小学新读本》之寻常科和高等科之课本。冯"序"提到的林著了这二种书,很可能是为了表达的便利。理由是,迄今没有发现《小学新读本》之"寻常科用"和"高等科用"实物;有课序也有课题,均为五十课,这些都与《小学新读本》同;内容也同《小学新读本》高度接近。

结论:大同学校就只编写发行了十二卷新读本,初版是《幼稚新读本》六卷,《小学新读本》六卷,再版多版后,慢慢被分别改良为《小学新读本寻常科用》和《小学新读本高等科用》各六卷,原型就是初版的十二卷书。

4. 其他版本

我们还发现大同学校编写的又一种《小学新读本》国语教科书,版心标注册卷,说明至少分上下册,至少有六卷。下册第五卷共54课,下册第六卷有51课。有课序,没有课题。第五、第六卷均为上图下文的排版。课文字数比较多,内容有一定容量和难度了。比如第五卷第一课:鸟能飞,鱼能游,飞者常在树,游者常在水,树多则鸟多,水大则鱼大。第三十六课:蝉在树上,得意而鸣,螳螂在后,举两斧欲捕蝉,遆有黄雀飞至,啄螳螂而食之。又如第六卷第一课:中国十八省,人数四万万,我生在中国,我为中国民。第四十课:汝看鸡母之于子也,出入必偕之,啄食必与之。观鸟兽之爱子,亦可以知父母爱我之厚矣。

该教科书的进一步信息暂缺,但从内容风格和形式特点(如有课序无课题)看,它属于《幼稚新读本》一套书。再次证实了我们的结论。

三、大同学校教科书之影响

大同学校教科书,课文内容有强烈的维新色彩。如尊孔子为教主(《小学新读本》卷一第七课"圣像":时有童子看一幅画,问母曰:此画所写者是何人乎?母曰:此孔子圣像,中国之圣人,我等之教主也);

又如突出兴学校开民智的思想（读本的主要作者林慧儒在 1904～1907 年间曾经在东南亚创办 28 所华侨学校❶），强调爱国主义教育，一些课文以诗歌形式宣传现代文明，如《小学新读本》卷三第四十七课"歌"：

歌曰

兴学校，兴学校，救国首重振文教

国如四体民如脑，脑质康壮体完好

民智既开国便强，人才济济邦家光

历观欧美诸强邻，学校林立何纷纷

小学中学及大学，专门普通相继作

举国生徒百万多，文明风动五洋波

学校学校须速开，激励奋迅如雷霆

大同学校教科书的课文内容还包括科学技术（汽车、电车、轮船、深水轮船、电线、德律风、新闻纸、五金、电灯、留声机器等），但所占比例不是很大，且多采用近似说明文的形式。如德律风、人力车、马车等。多数课文是寓意传统德育的内容，课文形式以寓言、故事为主，以拟人化的自然动植物为基本载体（"是书多设喻言寓以义理令其易入"❷）。高等科用新读本出现了"兔龟竞走"、司马光砸缸（"智慧"）、"农夫救蛇"、葡萄是酸的（"狐指骂菩提"）等课文，也许这是最早出现在新式教科书中的。以后百年，这些课文尽管不断修订，但从未从教科书之中消失。

课文内容还引入一些新事物，开拓了学童的视野。比如"琴尾鸟"（《改良小学新读本寻常科用》卷三第十六课），这种鸟不是产自中国，而是产自澳大利亚。课文人物插图近乎民国初期的人物，没有长辫子，这与大同学校地处日本有关系。

教科书内容融合了日本文化和中国文化特别是广东文化。如插图中的服装多为中服与和服两种。中服又含新式服装与传统服装两种。如

---

❶ 横滨山手中华学园编撰. 横滨山手中华学校百年校志［Z］. 横滨山手中华学园，2005：61.

❷ 大同学校. 小学新读本：卷一［M］. 致生号发行，1902：例言.

《幼稚新读本》卷三的"独齿屐、八音琴"（第三十五课），"凤贺世麟呈祥"（第四十六课），"龙眼树"（《改良小学新读本寻常科用》卷三，第十八课）。每隔若干课文就有一篇或诗或歌的课文，意在引起学生学习兴趣。其中部分教科书的最大特点是每课都有课序有标题，而课文标题在当时的国内教科书中还没有稳定成型，时有时无，有些有有些无。

大同学校系列教科书图文并茂，左图右文（低年级）或上图下文（高年级），较为生动。而这些教科书的插图，据说很多是苏曼殊所画。当时苏既是大同学校的学生，也是大同学校的兼职绘画教师。据罗孝明《致柳无忌函》：曼殊未离大同学校之前，曾在母校帮助教美术一科（中国画）。❶ 苏绍贤在《先叔苏曼殊之少年时代》中提到："时适戊戌政变之后，大同学校创办人梁任公先生等及各教员编辑各教科书，以为维新之工具。先叔即担任绘教科书之图画。其时初等小学课本，'山水日月'等插图，盖大半是出自先叔手笔也。"

但该教科书系列还是具有当时所有教科书的共同缺点，那就是教科书要素仍然不完整，不少教科书只有课序缺乏课题；编写比较匆忙，没有形成主题单元的思想，各课内容略显杂乱，主题含混，且没有任何作业、思考题、活动练习。

不论怎样，大同学校教科书在传播中国传统文化、引入西方先进文明、开创新式教科书范本等方面的影响与贡献仍然是不可忽视、不能遗忘的。

我们认为，大同学校教科书对无锡三等公学堂的蒙学读本起过示范作用。如大同学校《新读本》之下册卷六第五十课："新雨之后，园中种竹数竿，遂有小鸟成群，飞集其上，鸣声让下，甚可乐也。忽有风来，吹入竹中，竹动鸟惊，散飞四处"，而《蒙学读本全书》之第二编第三十二课以"种竹"为名，内容完全相同。只是大同学校课本没有课名，只有课序，也无课后习题，而无锡三等公学堂的课本二者皆已经具备，且课后留有问题二个。从教科书要素的完整性来看，无锡三等公

---

❶ 柳无忌. 苏曼殊研究［M］. 上海：上海人民出版社，1987：219. 又见马以君. 苏曼殊年谱二［J］. 佛山师专学校，1986（1）：96.

学堂读本模仿了大同学校教科书。当然，也可能是两者都借鉴参考了日本某教科书的缘故。

另外，我们从教科书形式与内容，以及书局创办者的情况来看，当时上海广智书局的教科书也很有可能直接受大同学校课本的影响，这有待于后续研究。

商务印书馆的第一本教科书
——《华英初(进)阶》

在我国，英语作为一门正规课程进入学校教育起于1862年成立的京师同文馆，其英语教育意在培养专业的翻译人员，而针对普通民众的非专业的英语教育最早始于鸦片战争前后的教会学校。鸦片战争后，各大通商口岸开放掀起了一股英语学习热潮。此时，英语具备了商业价值，普通民众从实用角度出发开始学习英文。市面上涌现了各种英文培训班，有短期班和长期班，还有专门针对成人零起点的培训班，等等，这是我国历史上第一波英语学习热。

一、《华英初（进）阶》的成书

晚清学校英语教学用书大致有两种情况，一是教会学校自编的英语用书，二是从国外传入的英语教学用书。这些英语教科书都由以英语为母语的人士编辑，特点是全文均为英文，没有中文注释。因此，学校教学一般都采取教师课堂上口译课文，学生即时抄写中文释义的方式。这样不利于学习，特别是不利于初学者自学。于是，社会上逐渐流行起一种叫"洋泾浜"❶口诀的英语学习方式，即以日常汉字读音模仿英文读

---

❶ 当时，许多外国人来上海生活、工作和做生意，中国人要跟外国人做生意，生意会好做很多，但肯定要了解外国人的习俗、习惯、制度，还有更重要的语言。所以，在上海的租界里，形成了一种中文和英文混杂在一起的语言。因为上海有一条河流叫洋泾浜，就是现在的延安东路。所以这种语言，就被叫做"洋泾浜语"。

音,如:来是"康姆",去是"谷",是叫"也司",勿叫"拿"。当时倡新学、学西学成为社会时尚,上海乃全国最重要的商埠,学英语者众,但均苦于教材难觅。

正是限于英语教科书编译、编写的不足,此时各类学校英语教学一般都只能采用英文原版教材,或教师自己编写的教材。这不便于英语的教与学,限制了英语教育的发展。

抓住这一商机,刚成立不久的商务印书馆及时请谢洪赉把教会学校用的英国人为其殖民地印度小学生编的课本 *Primar* 逐课翻译成汉文并加上注释,用中英两种文字排版印刷,成功地解决了或无教材,或采用原版教材教学的种种不便。该书出版时定名为《华英初阶》,出版后大受欢迎,于是又将高一级的课本以同一个翻译者,并以同样的形式翻译出版,定名为《华英进阶》,此二书共六本,即《华英初阶》《华英进阶》初、二、三、四、五集。

编译者谢洪赉(1872~1916),字鬯侯,号寄尘,浙江绍兴人。受家庭影响,自幼信奉基督。11岁去苏州博习书院(即后来的东吴大学)读书,21岁毕业,被书院院长潘慎文留作翻译,曾翻译《八线备旨》等数理化课本,该书被梁启超等在《西学书目表》《东西学书录》著录。他是十九世纪末我国少数几个能独立译书者之一,不但译注了《华英初阶》与《华英进阶》,一生中还编译了数十种各科教科书,是商务印书馆最新教科书系列的重要编作者,其中最新教科书系列之中学教科书《瀛寰全志》有较大影响,为我国早期教科书建设做出了可贵的贡献。

《华英初阶》《华英进阶》是我国最早的自编英语教科书,出版后"宇内风行,凡中外之书院,皆以教授,凡西塾中塾皆奉此书为宝筏,不啻家弦户诵异口同声"。所以不断再版,影响颇大,成为英语学习者的首选课本而畅销多年,大大促进了当时中国英语教育的发展。蔡元培先生曾经回忆:"商务印书馆其始翻译印度英文读本,而以华文译注之,名曰《华英初阶》,在当时初学英文者甚便之。"❶ 甚至有人说自《华英

---

❶ 商务印书馆编. 商务印书馆九十年——我和商务印书馆[M]. 北京:商务印书馆,1987:1-2.

初阶》输入上海后，洋泾浜口诀不复流行。

值得一提的是，商务印书馆和译者并非对原文简单翻译，而是对原课本在内容、形式等方面做出了适宜我国英语教学的编译。这在当时并无先例可鉴，商务印书馆在编译中的探索为我国自编英语教科书积累了宝贵经验，开启了我国自编英语教科书的历史。

《华英初阶》初版于1898年，是商务印书馆成立后从印刷转行出版的第一本书，也是其自编出版的第一本教科书，还是其出版的第一部英语教科书。该书的一炮打响为商务印书馆积累了第一桶金，也为商务印书馆走向教科书编写出版提供了良好的基础。该书原是英国人为其殖民地印度的小学生所编写的英文入门教材，商务印书馆的创办人夏瑞芳请谢洪赉牧师将其逐课翻译成中文并加上文言文注释，采取中英两种文字排版印刷。

二、《华英初（进）阶》之基本特征

1. 总体上，此二书是宗教英语书，以宣扬宗教理念为根本

《华英初阶》原为英国人为其殖民地小学生编写的英语教科书，又作为教会学校教科书，所以充斥着宗教信念及殖民色彩，目的是为了服务于宗教以及实现英国的殖民统治。商务印书馆编译此二书时，虽然做了初步的本土化改进，凡专为印人说法者，悉数删汰，但保留了宣扬宗教信念的特色。在《华英进阶三集》❶的"教师指导"中，专门针对宗教教学提出："耶稣或者上帝的名义绝不能掉以轻心地读出。宗教教义，在任何情况下，都应用于拼写或语法的教学。教师应明确，必须以渐趋的方式使学生明白关于宗教的常识"。宣传宗教理念、进行宗教灌输这一目的贯穿于全书，它是全书的终极目的。商务印书馆在编译此二书时，也保留了摘自《圣经》或直接服务于宗教的课文，如"GOD""The Kindness of God""Child Jesus""God Made all Things""Morning Prayer"等，并且于每册书后都附有主祷文、饭前祷文、饭后祷文。以《华英进阶四集》的第八课为例：

---

❶ 华英进阶三集[M]. 上海：商务印书馆，1903：封2.

"我等乃兄弟"

> 我等乃兄弟,我等乃兄弟。我等之足步同向一标杆,则我等经行一生之路时,我等乃当为客人之朋友。我等乃兄弟,我等乃兄弟。在此忧虑世界之行路人,我等之忧苦乃甚多,甚多。但我等终不宜灰心失望。我等乃兄弟,我等乃兄弟。我等乃行天路之旅人兮。然则我等宜以喜乐之语,勉致我等之寂路得安闲。❶

本文以诗歌的形式来进行宗教宣扬,排比和反复的修饰法是本文的一个重要特征。本文内容引自于《圣经》,极力宣扬世间人与人平等相爱的宗教思想。正因为这一切在现实生活中很难达到,它才能给读者以美好的愿景,使他们寄希望于理想的极乐未来。

在该课文下方的注释中,作者还特意强调了:

> 我们所有的人都由上帝所创,都有同一父母,亚当和夏娃(All men are created by one God, and descended from the same first parents, Adam and Eve)。因此,我们都是兄弟,我们都是这个世界的旅行者,充满忧伤。我们应该互相安慰和帮助。死亡只是我们这个旅途的终点,它为我们打开了通往另一个世界——天堂还是地狱——的大门。❷

从这个注释中,我们不难发现作者在文中用直接说教的方式来给学生进行宗教灌输。这与译者的教徒身份密切相关。

这些做法强化了《华英初阶》《华英进阶》二书宣扬宗教理念的目的。

2. 侧重英文读写能力的培养

二书在教学上,着重培养学习者的读写能力。《华英初阶》为英文学习入门阶段所用,该书从语音开始,逐渐涉及字母、拼写、单词、短句,而且注重读音,类似于中国汉字的集中识字教学,方便记忆。如,第46课主要的学习任务是掌握6个基础词汇:CAME(来)、LAME(跛)、SAME(同、一样)、GAME(玩)、NAME(名字)、TAME(养驯)。课文主体是针对词汇的例句,大致每个词汇一个例句,有陈述句、

---

❶ 华英进阶四集[M]. 上海:商务印书馆,1906.
❷ 华英进阶四集[M]. 上海:商务印书馆,1906.

问句等。每页下面有小字部分，是每课的补充，这一部分延续了课文主体部分，依然是针对词汇的例句。从内容的选择与组织来看，此书共有两个具体语言目标：一是掌握英文字母和基础单词的拼读、拼写；二是掌握基本的语法结构，为后阶段阅读语篇准备条件。至于对话等语言交际性的内容则鲜有涉及。在高一级用书《华英进阶》中也体现出这一特色。《华英进阶三集》的"教学指导"对教师提出了8条教学建议，除去关于宗教教学、考试两条建议，余下6条分别围绕阅读、词汇、语言、翻译、拼写及背诵几方面对使用此书的英语教学提出要求。在阅读教学方面，教师帮助学生掌握正确的读音非常重要。这得益于学生跟随教师慢速、准确地阅读课文，尽可能地模仿教师，甚至有时应该合上课本训练。在词汇教学方面，学生应通过语音练习来学习词汇。在语言教学方面，教师应着重解释语法难点，特别是学习者容易犯错误的地方。在翻译教学方面，教师应让学生将课文中的每句话都翻译为本国语言，应理解每个词语的含义，也要理解整个句子的意思，学习者应尝试写出相似的句子。在拼写教学方面，学生应该有能力正确地拼写出课文，就如能朗诵一样。最后还要求学生在全面理解课文后，背诵全文，并能复述课文的重点。由此，教师要在教学过程中对语音、词汇、语法等语言基础知识进行反复练习。以课文为中心，并围绕课文展开对词汇与语法的学习，课文后的问答针对课文而设置，目的是辅助学习者进一步理解课文。可见，二书侧重的是词汇、语法以及正确的发音等语言知识方面的学习，较少涉及听说等关于语言交际方面的内容，偏重培养学生书面读写能力。这一英语教学侧重点逐渐成为我国英语教学传统，长期以来更重语法、读写，相对忽视听说教学。

3. 课本力求遵循循序渐进之原则

二书在内容的组织上力求遵循循序渐进的形式，前后内容由少至多、由简至繁、由浅至深，呈现阶梯态势。《华英初阶》从语音开始，逐渐涉及字母、拼写、单词、短句，全书共32页。《华英进阶》开始采用语篇形式，《华英进阶初集》增至58页，而《华英进阶三集》竟增至176页之多，《华英进阶四集》更是达到231页。《华英进阶初集》第一课"My new book"仅有两个段落，全文约10个短句。而到了《华英进阶三集》第一课"Three kinds of scholars"增至5个段落，全文约

15个长短句。《华英进阶初集》共有 60 篇课文，体裁包括神话、寓言、说明文、应用文、会话等。其中最常出现的便是寓言，约占全书的三分之一。这种以故事寄寓意味深长之道理的篇章便于初入门者学习，其中的趣味性不仅能激发学习者的兴趣，也益于学习者领会其意。而在四、五两集中，各课之所载则或为西哲所阐发之学理，或为彼都名人之传记。比之首二、三集，内容难度大大增强。

以《华英进阶四集》的第二课为例，该书第二课的课题为"说真言"。

"说真言"

说真言，汝答勿迟疑，勿惧祸患近，惟思上帝临。在汝幼年欢乐时，爱真诚。说真言。勇言切勿畏，言之令众听。究竟将显明，老与幼时诚为善，言真实。❶

本课以诗歌的方式来表达作者宣扬"说真话"的教育目的。文中以排比的方式反复强调其中心思想，用词简单明了，行文容易，上口。诗歌这种方式对于增加英语初学者的兴趣是一种比较好的方式。

4. 形式上，首次中西文并用编排

清末，中外交通华洋杂处，又增辟口岸，外务日益殷繁，习西文成为必需。当时各大书肆大致有七八种英文课本可供学习者选择，但这类课本要么是英国人专为其殖民地编写的课本，要么就是通商口岸的教会学校自行编写的课本，共同点是没有中文注释，学者难以领会其意，特别不便于英文初学者使用。商务印书馆别出心裁，先列以英语原文又为之注明华字，所以言曰"华英"。这是我国首次采用中英文并列排版的方式编辑英语教科书。如《华英进阶初集》第一课"MY NEW BOOK"，原版英文课文包括标题、正文、问答、拼写、教学建议，除其中问答和教学建议两部分外，其余均配有浅近的文言文翻译于原文之下。并且保留了中英文各自的编排习惯，英文采取横向编排，中文采取竖向编排。创造性地解决了英文排版所遇到的中文竖排的障碍，算是文言文到白话文的过渡阶段的排版。

---

❶ 华英进阶四集 [M]. 上海：商务印书馆，1906.

三、《华英初（进）阶》之意义

1. 中西文并用的编写方式，有利于英语教学

晚清学校的英语教学没有合适的用书，学校教学时一般都采取教师课堂上口译课文，学生即时抄写中文释义的方式。当时，社会上流行通过"洋泾浜"口诀的方式学习英语。《华英初阶》与《华英进阶》二书中首创的中西文并用的编写方式，即在英文原著旁列华文为注释，大大改善了当时的英语教学。比较准确的中文注释为英语教学提供了依据，教师以此做参考，教学的准确性得以基本保证，特别是为学习者提供了自学的可能性。此二书还出现了单元的萌芽，比如在若干课文后出现有词汇课，再有若干课文后出现有文法课等。这种于教师于学生在使用上的便利性，使得许多学校均采用此二书教书，大大改善和促进了当时中国英语教育的发展。

2. 开启了我国自编英语教科书之历史

晚清，学校英语教学用书可分为用英语教学的学科教科书以及英语语言教科书。前者大多为自然学科教科书，由于自然学科刚刚引入我国学校教育，编译工作跟不上，新兴词汇还没有形成共识，一些学校使用的自然科学方面的教科书基本都是英文原版书。而后者，英语语言教科书是采用教会自行编写或者英国人为其殖民地编写的课本，这两类英语教学用书全文均为英文，无中文注释，给学校教学带来了困难。《华英初阶》与《华英进阶》二书的编写出版，对我国自编英语语言教科书进行了有益的探索，开了中国学校英语语言教科书编写之先河，为后续学校英语教科书的编写提供了学习范例，为我国自编英语教科书积累了宝贵经验，大受各方欢迎。

3. 解决了当时英语教学之急需

清末商埠大开，中外交流的加强急需英语教育跟进，遗憾的是当时学校英语教学没有合适的用书，而《华英初（进）阶》二书的出版发行，恰恰为许多学校提供了适合的教学用书，大大促进了当时中国英语教育的发展，提升了学童的英语水平，为早期沿海地区学童走出中国、

走向海外打下了基础。

我国一批早期学者就是读着这类课本成长起来的。周作人在《知堂回想录》❶中提到，他在南京水师学堂学英语的课本为《华英初阶》。而且他对此书的记忆非常深刻，多次在文章中提到，有时候把该书称作"印度读本"。在《学校生活的一页》中，周作人写道："1901年的夏天考入江南水师学堂，读'印度读本'，才知道在经史子集之外还有'这里是我的新书'"。在水师学堂学习，自然要学更多的科技知识，所以周作人说学校的功课重在讲锅炉，"印度读本"只发到第四集。❷胡适童年学英语也是用它，其自传《四十自述》之《在上海》写道：上梅溪学堂时"英文班上用《华英初阶》"❸。著名英语教育家葛传槼❹在《英语教学往事谈》中曾说道："我学英语是从1917年秋季进入县立小学（江苏省嘉定县）高小一年级开始的……唯一的英语书是英国人编的 English Primer，汉语名《英文初阶》（应为《华英初阶》——引者）。书上没有语法，也没有注音。老师教一课，我就反复读一课。因为量小，我能做到每课全部背出。一本薄薄的书，一年读完。"❺

清政府1904年实施新学制后，清学部于1906年审定此二书为中小学堂英文教科书。此二书后又经过多次改订重版，出版了多种版本，包括《绘图华英初阶》《华英进阶初集》《华英进阶二集》《华英进阶三集》《华英进阶四集》《华英进阶五集》《华英进阶全集》，另外还出版过上海地方方言版本《华英初阶上海土白》《华英进阶初集上海土白》，也出版过合集。由此可见此套课本之影响程度。1900年6月19日《申报》有一则《重印〈华英进阶〉》广告，简略介绍了该书，也可以看出

---

❶ 周作人. 我的杂学（五）[N]. 华北新报，1944-6-4.

❷ 钟淑河. 周作人文类编（10）—八十心情[M]. 长沙：湖南文艺出版社，1998：46.

❸ 胡适. 四十自述[M]. 上海：上海书店，1987：88.

❹ 葛传槼（1906～1992），上海人。幼时家境清贫，初中辍学后，自学英语。1922年在崇明县立中学任教。1925年起任上海商务印书馆英语编辑，1942年编写出版《英语习惯用法词典》，是为中国人编写的第一部英语惯用法词典。1945年起任教于上海光华大学，1951年任教于华东师范大学，1954年调往复旦大学外文系任教，直至1986年退休。他是文革后最受欢迎的《新英汉词典》的主要编者，被学界誉为一代宗师、英语惯用法权威，为中国英语教育界先驱之一。

❺ 李良佑，刘梨. 外语教育往事谈—教授们的回忆[M]. 上海：上海外语教育出版社，1988：63.

该书版本的多样化：

> 是书华英文字并列，句读明显、释解详尽、久已风行宇内。凡中外之书院学堂皆藉以教授生徒，均称受益。并称各报赞扬，不烦赘述。兹将《华英初阶》和《华英进阶》初、二、三、四、五集合订成一大本。书面用英国顶上蓝色全布，饰以真金字，精致异常。每大本实洋二元二角半。敝馆编辑《华英读本》诸书，早经遐迩流售，咸为有功后进……

此二书盛行几十年，到20世纪20~40年代仍在被使用，从实物不完全的版权页看，有1903年第13次重印（进阶第三集）、第14次重印（进阶第四集），1920年第30版（进阶第二集），1924年第39版（进阶初集），1925年第82版（初阶），是新中国成立前主要的英语教科书之一。因为很受欢迎，盗版则难免，所以此二书的封底或封三出现了经过当地清政府官员批准的类似于版权保护的"通令"。

如前所述，此二种书具有比较强烈的宗教色彩，直接以宣扬宗教为目的；两者有目录，但均没有标记课序，没有系统的教师教授法（教授书），没有规定具体的教学时间，所以，只能看成是现代意义教科书的雏形。

第一套分科教科书
——文明书局的《蒙学科学教科书》

光绪二十四年（1898）八月，无锡举人俞复、裘廷梁会同友人丁宝书、吴稚晖等人创办无锡三等公学堂。学堂应教学之需，从创办之日开始，边教边编，前后历经三载，于1901年完成《蒙学读本全书》七编，石印出版。1902年，该套读本经京师大学堂管学大臣审定，由上海文澜书局石印出版发行。该套教科书由浅入深，楷书石印，附有图画，形式比较美观，故盛行一时，是同时期最完备、最漂亮的新式教科书，受到普遍欢迎，教师喜欢教，学生高兴读，迅速打开了市场。

这是我们发现的我国近现代教科书发展历程中最早正式配备教授法的教科书。该套书还出现过上海文宝书局1902年代印的版本。也许是发现自己编撰的教科书市场反响很好，交由上海文澜书局或其他书局代印不如自己开店印刷。于是就在书成的1902年夏季，无锡三等公学堂的创办者俞复、廉泉等人，又于上海创办了文明书局，与商务印书馆贴邻。文明书局与商务印书馆一同，在清末新式教科书编撰出版方面成为最突出的两家书坊。

文明书局创办之初，立即将原来由上海其他书局印刷的《蒙学读本全书》重印发行。至光绪三十三至三十四年（1907~1908）间，该书已印二十余版，各地翻印者，不可胜计，成为清末新学制颁布之初最为盛行的小学教科书，也为文明书局站稳脚跟奠定了基础。

藉此基础，文明书局坚定了在教科书领域的发展方向，高举"蒙学大旗"和"文明大旗"，全面开发从蒙学、初小、高小到中学堂等各级学堂用书。文明书局在当时的教科书市场独树一帜，产生了广泛的社会影响，也在中国近现代教科书发展历史上占有重要地位。1906年4月，清学部公布了《学部第一次审定初等小学暂用书目》，共计46种102册（学生用书是19种55册，教员用书是27种47册），其中商务印书馆52册、文明书局33册，位居第二。❶

一、《蒙学科学教科书》：组成与作者

自1903年开始，文明书局陆续出版他们自己命名的《蒙学科学全书》教科书系列。文明书局开始抛弃传统教育经史子集的分类方法，趁着初战告捷，联络了一批大多出国考察过师范教育的有志之士，推出了中国人自编的第一套近代分科设学的教科书——《蒙学科学全书》。

到1905年5月，文明书局已经出版蒙学科学教科书25种37本，❷囊括文法、修身、历史、地理、珠算、笔算、卫生、天文、化学、动物等。

《蒙学经训修身教科书》（陆基）1本
《蒙学文法教科书》（朱树人）2本
《蒙学中国历史教科书》（丁保书）2本
《蒙学西洋历史教科书》（秦瑞玠）2本
《蒙学东洋历史教科书》（秦瑞玠）1本
《蒙学中国地理教科书》（张相文）1本
《蒙学简明中国地图》（俞亮）1本
《蒙学外国地理教科书》（张相文）1本
《蒙学简明世界地图》（秦瑞玠）1本
《蒙学心算教科书》（丁福保）1本
《蒙学笔算教科书》（丁福保）1本
《蒙学珠算教科书》（董瑞椿）1本
《蒙学天文教科书》（钱承驹）1本
《蒙学地文教科书》（钱承驹）1本

---

❶ 学部第一次审定初等小学暂用书目[Z].学部刊行，1907.
❷ 丁福保.蒙学卫生教科书[M].上海：文明书局，1905：封底内页.

《蒙学地质教科书》（钱承驹）1本

《蒙学动物教科书》（华循）1本

《蒙学植物教科书》（华循）1本

《蒙学格致教科书》（钱承驹）1本

《蒙学化学教科书》（周柏年）1本

《蒙学卫生教科书》（丁福保）1本

《蒙学生理教科书》（丁福保）1本

《蒙学体操教科书》（丁锦）1本

《蒙学毛笔习画帖》（丁宝书）3本

《蒙学毛笔新习画帖》（丁宝书）5本

《蒙学铅笔新习画帖》（丁宝书）4本

后不断增加，到1905年10月，达28种41本，在已有品种中新增加了一本《蒙学东洋历史教科书》，新增加的三个品种是：

《蒙学初级修身教科书》（庄俞）1本

《蒙学修身教科书》（李嘉毂）1本

《蒙学矿物教科书》（华循）1本

这套教科书的作者队伍由一批饱学之士组成。比如《蒙学中国地理教科书》等课本的作者是张相文。

张相文（1866~1933），字蔚西，号沌谷，江苏桃源（今泗阳）人，革新中国地理学的先驱，教育家。弃科举，研新学，尤喜中外地舆科学。1899年，入南洋公学深造，专攻历史地理，同时兼教外院国文和地理等课。后任该校教习，从此开始了地理教育事业的生涯。1901年他编著的《初等地理教科书》（2册）和《中等本国地理教科书》（4册）分别由南洋公学和上海兰陵出版社出版，这是我国最早的地理教科书。先后受聘寿州阜丰商业学校校长、两广师范讲习所地理教员。1907年秋，张相文应傅增湘之邀，北上天津，出任天津最早的官立女子学校——北洋女子师范学堂之教务长，一年后升任校长。此外他还在北洋师范学堂和北洋法政学堂等处兼课。1908年出版中国最早的自然地理学著作《地文学》。1909年张相文邀集白雅雨、张伯苓、吴鼎昌等人在天津发起成立中国最早的地理学术团体——中国地学会，并当选为会长。次年创办中国最早的地理刊物《地学杂志》。张相文将国学大师章太炎、地理学家白眉初、历史学家陈垣和喜爱地理学的教育家蔡元培等人团结在地学会的旗帜下，组成了我国第一支地理学研究队伍。以后又陆续吸收了地理、地质方面的专家章鸿钊、丁文江、翁文灏等人。后辞去北洋女子高等学校（1912年北洋女子师范学堂改为此名）校长职，专心办中国地学会。

而《蒙学中国历史教科书》《蒙学毛笔习画帖》《蒙学毛笔新习画帖》《蒙学铅笔新习画帖》等书的作者是丁宝书。

丁宝书（1866~1936），也叫丁保书，字云轩，无锡人。幼年读四书五经，但性喜绘画。13岁时，他临摹名家花卉已能达到乱真的地步，后书画颇有大名。光绪十五年中秀才，光绪十九年参加乡试，中副榜，同年就读于江阴南菁书院。在校期间，与吴稚晖等人畅谈新学，开始学习英文、数学、物理、化学等课程。光绪二十四年（1898）与吴稚晖、俞复等创立无锡三等公学堂，并担任国文教习，编写具有新学内容的蒙学教科书。后任文明书局的美术编辑，并兼任书局附设的文明小学教员。1903年由丁宝书编写的《蒙学中国历史教科书》是完全由中国人自己编写的第一部历史教科书。作者希望通过学习历史能达到"识古并合之由，以起近今丧亡之痛，长学识，雪国耻"的目的，具有强烈的时代色彩。

编撰《蒙学卫生教科书》《蒙学生理教科书》《蒙学心算教科书》《蒙学笔算教科书》等书的是丁宝书的弟弟丁福保。

丁福保，（1874~1952）近代藏书家、书目专家，字仲祜，别号畴隐居士，江苏无锡人。1895年（光绪二十一年）毕业于江阴南菁书院，次年考取秀才，曾任俟实学堂教习。治经史之外，兼习算术、代数、几何、三角等法，随华蘅芳学数学，编撰了《算学书目提要》，以及《笔算数学》《代数备旨》《形学备旨》等早期算学教科书。后改习医学，创办丁氏医院、医学书局，先后编译出版了近80种国内外医学书籍，合称《丁氏医学丛书》。编有《历代医学书目提要》，合编《四库总录医药编》。曾任京师大学堂译学馆算学兼生理卫生学教习。喜藏书，建"诂林精舍"，吴稚晖题写匾额，藏书总数达15万余卷。捐献藏书众多，先后捐给无锡县图书馆、县立第一小学图书馆、上海市立图书馆大量藏书；1938年捐入震旦大学2万册藏书，5万余卷古今刊本，该校设立"丁氏文库"以志纪念。还捐1000余册古籍给北京图书馆，其中包括购自常熟的"铁琴铜剑楼"宋元古本10余种。一生编著出版了大量书籍，包括丛书，涉及医学、佛学、算学、经史文字之学以及钱币学等，其中最为有名的是《佛学大辞典》。丁福保的兄长即丁宝书。

编著《蒙学西洋历史教科书》《蒙学东洋历史教科书》以及《蒙学简明世界地图》等书的秦瑞玠（1874～？），字晋华，江苏无锡人。曾赴日本留学，毕业于日本法政大学，回国后历任河南知县、江苏咨议局议员、北京临时参议院议员、江苏第一高等审判厅监督推事、北京政府农商部参事，一度代理农商部次长，1923年任商标局首任局长，堪称晚清政法学界实践家。

编撰《蒙学体操教科书》的作者叫丁锦（1879～1958），字慕韩，号乾斋，江苏无锡人。曾任俟实学堂数学教员。光绪末年（1905）毕业于保定北洋将弁学堂，后任北京陆军贵胄学堂教员，云南军事参议兼步兵统带。辛亥革命后赴日本帝国大学留学。回国后执教于保定军官学堂，李宗仁、白崇禧均为其学生，后任陆军部教育科长，参加过讨逆军起义。1913年加升少将，1919年加授中将军衔。后与李济琛等筹组中国国民党革命委员会。1952年受聘中华人民共和国农业部顾问。

二、《蒙学科学教科书》的特征

该套教科书的一大特点是作者大多来自无锡，是文明书局创办者的同乡。丁宝书、丁福保是兄弟，丁锦和丁氏兄弟都是无锡人，而且丁福保和丁锦均为俟实学堂教习，他们之间还有什么关系尚有待考证。

该套教科书切合于蒙童应用，各科教科书都冠以"蒙学"二字，总称为《蒙学科学全书》，也叫《蒙学教科书》。

编写这套教科书的意图是适应本土学校的需求，弥补引用国外教材的不足。正如《蒙学动物教科书》编辑大意："旧时动物启蒙、动物图说等书，译自西籍，条段不如东书之明晰。近今译出东邦动物各书，不少佳著，然大都宜于中学，欲为小学入门之用，尚嫌程度太高。是编斟

酌繁简，颇费经营洵足为初学导引之师。"❶

在形式体例方面，《蒙学科学全书》系列为环筒页装，全套教科书印刷形式统一，有以下几个基本特点：

第一，封面。竖排，封面文字和图案均为红色印刷，书名以楷书字体（颜体）为主；

第二，商标页。上面绘有上下排列四个男童，各自手捧一个红色圆形大字"文""明""书""局"，略上方有一轮太阳，光芒四射，其中左下方的男童肩上还扛着龙旗。在图的左下方有"上海文明书局商标"字样。该页也是红色印刷，其中外层边框十分精美，单面印刷；

第三，出现了"空心圆点""实心圆点"和"中括号"等多种标点符号；

第四，版权页为一整体，左上方印有"不准翻印"章，上有"著作权"三个小字。版权页注明了"初版时间、再版时间、书名、定价、编著者、发行者、印刷所以及各地发行所"。版权保护说明位于封底或版权页的反面，占一整页，多为"光绪二十八年十二月钦差大臣太子少保兵部尚书兼都察院右都御史办理北洋通商事物直隶总督部堂袁为"批示的版权保护批文。

特别值得一提的是，《蒙学科学全书》的编排比传统教材编排有了明显的变化，教科书以编（或篇）、章、节组织内容，每节下有若干课，每课包括正文、注解和提问。如《蒙学修身教科书》（初等小学堂用）编辑大意中指出，"本书凡百二十课，每星期授一课，识足三年之用。是科门类纂繁，若求祥备，恐涉琐屑，非童子之脑力所能输入，兹特分为'修己、保身、待人、处世'四章。每章又各分若干节，将寻常立身之大者、要者，撮述一二，求合于蒙学之程度而止"。❷ 这样将同一内容集中呈现，实际就是单元的编排了，如在初等小学堂用《蒙学修身教科书》目次❸中，第一章"修己"安排有七节二十七课时，即第一节"立身"（四课）、第二节"求学"（六课）、第三节"尚志"（四课）、第四节"端品"（二课）、第五节"道德"（五课）、第六节"性

---

❶ 华循编. 蒙学动物教科书［M］. 上海：文明书局，1905.
❷ 李嘉谷. 蒙学修身教科书（初等小学）［M］. 上海：文明书局 1906：1.
❸ 李嘉谷. 蒙学修身教科书（初等小学）［M］. 上海：文明书局 1906：1.

情"（二课）、第七节"言论"（四课）。而且，课文后面设有简单的练习题，这是最早设计练习作业的教科书之一。如《蒙学卫生教科书》第一课后的作业习题为："问何谓生理学，问何谓解剖学，问何谓卫生学。"❶

在内容方面，《蒙学科学全书》系列分学科而设置内容，学科门类较齐全，系统地介绍西方的新科学知识和基本概念。以《蒙学格致教科书》为例，该书标明为"初等小学堂学生用书"，共八章，每章约六课。第一章总论，包括释格致、物体之构造、物体三类、物体公性、物体独特性等内容。第一课"释格致"指出，"就天然之现象，以窥其真迹，曰观察。从器械作用之现象，以得其佐证，曰实验。合观察实验，以为物理之研究，曰格致。"❷ 在简介"物体"概念之后，分别讲解重学、声学、光学、热学、磁学、电学和气象学等内容，将基本物理现象初步教授给学生。又如《蒙学卫生教科书》第一课为"分别学科"，内容是"理科之属于全体者，分为三科，研究人体生活之原理者，曰生理学，研究人体各部之位置、形状及构造者，曰解剖学，研究人体康健之规则者，曰卫生学"。课后有必要的注解："构造，做成也。割开身体脏腹而细究之，为解剖学。规则，一定之法则也。"❸ 这样，学生可以明了简单地掌握一些基本概念。

三、《蒙学科学教科书》的影响

当时学堂初办，新学日兴，新学教科书编译困难，出版又少。文明书局的新书自然成为社会和学堂急需之书，盗版翻印问题也日益严重。由于此时清政府还没有为版权保护立法，无法防止翻印盗版，除了向地方官府申请发布告示予以版权保护之外，那就只有自己在报刊上刊登启事，自我声明拥有版权，不准翻印，或者在书籍的正文、首尾（扉页或封四）加、印版权保护字样或版权标记。但由于国家尚无正式的版权保护法，这类版权保护公告和图书上的"版权所有，翻版必究"一样，

---

❶ 丁福保. 蒙学卫生教科书 [M]. 上海：文明书局，1905：1.
❷ 钱承驹. 蒙学格致教科书 [M]. 上海：文明书局，1903.
❸ 丁福保. 蒙学卫生教科书 [M]. 上海：文明书局，1905：1.

对盗版者只能起到威慑作用。因此，廉泉作为文明书局的创办者，开始从多方面谋求版权保护。在此期间，他呈文直隶总督袁世凯，请求对文明书局印书予以版权保护。袁世凯于1903年1月14日发布咨文，同意给予文明书局印书版权保护——"为咨明事：据户部郎中廉泉具察：京城设立文明分局，由沪运京之书请豁免运脚，并请各省保护版权等情到本督部堂。除批据察：该员在沪设立文明书局，编译教科书并新学各书，复于京师设立分局，以便士林，请将由沪运京之书概行豁免水脚。查招商局轮船装运官书向免半价。现在兴学为自强根本，但能全免，即可照办，候行核议，详复饬尊。至该局编译印行之书，无论官私局所，概禁翻印，以保版权，并候分咨各省抚院，转行遵照抄由批发等因印发外，相应咨明贵部堂院，烦请查照施行。须到咨者，计粘抄察。光绪二十八年十二月"。❶ 后此段咨文被印在《蒙学科学全书》各书及《高等小学国文读本》的封底。另外，廉泉还直接上书国家最高教育行政长官管学大臣张百熙，张百熙对文明书局廉泉的呈文十分重视，很快就作了认真的批复。1903年5月27日，张百熙作有批文《管学大臣批答廉惠卿部郎呈请明定版权由》，刊登于1903年6月4日的《大公报》上。作为一家富于出版理想，明确社会责任的资本主义性质的民营出版企业，文明书局坚持版权保护的行为，为教科书发展走向制度化、法制化，迈出了可贵的第一步。

《蒙学科学全书》时代感强，是中国人自编的第一套系统的体现分科设学的专为初等小学堂编写的新式教科书，第一次系统全面地将西方主要的新科学知识分门别类地纳入到蒙学教科书中，有利于现代科学知识的完整传播与普及。它是比第一套现代学制下的《最新教科书》更早一年启动分科设学的教科书系列。虽然此前一些蒙学课本有关于西方现代科学知识的介绍，但都是零星地散落在文字的学习中。《蒙学科学全书》的编撰出版，使新式学堂的学生接受了系统的近现代科学知识的濡染与熏陶，影响了一大批新青年。郭沫若在《童年时代》中回忆说，学习了上海文明书局出版的《格致》《地理》《地质》《东西洋史》等《蒙学科学全书》，使他的"观感焕然一新"。胡适在《四十自述》中写

---

❶ 朱树人．蒙学文法教科书：卷上［M］．上海：文明书局，1903：封底．

道：我初到上海梅溪学堂时，班上读的是文明书局的《蒙学读本》……我是读了许多古书的，现在读《蒙学读本》，自然毫不费力。❶

《蒙学科学全书》系列及文明书局的其他教科书，打破了传统的教科书编写手法，首次体现了教科书的近代学科意识及编写体例，为现代教科书编撰出版提供了有效的参照，影响了当时和以后一段时间的教科书编写。陆费逵曾这样回忆道："其实我入文明书局，与俞、丁诸君编初小国文读本、修身、算术等，仅出三、四册，颇觉一新耳目。最近中华书局出版俞复、戴克敦所编新小学国文读本前五册，尚用该书作品不少。"❷ 陆费逵的这段话写于1925年，可以想见文明书局当年的教科书编写质量确实非同一般。

文明书局的该系列教科书推出后迅速占有市场，令商务印书馆也难以望其项背。

该套教科书虽然全面，是我国近现代以来涉及面最广、品种最多的小学教科书，但因为它时间上抢先一步，所以没有完全根据学制要求（1904年学制就颁布了，但可能是该套教科书已经计划并安排妥当，便没有再根据学制进行调整）和学校开设的课程编撰。估计有些品种的销售不会很好，因为学校没有开设相应课程，但它们对全社会的科学普及意义不得低估。

此外，该套教科书没有正式的国文教科书，只有所谓文法教科书，这是一种遗憾（不过要说明的是，文明书局与此同时编撰出版了多种国文教科书，可以弥补这一不足）。同时，《蒙学科学全书》只是分科编撰，没有分年级编撰，绝大多数教科书就只有一册，没有教授法或教授书，使用于整个初级小学阶段，不利于教与学。在这一意义上，它显然不如晚它一年陆续出版的《最新教科书》。

---

❶ 胡适. 四十自述［M］. 合肥：安徽教育出版社，2006：47.
❷ 陆费逵. 论中国教科书史［M］//陈学恂，主编. 中国近代教育史教学参考资料：上册. 北京：人民教育出版社 1987：635.

最彰显作者的课本
——《蒋著修身教科书》

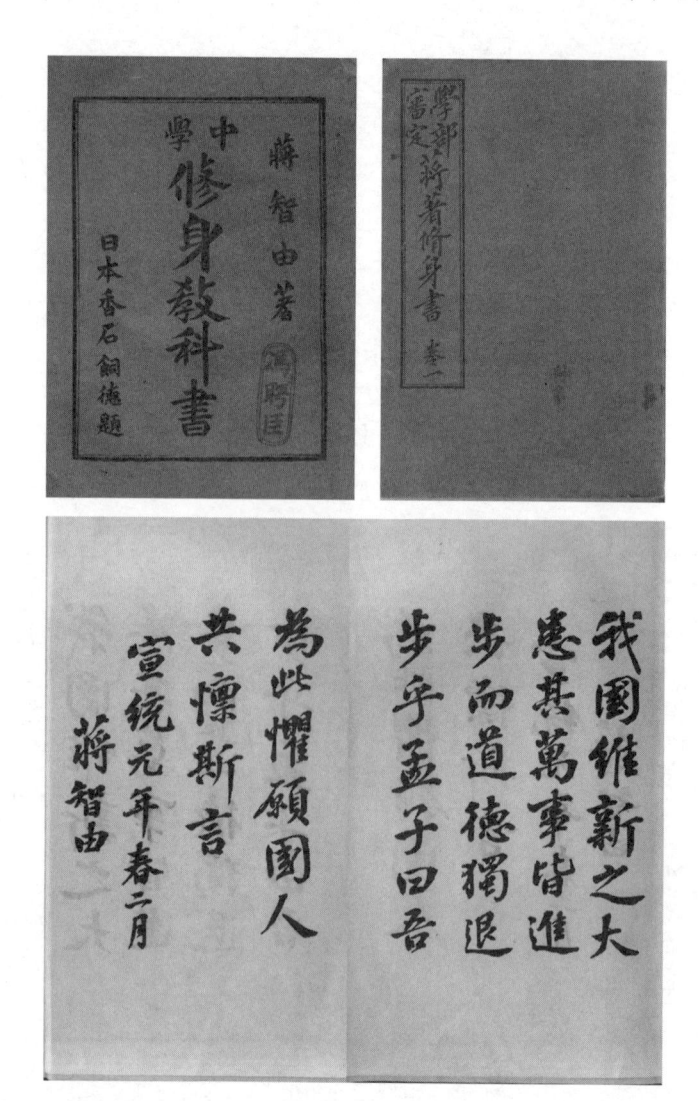

百年中国近现代教科书发展历程中，突显作者姓氏的教科书唯有一本，那就是蒋智由和他的《蒋著修身教科书》。

一、蒋智由其人

蒋智由（1866～1929），字观云，号因明子；浙江诸暨人。近代一著名且复杂人物，与蔡元培、梁启超、鲁迅皆过往密切；且与蔡、周为同乡。早年就读于杭州紫阳书院,能诗善文,工书法。甲午战后,力言变法。光绪二十八年(1902),与蔡元培等在上海建立中国教育会,参加光复会,任爱国女校经理。旋即渡海赴日本。曾参加《新民丛报》的编辑工作,任《新民丛报》主编,发表《中国兴亡问题论》等评论和杂文,颇为时人所重。又曾担任《浙江潮》编辑,后于光绪三十三年(1907)和梁启超发起组织政闻社,鼓吹君主立宪,反对同盟会的革命主张。辛亥革命后,拥护歌颂共和政体,参加文体改良的"诗界革命"。蒋智由早期诗歌抒发拯时济世的抱负,反对封建专制的束缚与压迫,颂扬西方资产阶级民主、平等、自由的思想,呼吁变革,期望祖国的复兴强盛,豪宕恣肆,富有朝气,如《时运》《醒狮歌》等。其《有感》写道:"凄凉读尽支那史,几个男儿非马牛!"《卢骚》写道:"力填平等路,血灌自由花。文字收功日,全球革命潮。"《卢骚》的最后两句"文字收功日,全球革命潮"被邹容引入其《革命军·自序》中。20世纪初,梁启超曾将蒋智由与黄遵宪、夏曾佑并称为"近世诗界三杰"(《饮冰室诗话》)。此君今日尽管知之者少,但当时确实是一个有分量的人,有几件事不能不记:

第一,拒任北大校长。"五四运动"中,北洋政府曾推举蒋智由出任北京大学校长,以取代蔡元培之职。但蒋公开发表《入山明志》,以示拒绝之志,坚辞不就。此事在蔡元培的日记中均有记录。

第二,与鲁迅关系特殊。蒋智由与鲁迅是老乡,又是同年赴日本留学。鲁迅当时对蒋是很尊重的,是先生在东京主动登门造访的少有的几位友人之一。鲁迅留学东京时,除了外出逛书店,很少出门,也很少外出访友,倒是常有朋友来寓所找鲁迅谈天,但也有例外,蒋智由尚未组织政闻社的时候,鲁迅曾去问候过他。因为他主张革命,是维新人物,又属同乡,年长些许,为鲁迅先生敬重。鲁迅常与同学许寿裳一起登门,遇到问题多有讨教(周作人《鲁迅的故家》,许寿裳《亡友鲁迅印象记》),他还找蒋智由帮忙出版译著。1934年5月在鲁迅写给杨霁云的信中,提到过曾托蒋观云介绍译著出版一段往事:"那时已译过一部《北极探险记》,叙事用文言,对话用白话,托蒋观云先生绍介于商务印书馆,不料不但不收,编辑者还将我大骂一通,说是译法荒谬。后来寄来寄去,终于没有人要,而且稿子也不见了,这一部书,好像至今没有人捡去出版过。"后来鲁迅与蒋的关系疏远，也许这也是无法言说的原因。

蒋智由晚年思想转向保守，鲁迅与他的关系也日渐疏远。据许寿裳回忆，在日本的一次相聚时，蒋智由对鲁迅等人说，满清的红缨帽有威仪，自己的西式礼帽则无威仪。在回去的路上，鲁迅便对许寿裳说：观云的思想变了。鲁迅后来便给蒋智由取了个绰号，谓"无威仪"。

二、蒋智由其书

1906年5月蒋智由编撰《蒋著修身教科书》，由日本东京同文印刷舍印刷，蒋智由个人发行，经学部审定。蒋智由在"例言"中说："余久欲作修身教科书，思维数四，终不得一完善之法。乃取日本中小学所用之修身教科书而观之，其中以井上哲次郎氏之著为尤善，因仍其编纂之规则而略变通之。"❶另外在版权页中，"翻刻必究"字样上盖有蒋智由的私人印章，且明确印有"著述者、发行者、印刷人、印刷所、寄售处"。在宣统三年（1911）的印刷本中，笔者看见卷一的第1页到第3页整页印有《京师内外巡警总厅顺天府批准严禁翻印蒋著修身书》《上海道告示禁止翻印蒋著修身书》《天津巡警局惩办寄售伪版蒋著修身书事》的摘要等。以一己之力，能够有这些作为，足见蒋非等闲之辈，非常清楚版权保护的价值，这与他在日本留学密切关联。

这是清末一部有一定特色的体现现代伦理精神启蒙的教科书。在宣统三年印行的版本中，卷一的扉页有蒋智由宣统元年春二月（1909年）的大字毛笔题词"我国维新之大患，其万事皆进步而道德独退步乎。孟子曰吾为此惧，愿国人共懔斯言。"把人心进步、道德水平看成是社会发展的核心问题。某些版本另有"人心为本"四个书法大字，每二字占一页，署名"观云"。同时还有印刷字体的"题辞"："穷老飘蓬去国身，故园回首每沾巾。沈思砥柱神州事，年少峥嵘可有人。"❷可见作

---

❶ 蒋智由. 中学修身教科书（卷1）[M]. 2版. 东京：同文印刷舍，1908：凡例.
❷ 蒋智由. 蒋著修身教科书（卷1）[M]. 11印. 东京：同文印刷舍，1911：前页.

者对于新道德教育的急切。

在"序"中蒋智由提到培养"自力的道德"。人们最初是命令的道德，常有恃乎他力，如父兄师长，随着年龄增长，不可不由他力的道德进而为自力的道德，即"由命令之道德进而为自发的道德"。❶ 在第 2 章"国家社会"中有"国民之义务"的内容。有专题谈"生命"的宝贵，有"自戕之当戒"等内容，还特别从心理学的角度阐述了精神由"情"、"智"、"意"三大部分构成，有"人格以情而美""以智正情""意志自由""情智意完全之人格"❷ 等。教科书中专门将"进步"列为"品行"章的最后一节，并从学理基础、道德内涵、人生价值等方面，对其详加阐述，从中不仅可以概见当时对于"进化"观念的极端信仰，也可了解对其追求"进步"之伦理道德价值的肯定。其言曰：

> 天地万物皆循一进化之公例而行。人者，万物中之一物。故亦当循进化之例者也——诚思地球若不进步，则昔日大火大冰之时代，曷为而有今日寒温适度之时代乎？物类若不进步，则昔日大草大木大禽大兽之时代，又曷为而有今日人类首出灵长万物之时代乎？且也，人类若不进步，则昔日蛮野不室处不披服不火食之时代，又曷为而有今日事物丰备之时代乎？即以吾人一身而论，自襁褓之时至今日，其身体之增长若何，智能之增长若何，盖历历然皆有进步之迹乎？可数者也。自今以往，其进步正未有艾，若之何其可以自画也。
>
> 夫事业学问，其高深远大，绝无止境之可言。进一境焉，复有一境以相引，犹登高然。进一级焉，其所见之景象，愈以不同。夫进步与不进步，其影响大有关系于人之德性者在。盖不进步，则吾日徘徊于旧日之境界中，而无一新辟之境界，以压倒其旧日之境界以过之，则逐以旧日之境界为已足，而骄满之心由之而生矣。非特此也，不进步，则精心志气皆归于无用，而万事因付之因循悠忽之中，如是则暮气生，而偷怠之心，又由之而生矣。❸

---

❶ 蒋智由. 蒋著修身教科书（卷1）[M]. 11 印. 东京：同文印刷舍，1911：序.
❷ 蒋智由. 蒋著修身教科书（卷1）[M]. 11 印. 东京：同文印刷舍，1911：目录.
❸ 蒋智由. 蒋著修身教科书（卷2）[M]. 再版. 东京：同文印刷舍，1907：78 - 82.

这种将理想从系于上古三代转向于未来的道德信念，蕴涵着伦理认知初步转型的学术思想意义。在1908年《浙江教育官报》第4期，刊登有官方对新编上报的有关伦理教科书的评审结论，其中，这套教科书的评语是"持论公正，次序分明，颇合中学教科之用"❶。

蒋智由修身教科书包括小学修身和中学修身教科书，各三册。蒋智由的修身教科书在当时影响比较大，有过多种版本与印刷。最初在日本出版发行。小学、中学修身教科书皆初版于光绪三十二年（1906）5月，第二年订正再版。小学修身1908年订正三版，1909年四版等；中学修身教科书出现过1911年版、1913年版等。不同版本或再印时间，导致教科书装帧和尺寸也有不同。蒋智由的修身教科书均由东京的同文印刷舍印刷，印刷人酒井平次郎，寄售国内大城市发行。不知为何他的教科书没有在国内出版过，即便是再版或修订的版本。发行者也是著述者都是蒋智由，部分版次的教科书由日本人香石饲德题书名。应该是在日本出版印刷的缘故吧，较之同期教科书，该书各卷印刷质量都比较高，可以说纸张质地好，印刷精美。并且已经是现代装帧，而同时期的许多教科书，如《最新教科书》系列等，仍然是我国的传统线装。蒋智由的教科书集中在上海和北京发行，北京是由琉璃厂第一书局代售，上海是由文明书局及其分理处代售，也有文会堂代售的。看来，蒋智由与文明书局诸人的关系应该比较好，该书局主要是浙江人创办的，而蒋就是浙江绍兴人，至少有一层家乡人的关联吧。

蒋智由的修身教科书有两个显著特点，一是突显作者个人，封面"蒋著"二字成为修身教科书的重要标志，且书中的书法题词也彰显了蒋本人；二是中小学一体，中小学内容不分，只有封面的差别。从内容上考察，蒋的修身教科书，小学和中学内容一致，没有特别区分。如，中小学第一卷内容：

第一章　学校
第二章　卫生

---

❶ 郑师渠，史革新，刘勇. 文化视野下的近代中国 [M]. 北京：中国传媒大学出版社，2009：368.

第三章　修学
第四章　朋友
第五章　品行（本卷的"品行"一章为8节）

中小学第二卷内容：

第一章　家族
第二章　国家社会
第三章　品行（各版本均误为第四章，属于印刷失误。本卷的"品行"一章有19节，且与第一卷的品行各节不同）

中小学第三卷内容：

第一章　己之总说
第二章　形体
第三章　精神

　　学术界不断出现的所谓对蒋著中学修身教科书、蒋著小学修身教科书的强调与研究，均因为没有同时见到中小学两种教科书实物所致。蒋智由的修身书之所以出现这样的雷同，究其原因，主要是作者有意为之。蒋智由在"例言"中写道："此书本为中学校之用，然我国今日中小学之程度殊难区画，故小学校中视其程度何如，亦能适用。"❶甚至除了标明小学、中学的修身教科书外，还有第三种版本，封面是《学部审定蒋著修身书》（正文标题才是"修身教科书"），❷该书既没有注明小学教科书，也没有注明中学教科书，内容是一样的。无论现实如何，蒋智由这么处理中小学修身教材内容是极为罕见的，也显然有失偏颇。另外，身在海外的蒋智由，似乎没有特别关注国内学堂教学需要，不论是课时安排，还是教学建议，或习题设计等，均未涉及。当然，内容上更没有按清政府第一个学制的规定考虑。蒋智由是按照现代伦理、他自己的见闻和思想来设计内容的，书中没有了忠君之类的内容，强调了对个人的要求和规范，所以三册中有两册设计有"品行"一章，且第二册的"品行"一章竟然包括19节内容，是全书中分量最重的内容（诚

---

❶ 蒋智由著．中学修身教科书（卷1）[M]．东京：同文印刷舍，1906：例言．
❷ 蒋智由．蒋著修身教科书（卷1）[M]．东京：同文印刷舍，1911．

实、反省、改过、矫癖、远大、谦虚、公平、正直、廉洁、俭约、博爱、报恩、勇气、节操、利济、推想、裁制、完美、进步）。该册一共82页，分三章，第一、第二章合计24页，其他58页均为第三章"品行"的内容，可见作者心目中个人修身的意义与价值。

精选精评的中学课本
——林纾的《中学国文读本》

林纾（1852～1924），字琴南，号畏庐，别署冷红生。福建闽县（今福州市）人，清光绪八年壬午科举人。曾先后执教于福州苍霞精舍、杭州东城讲舍、北京金台书院、五城学堂、京师大学堂、北京闽学堂、高等实业学堂、正志学校、励志书院、孔教大学等校。教书之余，为商务印书馆、京师大学堂译书局翻译西洋小说，1899年以翻译《巴黎茶花女遗事》而蜚声文坛。甲午战后，曾参与维新运动。辛亥革命后，以遗老自居。五四时期反对新文化运动，反对白话文。1924年卒于北京，门人私谥"贞文先生"。他是中国近代文学家和翻译家，其于文学之主要贡献在翻译小说。郑振铎云："自他开始了翻译世界的文学作品的风气。中国近二十年译作小说者之多，差不多可以说大都是受林先生的感化与影响的。"（《林琴南先生》）钱钟书亦谓："林纾的翻译所起的'媒'的作用，已经是文学史上公认的事实……接触了林译，我才知道西洋小说会那么迷人。"（《林纾的翻译》）胡适更是认为："自有古文以来，从未有这样长篇的叙事言情的文章。"（尽管林纾多次嘲弄过胡适，还写小说暗讽胡适）林纾因不谙西文，所译各书，均由他人口译，以笔录之。所译外国文学作品约一百八十余种（一说二百零六种），世称"林译小说"。其中约有四十余种为世界名著，莎士比亚、托尔斯泰、易卜生、雨果、塞万提斯、笛福等人作品，均由其首次译为中文。译作以《巴黎茶花女遗事》《黑奴吁天录》《块肉余生录》《迦茵小传》《撒克逊劫后英雄略》《吟边燕语》《孝女耐儿传》《魔侠传》

等最为著名。

"林译小说"在近代文坛上引发较大争议。世人但知林是著名文学家和翻译家,不太知道他还是有名的教科书编撰者,他编写的中学国文教科书曾经红极一时。

一、林纾编选的教科书

1907年,林纾应张元济、高梦旦之邀,为商务印书馆编选出版了《中学国文读本》一套,全书共十册,每学期教授一册,供五年制中等学堂之用,其编辑次序为:第一、二册为清朝文(本年选讫),光绪三十四年(1908)4月出版;第三册为元明文(宣统元年即1909年4月初版);第四、五册为宋朝文,第六、七册为唐文,以上选本皆于宣统元年(1909)6月成书,9月印行;第八册为魏晋六朝文,宣统元年(1909)10月成帙,宣统二年(1910)1月出版;第九、十册为周秦汉魏文,宣统二年(1910)2月成书,11月印行。❶ 该套教科书无课序,课题就是选文的名字。

民国后,该教科书于1913年由许国英❷重订出版,1913年3月已出版发行到第9版,1915年11月发行到11版。重订版为适应中华民国中等学校四年制的学制,缩编为八册,每学年二册。第一册为清文,第二册为元明文,第三、四册为宋文,第五、六册为唐文,第七册为六朝文,第八册为秦汉三国文。

很显然,这种编排是由近及远的,它和1956年我国语文分科教科书改革中的文学课本完全相反,后者由远及近。这是很有意思的区别,可惜很少有人研究。

林纾的《中学国文读本》,前后两个版本先后被清学部和中华民国教育部审定合格,作为中等学校教育用教科书。民国教育部的批词是:

是选不拘古文宗派,由清明上溯以至秦汉,历代之文皆备,涯略采

---

❶ 朱义胄. 春觉斋著述记[M]. 北京: 世界书局, 1924: 7.
❷ 许国英,号指严,江苏武进(今常州市)人,编著《清鉴易知录》《清史讲义》《共和国教科书国文读本》等。

录精审,其评语亦能抉发微隐,要言不烦,盖评选者本文学钜子,自与坊间选本有高下之别。

1916年林纾还编选了《浅深递进国文读本》,专供小学生用,由商务印书馆出版发行。书前有林纾序文、例言各一篇。全套计6册,每册选文13篇,共选取78篇古文,文多出自《战国策》《说苑》《列女传》《孔丛子》《庄子》《史记》《汉书》及《柳宗元》等书籍。如第四册13篇中,《孔丛子》7篇,王夫之2篇,张溥2篇,《列女传》2篇。在各篇古文之外按主题原意新写两篇"拟作",其一文字较浅,其二文字较深,既可帮助学生读懂古文,又可帮助学生掌握古文的写法,形成了一套完整的国文教科书。但该小学国文教科书也没有课序,仅仅是选文,难度和容量都很大,没有考虑教师的教和学生的学。这方面显然不如商务印书馆1904年的《最新教科书》,也不如1906年的学部编撰《国文教科书》。

1916年,林纾还在商务印书馆出版了他的《修身讲义》。他以程子朱陆之言为"讲据",诚心诚意鼓励学生争做"第一等人",同时又说"自由平等""吾人亦万万不能离此而立"。其中有几分驳杂,显然,其修身教科书落后于同时代其他同类教科书。

二、精选与精评的教科书

简要地说,林纾的教科书是典型的以选代编、以评导教的教科书。

1907年林纾编写出版的《中学国文读本》选辑古今名家之文,但在世之人的作品不选。选材次序自清代上溯元明而宋而唐六朝以至于秦汉三国,由近及远,由浅及深,循序渐进,文中之重要处特加圈点并附评语以引起读者之注意。选文编排不取《古文观止》等选本自古代至近代的顺序,而仿《古文分编集评》的方式,按时代先后由近代逆溯至古代,每册之中适当兼顾体裁的安排。

《中学国文读本》在1907~1923年间被广泛使用于各地中学校教学。该教科书编成及通用期间,恰恰是中国的教育体制、母语教育目标和课程设置乃至母语本身均处于急速变化的阶段。

中国古代教育中没有单独的语文学科,语文教学内容包容在综合教育之中。现代语文教育发端于清末的书院和新式学堂。1878年张焕纶、沈成浩、徐基德等人在上海创办正蒙书院。该院效仿西方学制开设国文、舆地、经史、时务、格致、数学、诗歌等科。该院所设国文科，被视为我国民间萌生了现代语文教育。[1] 1902年《钦定学堂章程》改"书院"为"学堂"，提出开设读经、讲经等与母语教育相关的独立设置的课程。1904年《奏定学堂章程》颁布后，讲经、读经及中国文学等与母语相关的课程在学堂正式实施。此类课程已经具有以阅读和写作教学为主体的独立设置的母语教育学科的雏形，被视作母语教育独立设科的开始。1912年中华民国改"学堂"为"学校"。学校废除读经、讲经科科目，开设"国文"一科，从此"国文"一科正式出现在学校课程体系之中。

1878年至1912年期间，从"书院"中出现国文一科，到1904年后于"学堂"实施读经、讲经及中国文学课程，再到"学校"中开设国文一科，母语教育已经形成了现代分科教育的雏形。林纾的《中学国文读本》（前后两个版本）编成于这期间。

编成于该时期的《中学国文读本》试图将经过筛选的原本属于古代教育的综合性教育内容放置于现代教科书体例之中，因此，与中国传统书院的课本和今天的母语教科书均有很大不同，是介乎于二者之间的一种过渡形式。它从形式和内容方面都反映了这一时期国文教育的基本特征。

第一，该教科书在本质上仍然属于古文选本，虽形式上是"国文读本"，但内部编撰均采自我国古文选本。尽管它与中国传统教育中使用的古文选本已有不同，有延续有创新，但仍然是以延续为主。

该套教科书属于古文选本，全书由近代上溯至古代，是较系统的中国古文选读本。编撰的目的是"所选之文各类略备使读者稍知其门径"。民国后，尽管废除了读经、讲经课程，但该教科书是根据《奏定学堂章程》中的"中国文学"一科的要求而编撰，所以重订版本的修订幅度并不大。重订版主要有三处修订：将其中"中学堂"改为"中学校"；将课本按中学堂五年制改为按中学校四年制编写；将"次序自

---

[1] 陈黎明，林化君. 20世纪中国语文教学 [M]. 青岛：青岛海洋大学出版社，2002：30.

国朝上溯元明而宋而唐而汉魏六朝以至于周秦"改为"次序自清代上溯元明而宋而唐六朝以至于秦汉三国"。换句话说,中国古代教育在该教科书中得到了延续。这同时也成为新文化运动兴起后,林纾及其所编教科书受人批评的地方。

第二,该教科书的编撰很少有教与学方面的设计,不关注教学需要和教学规范,更多的是编撰者自己文学审美趣味的体现。在每阶段的教科书首册,林纾都作有"序",介绍该阶段文学的总体情况,重点介绍该册选入文章的特点及依据。从"序"中可看出,这套教科书的选文一定程度上是依据林纾个人的文学标准选择及排列,更多的是考虑选择能代表该阶段文学水平的作家,且从自身的文学审美出发进行筛选。例如,在"元明文"的"序"中,林纾最后写道:

若夫离合变化,不可方物,古唯左氏、史迁、昌黎能之,元明之人,不足语也。集中独多收震川者,则取其情致绵密,得力于班马之外咸传为多,读之令人生无穷之思。此则余之私嗜也。至于去取失当,以篇幅过狭,不能广收,海内君子,尚宜谅我。

在"唐文"的"序"中写道:

余嗜唐文,至此二家,志愿已遂,无复旁及。故于是集之成,二家之文,据十之七。虽嗜好之偏,然文之正宗,亦不能外此而他求。

从这两段描述中,我们可看出,该套国文读本在编撰时的选文标准很大程度上能够体现林纾个人的文学审美标准。从各册的"序"中很少见对国文"教"与"学"的考虑,也较少从更多维度确定选文标准。如第二册"清文"中,共选文30篇,其中曾国藩的文章占13篇。第六册"唐文",47篇课文中,韩愈文30篇,柳宗元文7篇。第三册"元明文",37篇选文中归有光文9篇,方孝孺文4篇,王慎中文3篇,唐顺之文3篇。第十册"周秦汉魏文",共24篇,其中《前汉书》3篇,刘向文2篇,杨雄文2篇,蔡邕文4篇,荀悦文3篇,汉武帝文3篇,曹植文2篇。

作为文学家和翻译家的林纾,以其很高的文学造诣对选文进行了圈点和点批(顶批),这也是该套课本的一个独特之处。在没有教授书以供师生参考的情况下,顶批多少也能够帮助教学。他具体评点了各篇文章的文义和作法，所作的评论饱含感情，甚为精当，且极富文采，成为该套教科书的亮点之一。例如，韩愈"马说"一文的评语有文首评语、文中评语、文尾评语。

文首评：笔笔凌虚，不肯一句呆说。将吐复茹，欲伸即缩，昌黎绝调。

文中评：马之千里者五字，破字叫起，奇状而洪，即插入不如二字，令人扫兴。虽昌黎自写牢骚，然千古才人遭际，亦往往如此。

文尾评：策、食、鸣三语，仍接挺名才，无尽枉区意，尽此三语中。忽接入天下无马四字，将天下英雄一笔抹倒。此处宜继以不平之词，顾乃以澹宕之笔出之，萧闲中却带无数深悲极恸矣。

又如"苏太史文集序"（方孝孺，第三册）一课，文首点评：

此文步步回旋，步步拗折，亦步步叫应，是极力学昌黎者。

该文还有七处文中点评，多则几十字，少则四字（"全摹昌黎"）。

书内所做圈点和批示是林纾的文学审美体验，虽然有助于教师和学生理解，但表述甚少涉及对教学的考虑。这也是该时期国文教育的面貌之一。教育需尊重学生、为学生着想的理念刚提出不久，学校的教学实践仍然受传统教育的强势影响。当时体现在新式学堂的教科书上，不少教科书究其本质仍然是传统教育中所使用的"选本著录"，国文尤甚。林是古文大家，具体到其国文教科书，他选的文章多是杰作名篇，点评精到，多能揭示为文的奥义。但是选文不大考虑学生的实际，虽已具备教科书的体例，却很少有教科书应有的教学设计。所以这只是一部比较好的国文选本，而非优秀的中学国文教科书。

1909年《教育杂志》的"绍介批评"栏目对该套教科书给予了评析：

材料过多，非中学五年所能卒业。中学国文时间，依奏定章程，每星期不过四时。依吾人所主张者，每星期亦不过七八时。即以八时而论，除去作文习字，亦不过以五时读文。五年以200星期计之，亦不过1000时耳。以1000时读古文700余篇，每四时读3篇。虽天资聪颖者，亦恐不能成诵。欲其扬讽诵得文章之神味，抑更难矣。❶

---

❶ 教育杂志［J］. 1909, 1 (2).

一般而言，教科书的编撰过程中学时是主要依据，作者需考虑学完每册内容需要多少学时。然而，从这段评析中，可看出林纾并未将学时作为编撰时的依据，这是该套教科书缺乏教学设计的明显体现。

这些表现恰恰是教育制度新旧交替时期的国文教育的特点。一方面，为了适应新的教育制度，在形式上需要采用与之相适应的教科书体例，然而实质的编撰却与古文选本类似。另一方面，教科书编撰时还未能对教学有充分的认识，侧重于呈现文章，而非考虑如何促进文章的教与学。这套书编撰时对教和学的考虑很少：从文体挑选来看具有文学本身甚至编选者本身的代表性，而非从教育目的出发。这是后来该书受到批判的主要原因。从各册教科书的序就可以看出，林编撰教科书时考虑的主要是文体方面的标准。每册的序言对为什么选择某些朝代的某些文章作出了交代，有时林纾会对由于体裁而限制入选者致以说明，表明该套母语教科书的编撰标准是文章本身，文章的体例及文章的水平是否能代表其所在朝代，是编撰的最高标准。

黎锦熙于 1933 年编写了《三十年来中等学校国文选本书目提要》，"提要"中选入自林纾《中学国文读本》出版以来坊间出版的中学国文教科书六十余本，确切年限实为二十六年。黎锦熙认为这些教科书在教育史上意义重大，"简直是取从前四书五经的地位而代之"。他强调"这种书目提要又岂能不作？假如不作，中国还能有教育史吗？"黎锦熙在"提要"中将林纾的《中学国文读本》列为第一套中学国文教科书。他在序言写道："选本著录，断自林纾。"❶

黎锦熙将这套教科书时期作为国文教科书发展的第一时期，他也总结出该时期教科书具有的以下缺点：

（一）出版时代较旧；

（二）所选范围过狭，不足使学者得各种文体之概观；

（三）有评无注，教者不便。

因为诸如此类的缺点，林纾所编的这套国文教科书通行的时间不长，根据黎锦熙的记录 1933 年已不再通行，其实在 20 世纪 20 年代后

---

❶ 黎锦熙. 三十年来中等学校国文选本书目提要［J］. 师大月刊, 1933 (2).

期就基本不通行了。林纾对自己所编的这套教科书大概也并不满意，他后来"趁未朽之年，集合同志，为古文讲演之会"时（1917），就另外"取前辈选本，采其尤佳者，加以详细之评语"。他在《古文辞类纂选本》的序言里，认为一般学校所用教科书"专编源流正别，溯源于周秦汉唐宋元明清，虽备极详瞻，亦但似观剧，不得其曲谱"而"究竟何益"。❶《中学国文读本》也正好是后来他自己批评的这种教科书。

该国文教科书只是徒有教科书之名，几无教科书之实，严重缺乏教科书元素。除了前述没有照顾到教与学的需求外，课本无课序，即便是民国初期的重订本，仍然没有课序，且课题（课文名）完全是选文名；课文完全按不同时代选编，单元因素缺乏；没有专供教师参考的教授书或教授法；课文（选文）之间不分页（一页同时跨两课）；无作业、无练习、无思考与活动建议等。所以，相对于同时代的《最新教科书》系列和学部编撰的教科书系列，该书在教科书这一意义上，还是很粗糙的。甚至民国后的重订本，仍然没有修正这些不足，可见编作者的固执己见，难怪进入民国便逐渐失去了需求与市场。有意思的是，重订者许国英于民国初期编撰了中学校用《共和国教科书国文读本评注》（1914），对商务印书馆的《中学国文读本》，结合教授书和参考书进行评注，增加了课序，而且明确表示这一做法"要使教者与学者获事半功倍之效"❷。

林纾的《中学国文读本》被后来的国文教科书编撰者，称作是"中了桐城派的魔道"。因为与桐城派一样，该套书课本内容选择上合乎儒家伦理道德规范，这实际是"文以载道"的一种表述形式而已。正是在这一思想指导下，林纾选"清文"一册共40篇，其中桐城派居多，且所选人物均为"国朝之具大力者"，或为理学名臣，或为饱学硕儒，或操行耿介，或骨气铮铮，或情系民生。从选文内容上看，有关品行修养21篇，为文治学9篇，时政吏治5篇，风光地志5篇。❸ 林纾选

---

❶ 陈尔杰. 古文怎样成为"国文"——以民初中学教科书为中心的考察［J］. 中国现代文学研究丛刊，2012（2）：146.

❷ 许国英. 共和国教科书国文读本评注：第一册［M］. 上海：商务印书馆，1914.

❸ 王蓉，李玉宝. 日为叫旦之鸡冀吾同胞警醒——林纾国文教科书编选中的道德重构解读［J］. 岳阳职业技术学院学报，2012（2）：95-99.

这些与人的道德观、价值观密切相关的文章，意在通过这些承载着儒家伦理规范的文章，重构儒家的道德价值体系，起衰救弊，为民族自信、振兴输入精神源泉。这也许是他后来反对五四新文化运动的认识根源之一吧。

  1923年中华民国《新学制课程标准纲要》颁布后，该教科书因内容和形式比较陈旧而逐渐被取代。但无论如何，林纾所编的《中学国文读本》曾经影响甚大，应受到教育史研究特别是教科书史研究的重视。

重教重学的小学课本
——杜亚泉的《绘图文学初阶》

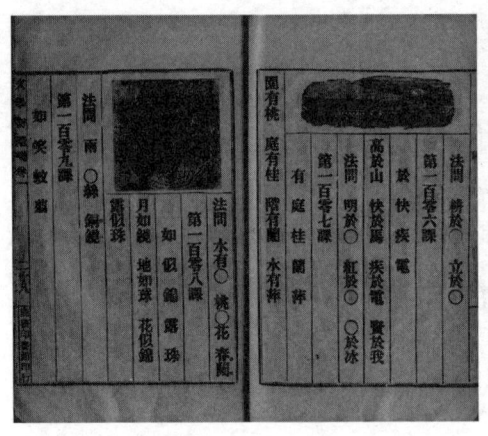

在中国近代教育史上，杜亚泉是一位引人注目的学者，"其思路之开阔，立论之坚实，见解之深邃。往往难为后人所超迈"❶，被誉为"中国民主启蒙时期的一个典型学者"，也许最值得称颂的是，他编撰出版了百余种中小学理科教科书及其他教科书，他是我国近现代教育史上编撰教科书最多的作者之一。他一直以编撰科学类教科书和科学类书籍著称，世人对他编撰语文教科书则关注较少。其实，杜亚泉锐意改进，将科学规律融入语文教科书中，早在1903年就独立编纂出版了小学国语教科书——《绘图文学初阶》六卷，被认为是"新式教育提倡多年，课本建设摸索多年，至此才大致走上正道"❷。该教科书可以说是最早的重教重学的小学课本，它虽然比南洋公学的《蒙学课本》和无锡三等公学堂的《蒙学读本》等蒙学课本要晚，但显然比它们更关注教学，更接近严格意义或现代意义的教科书。

一、《绘图文学初阶》的问世

杜亚泉（1873~1933），原名炜孙，字秋帆，号亚泉，浙江绍兴人，是20世纪初我国介绍、引进西方科学技术的主要人物之一。甲午战败，他毅然弃科举，转而学习自然科学。1898年，应蔡元培的聘请，

---

❶ 王元化. 杜亚泉与东西文化问题论战［M］//杜亚泉著，国建业等选编. 杜亚泉文选. 上海：华东师大出版社，1993：10.

❷ 汪家熔. 旧时代出版社成功因素［J］. 出版发行研究，1994（3）：47.

任绍兴中西学堂算学教员。此后又先后学习了物理、化学、植物学、动物学、矿物学等诸科，从而奠定了坚实的理科功底。1900年秋，杜亚泉赴上海，提倡科学，办亚泉学馆，培养科技人才，创办了《亚泉杂志》，它是公认的近代中国最早的科学杂志。居里夫人发现镭的事迹就是首先由他介绍到中国来的。1901年他将亚泉学馆改为普通学书室，编译发行科学书籍及教科书，《亚泉杂志》则改为《普通学报》。1904年，应夏瑞芳、张元济的邀请，进入商务印书馆编译所任理化部主任，长达28年之久，致力于科学研究编译工作，由他编写或主持编写的理科中小学教科书及科学著作有百余种，如《最新格致教科书》《最新笔算教科书》。他还主编了三部著名的自然科学辞典，即《植物学大辞典》《动物学大辞典》和《小学自然科辞书》。很少有人注意到，这么一个科学学人，竟然还编写了重要的蒙学语文教科书——《绘图文学初阶》，胡愈之先生称它为"中国最早的国文教科书"❶。至少这是最早的国文教科书之一。

甲午丧师，举国震动，民族危机空前严重，维新思潮激荡神州。一时间，新式学堂迅猛发展，对传统教育提出了严峻挑战。杜亚泉先生深知"蒙学一事不但为学生一身德行知识之基础，实为全国人民盛衰文野之根源，所关甚钜"❷，蒙学教科书更"亟思整顿"，所以，他博采众家，潜心钻研，融学科教学及教育心理学经验为一体，创新编纂蒙学语文教科书《绘图文学初阶》六卷。

该书六卷，每卷课文数不一致，如卷一120课，卷二112课，卷三107课，卷四、卷六100课，卷五101课。课后有习题，称之为"法问"。此套教科书"专为蒙学堂所用，计学生约半年读一卷，凡三年可以读毕"❸。

关于《绘图文学初阶》之"文学"一词，与现在略有差异，"在先秦两汉时期，文化、文献、典籍、学术都能以'文学'相称，文学与经学浑然于一……在宋代理学思想、唐代古代运动的影响下，'文学'成为一个包括文章在内的泛化概念，直至'五四'文学革命爆发前大

---

❶ 胡愈之. 追悼杜亚泉先生［J］. 东方杂志，1934（1）.
❷ 杜亚泉. 绘图文学初阶：卷一［M］. 15版. 上海：商务印书馆，1906：版权页.
❸ 杜亚泉. 绘图文学初阶：卷一［M］. 15版. 上海：商务印书馆，1906：版权页.

抵如此"❶。通观《绘图文学初阶》一书，其目的在于培养识字、造句、写作等基础语文能力，而不是现代"文学教育"所指的重点在培养一种文学兴味、审美情趣和诗意情怀等。

关于该书的出版时间，一般认为是 1902 年❷，但笔者所藏《绘图文学初阶》卷一的叙言上落款为"光绪二十八年荷月亚泉学馆编辑"，版权页上则为"光绪二十九年岁次癸卯十月第一版"❸，就是说该书于 1902 年 6 月编辑，但正式出版发行应该是 1903 年 10 月（农历）。较商务印书馆的《最新教科书》和文明书局的《蒙学教科书》略早一些，但晚于南洋公学的《蒙学课本》、无锡三等公学堂的《蒙学读本》以及澄衷学堂的《字课图说》等。这也表明，当时学堂的需要最为急迫，直接促使了教科书的出现，它们均比印书和出版机构的反应要略微早 1~2 年。因为这套由商务印书馆出版的蒙学课本要稍晚于几所学堂自编课本，所以某些方面吸取了其他课本的优点且避免了一些不足，使得该书相对更完善些。"近年以来，有识之士见我国训蒙之法未臻妥善，亟思整顿，编辑蒙学新书已若干家，体段粗具。是编凭藉诸家之蓝本，冀为初学之津逮，更增图画，俾蒙童披览不致厌倦乏味，亦可识物之真形"。❹

二、重教重学的教科书

整体上，《绘图文学初阶》内容编排按"字、词、句、段、篇"依次展开，关注如何教如何学，是最早彰显语文学科教学特点的国语教科书之一。甚至有人认为，"这部书从教育学的原理讲，是我国小学课本史上划时代的一部课本"❺。从教育学原理来看，它确实是第一本把教和学放到最重要的地位的课本，而不仅仅是让学童去背去抄的书。

---

❶ 黄耀红. 演变与反思：百年中小学文学教育研究［D］. 长沙：湖南师范大学博士学位论文，2008：10.

❷ 北京图书馆，人民教育出版社图书馆合编. 民国时期总书目（1911~1949）中小学教材［Z］. 北京：书目文献出版社，1985：325.

❸ 杜亚泉. 绘图文学初阶：卷一［M］. 15 版. 上海：商务印书馆，1906：版权页.

❹ 杜亚泉. 绘图文学初阶：卷一［M］. 9 版. 上海：商务印书馆，1905：叙言.

❺ 汪家熔. 旧时代出版社成功因素［J］. 出版发行研究，1994（3）：47.

张志公先生认为，传统语文教育过程大致由三个阶段构成，即"开头是启蒙阶段，以识字教育为中心；其次是进行读写的基础训练；第三是进一步的阅读训练和作文训练"❶。杜亚泉先生的《绘图文学初阶》即依次编排，该书共六卷，"由浅入深，先以二三字联缀成简短之句，逐次增长至以数句联属成文，略成片段而止，学生读毕是书，则浅近之文学不难自解矣"❷。他不仅注意了语文教学的阶段性与连续性，扎实进行字词、句、段、篇的训练，而且突出各年级的不同训练重点，做到了教学有序，讲求实效，体现了语文基本功训练的系统性和渐进性，经过多次练习之后，学生可以掌握词类和造句规律，并且用之于段与篇的写作。

1. 循"字、词、句、段、篇"之序渐进，生字注重重复出现，便于记忆

《绘图文学初阶》共六卷，卷一、二为"字"与"词"的学习，每课生字 2~6 个不等，先排生字，再相应编排词语，由字到词，由字组词。如卷一第 1 课为"大、小、牛、羊"，"大牛、小羊、大小、牛羊"。卷三、四为短"句"的学习，一般每句 4~5 字，最多为 12 字。每课无生字排列，课文从 5 句到 13 句不等。如"野中一马，在地食草。忽有一人来，以鞍鞯加于马上，骑而去之"（卷四第 1 课）。卷五、六为短"篇"的学习，课次出现标题，课文无生字，课后无问题。如"衣服者，以绸或布制之。绸者丝之所织也；布者棉之所织也。我国人之衣服，宽薄而松轻，他国人之衣服，窄小而坚洁，然衣服所以御寒暑，但求其适体而已，固不在乎形式之如何也"（卷五第 1 课）。

中国传统的蒙学读本对于字词的重复率极低，只是按照成年人的眼光，要求儿童背记，根本没有意识到教科书要有利于教有利于学。如《三字经》1140 字、《百家姓》422 字、《千字文》1000 字，共 2562 字，其中生字约 2000。按 2000 生字计，读 2562 字，平均每个生字在课文中重复次数为 1.28 次，非常少。重复少，学生只能用背诵的方法记忆。而《绘图文学初阶》则非常注意这一点，有自觉的意识：这是教

---

❶ 张志公. 传统语文教育初探 [M]. 上海：上海教育出版社，1962：1.
❷ 杜亚泉. 绘图文学初阶：卷一 [M]. 上海：商务印书馆，1906：版权页.

科书。卷一120课，共有1224字，其中生字549个，平均每个生字重复为2.23次。另外，儿童常见生字的重复更多，如在卷一中，"羊"字出现了10次，"牛"字出现12次，非常有利于儿童巩固复习。而且卷一在第90课以前不出现虚词，作者大量编排实词，且全部用儿童生活中常见的浅近事物。如第2课生字为"白、黄、头、尾"，课文为"白羊、黄牛、羊头、牛尾"；第10课生字为"春、夏、秋、冬"，课文为"春风、夏雨、秋云、冬雪"。从第81课开始出现简单句，如"马负车、牛耕田、桃开花、竹生笋"，仍然注重生字的重复，采用儿童所熟悉的事物，以便学童理解和接受。而不是像《三字经》那样，一上来就是"人之初，性本善"，教师几乎没有办法讲清楚，学生更没有办法接受和理解。

2. 注重练习设计，关注学生思维能力的培养

众所周知，中国古代的传统教育与模仿有着特殊的不解之缘，正如美国教育家孟禄所说："不是发展创造能力，而是发展模仿的能力。"❶模仿成为中国古代传统教育的一个基本特征。而杜亚泉在《绘图文学初阶》一书中，弥补了当时所有教科书都不太关注练习与活动设计的不足，注重练习设计，先模仿，然后从"模仿"到"变化"再到"创造"，巧妙地创设课文条件，最终指向学生创新思维的培养。

卷一至卷四课文后安排的"法问"中，并未简单停留在模仿课文中的句法、篇法。杜亚泉意识到语文学科听说读写的内容中，存在着大量举一反三的因素。为此，他不仅仅设计了考察学生是否会读、会写、会解释的问题，同时又转变传统观念，设计了大量训练学生迁移、想象、探究能力的问题，对课文中的语句、内容作进一步的延伸扩展，在巩固所学知识的同时，培养学生的思维能力。

着力举一反三的迁移类问题的设计。杜亚泉在《绘图文学初阶》的"法问"设计中，重视迁移问题，强调培养学生举一反三的能力。如卷一第10课为"春风、夏雨、秋云、冬雪"，其"法问"为"春＿＿"，要求学生在"春"字后的空格处任用一字填入，比如"春草、春雨"。

---

❶ 陈景磐. 西方学者顾立雅等论孔子的教育思想 [C] //孔子文化基金会学术委员会选编. 近四十年来孔子研究论文选编. 济南：齐鲁书社，1987：441.

这种形式的问题还有很多，比如，第92课为"高如山、大如海、寒如冰、坚如铁"，其"法问"为"白如＿＿、明＿＿镜"；第106课内容为"高于山、快于马、疾于电、贤于我"，其"法问"为"明于＿＿、红于＿＿、＿＿于冰"。在后面的内容中，迁移类问题的提法随课文的变化而变化，如卷四第1课为"野中一马，在地食草。忽有一人来，以鞍鞯加于马上，骑而去之"。其"法问"为"若将本课中之马易牛，则何句宜改"等。

注重根据事实进行联想或想象的问题设计。想象是一种重要的心理活动，想象渗透入思维，才有利于创造性思维的产生。创设创造型教学情境（续写、虚构故事等）优于模仿型也优于复合型教学情境（叙述指定内容、描写确定景物等）。《绘图文学初阶》中设计了大量的想象类问题。如"有茶壶以瓦为之，内有热茶，人若口渴，可以取饮，若天热时，则人饮茶更多"，其"法问"为："若壶内之茶冷，此下令学生续之"（卷四第12课）。"宅旁有矮树，一鸠巢其上，数日前已产卵。今有小鸠一对，在其巢中，不日能飞至巢外矣。"其"法问"为："产卵是过去事，有小鸠是现在事，何者为将来事"（第15课）。"有两小儿，坐于石上。旁有一小狗，蹲于地。又来一大人，随一大狗，亦蹲于地。一儿以左手指之"，其"法问"为："末句之下添一曰字，再续一句"（第31课）。"此树林中，有一鸟巢，巢系麻雀所居，其中有小麻雀数双，方从蛋中生出，尚不能飞。"其"法问"为："试于课末再续一句"（第43课）。"一童子放纸鸢，二女抛线球，纸鸢之线，忽挂在树枝上，不能牵动，其一女孩，为之取竿拨下。"其"法问"为："课末试再续一二句"（第58课）等。而且，作者在"法问"中大量使用"试"字，是对学生大胆想象的一种很好的鼓励。

强调探究类和开放型的问题设计。探究和开放均是一种积极的学习过程，主要指的是学生在学习中自己探索问题并大胆生成看法的学习方式。而我国传统的学习过程并不讲究探索，甚至反对探索，对"四书五经"这些传统经典，基本上只能诵记，不能质疑。杜亚泉的《绘图文学初阶》却大胆地将探究作为一种思考方式和态度予以足够的重视，使学生将所学语文知识由"形式之应用"到"事实之探究"，理解与深化课文知识，努力去解决生活中相关的问题。如卷四第3课为："一株大树,有红花开于其上,花落之后,能结桃子,吾等可採而食之。"其"法问"为:"汝等知桃子如何结成?有开红花而不结桃子者乎?"第32课为:"雄鸡之羽甚丰美,又能啼,每日天将明,及午饭时,雄鸡皆伸头而啼,故鸡者知时之物也。"其"法问"为:"此课中何以必指为雄鸡?"该书还比较关注开放型问题的设计。如卷四第91课内容为:"张生入塾,遍体绸衣。王生虽是布衣,然极清洁。师谓之曰,凡人之衣服,与卫生有关系,总以清洁为要,与其衣绸而污,不如布衣而洁为愈也。"其"法问"为:"衣服与卫生有关系否?论衣服以清洁为要。"第99课为:"常有学生,好著华服,又以其所著之服,誇示他人。若见他人之服,有更美於已者,则不胜体羡,向父母强求,如式购制。然此孩因用心于衣服,学问遂无长进,同学者皆称之为绣花枕,谓其外虽美观,而实於中者,则无非草芥也。"其"法问"为:"论衣服之不在华丽。"

3. 内容上注重传播西方科学知识与新伦理观

传播科学知识,阐发科学理性,破除封建迷信,成为《绘图文学初阶》的一大亮点。这兴许与杜亚泉长于理科密切相关。课本中的自然科学材料十分丰富,天文、物理、化学、卫生常识、生物知识无所不有。如卷四第75课为:"凡物遇热则化,遇冷则凝。严寒之时。器皿中之水,皆结为冰。遇热则渐渐熔化为水,与未结冰以前无异。玻璃铜锡之类,虽坚于冰,以火熔之,亦能流动如水也。"在宣传科学知识,形成科学理性的同时,《绘图文学初阶》也提倡破除封建迷信。如第86课为:"有一谈星命者,大书能知过去未来之事,标于门首。一儿见之,向父索钱,欲就问后来之事。父曰后来之事,谁能豫知,彼之口出大言,乃所以骗人钱财耳。"课后让学生讨论"谈星命者之言可信否?"

杜亚泉的课本还比较注重新的伦理道德,倡导平等的职业观。比如对于孝,杜亚泉的看法就相当现代。他提出孝不在乎尊之敬之,而在做晚辈的事业有成就,卷五第47课写道:"然尤有大者,当勤学以悦其心,俭朴以慰其心。于是为父母者,必曰吾有令子,吾无忧矣"。卷六第41课写道:"若徒服劳奉养,朝夕承欢,而学问仅窃虚名,事业难求进步,亲之望子者何在?无以承亲志,即无以顺亲心也"。这较之传统陈旧的"孝道"是一大进步。该书强调仁爱的广博性,在卷六第43

课，他提出"既知事亲，当知爱人。凡世上之人，皆我同类。不独师友宜爱，就不相识之路人，亦不可无爱之之心。见有穷苦无依者，必量力而助之；见有聋哑跛瞽残疾之人，必哀矜而援之。见有不肖者，必善言以导之。虽遇外国人，亦当敬爱，方不愧为有教化之民。"较之不久前的义和团运动，这一对待外国人的态度，还是值得肯定的。

难能可贵的是该书批驳了传统的贵贱观，倡导平等的职业观。在卷六第40课中，他提出"世人以手艺为贱。此谬说也！天下惟懒惰无事之人为最贱。此外能出力以谋生者，即习手艺之工匠。皆极可贵。"接着举虞舜、孔子少贱多能鄙事，外国如彼得大帝、富兰克林、华盛顿等都从事过体力劳动，"由此观之，手艺岂贱事哉。"他在卷五第93课中指出"凡人于一材一艺。苟能用心专习，精益求精，即必大有益于世"。在卷六第2课他说："读书明道，不为农工商而能知农工商之学者曰士，士之有才能而能治农工商者曰吏。"一知一治，对吏的这种要求就不是当时仅钻研科举的人所能企及的了。卷六第93课中指出"我国向分士农工商四业，士最贵，农工商次之。其实此四业者，皆世间不可少之事，当听人择（择其性之所好）而为之，不必分贵贱也。盖士有士之学，农工商有农工商之学，皆必勤苦而后成业。岂可自命为士，而轻视农工商哉？"

强调教育与学习的重要性。清末民初，教育救国、人才救国的思想非常普遍。杜亚泉本就是一个先行者，在他的教科书中更强调了人人都要读书、人人都应该读书的重要性，并以案例或事实加以说明，他认为读书并不仅仅是士人的事，而是全体人们的事。在卷四第84课中，他写道："某村多鹿，村人设阱以捕之，旁书游人宜慎等字。有一儿目不识丁，以为此系小屋，误触其机，竟死于非命。呜呼，此儿若能识字，何至于死哉，故人以识字为要也。"他把读书与强国结合起来，"凡有教化之国，其民必读书识字，教化愈甚，则读书识字之人愈多，而国愈强。今日英法德美诸国，其国中读书识字之人，较我国多数倍，故诸国强而我国弱。此读书所以为要事也。"卷六第6课提出"即妇女亦宜读书"，第46课还专门讲妇女读书的必要。读书重要，但也要讲究方法，卷四第66课写道："父端坐于几上，其子拱立于几侧。父教其子曰，凡读书必先明白道理，不明白书中之理，不可以为人也。然欲明其理，必须听讲时,用心记之。"第97课写道:"吾辈人入学堂读书,第一须能自己看书,明白书中之义。第二须思将来立世为人之法,若随班习课,心无所得,则徒费光阴耳,时不再来,吾辈宜刻刻用心也。"第100课为:"文学初阶第四卷,今已读毕矣。此书中之意义浅近,文字简明,欲学生之易解也。学生如于此书中之文字意义,略有未解处,即须请教於先生,切勿自欺。以负汝先生教汝之苦心,及汝尊长望汝之热心也。"问:"此书何处未解?令生在自己书中记出。"

我们还注意到,杜亚泉比较早地意识到教科书是工具,用教科书来教,而不是教教科书的思想。所以他在"叙言"中明确提出:"训蒙之法须随本地之语言风俗事物以为权度,我国幅员广大,语言风俗事物错综不齐,教师课读是书,如遇书中字句有为本地所罕见者,即宜随时改易。"❶

4. 形式上注重审美,课文讲究语言韵律,注重琅琅上口的表达

相较于当时的一些字课类教科书的枯燥,杜亚泉的教科书特别注重审美效果,比如全书配以精美绘图,又如出现了一些颇具美感、颇讲意境、颇能激发学生诵读的课文。而这几乎成为该教科书文本的最重要特征之一。前述许多课文就很能够说明这一特征,再如第三卷第36课《乐之声》:

有吹箫于明月之下者,其声呜呜然;
有弹琴于竹林之中者,其声铿铿然;
有击鼓于更楼之上者,其声逢逢(嘭嘭)然;
有鸣锣于戏园之中者,其声铮铮然。
法问:有唱歌于____之中者,其声____然。

课文的视觉感和听觉感都非常强烈,此类课文有很多。正因为是这样一本有新意、有新知、有美感、有意境,又实用的教科书,所以该书1903年一经出版,就受到普遍欢迎,并多次重版,1906年出了第15版。

《绘图文学初阶》虽名为"绘图",但其图片不少为照片印刷。笔

---

❶ 杜亚泉. 绘图文学初阶:卷一 [M]. 9版. 上海:商务印书馆,1905:叙言.

者猜想杜亚泉先生可能认为照片比手绘插图更加真实，故采用之，但限于当时的印刷条件与技术，反而使插图的效果不佳，一些图片给人以灰蒙蒙的感觉，轮廓和线条都不清晰。这成为《绘图文学初阶》在形式上的一个不足。该书有课序，但对于课题似乎还没有特别明确的认识，初版时没有课题，缺乏主题提示。到后面再版时出现课题，但却是某些卷有课题，某些卷没有课题。这说明该书正处于我国现代教科书元素（课序、课题）发展的关口。

短暂的书室和永恒的课本

——彪蒙书室和他的白话教科书

从表面上看，白话文只是一种语言形式，它与教育内容的新旧无必然的关系。但白话文在清末民初的意义不仅仅是一种语言形式，而更重要的是一种话语系统的历史性转换，进而引发思维方式改变的媒介。人们对白话文抱有直接和明确的期待，希望借助白话文的平民性和大众性，以形成国民文化之普及，塑造国民全新的世界观、价值观，也就是说白话文已成为传播新文化、新思想的有效载体。

早在1887年，黄遵宪就提出了语言和文字合一的主张，他认为言文合一能够增加读书识字的人数，使农、工、商、妇女、儿童都能够通习文字。"语言与文字离则通文者少，语言与文字合则通文者多"。❶从此，文言合一就成了倡导开启民智、教育普及的主导思想，并随着政治变革、社会改造、文化革命等不断深入发展。1898年，裘廷梁发表文章《论白话为维新之本》，提出了"崇白话而废文言"的口号，明确宣称："愚天下之具，莫如文言；智天下之具，莫如白话。一言以蔽之曰，文言兴而后实学废，白话行而后实学兴。实学不兴，是谓无民。"因而文章建议："便幼学，一切学堂功课书，皆用白话编辑。""便贫民，农书、商书、工艺书，用白话辑译，乡僻童子各就其业，受读一二年，终身受用不尽。"❷当时，有识之士形成一种共识，即文言已经成为国民愚弱的根源，开启民智的首要任务是要进行工具的变革——兴白话。此

---

❶ 黄遵宪. 日本国志：卷33 [M]. 羊城：富文斋，1890.
❷ 裘廷梁. 论白话为维新之本 [J]. 中国官音白话报，1898（19，20）.

时，一家名不见经传的小书店——彪蒙书室迅速推出白话教科书，在教科书发展史上留下了重要的足迹。

一、成、败皆白话课本

彪蒙书室，钱塘人施崇恩（字锡轩），1903年创办于杭州，1905年后迁上海，总发行所设在上海四马路望平街。关于施崇恩，能够查到的资料非常有限，只知道后来施崇恩成为专职神父。

该书室规模不大（最初就一间门面）影响大——最早大量编印出版了小学白话教科书。如《绘图中国白话史》《绘图外国白话史》《绘图蒙学识字实在易》《中国地理实在易》《外国地理实在易》《杭州乡土历史教科书》等，种类之多，无出其右。其中各种初级蒙学语文用书构成系列，包括识字课本、造句课本和作文课本等，在晚清教育界白话教育运动中有突出的影响。据不完全统计，彪蒙书室历年出版的各种以白话编写的小学教科书不少于75种。[1] 比较有影响的成套成系列的绘图白话教科书有：各科教科书及教授法系列，含《修身》《国文》《历史》《地理》《笔算》《格致》《图画》等；"绘图蒙学"系列，包括《绘图蒙学识字实在易》《造句实在易》《修身实在易》《中国历史实在易》《外国历史实在易》《体操实在易》《卫生实在易》等；"论说"系列，包括最新论说系列、初小高小中学论说系列、共和论说系列等；私塾改良系列，包括私塾改良统和教科书系列、私塾改良识字课本系列、私塾改良各科（国文、修身、历史、地理、格致、算学、唱歌、图画、体操、习字）教科书和教授法系列、私塾改良经学读本系列等。

彪蒙书室白话教科书的编撰者们，除了书室主人施崇恩外，还有程宗启、戴克敦、钱宗翰、董承志、李思慎、朱陶、卫克强、沈栎、沈棨等。书室出版的许多教科书都不署名，只署集体名"彪蒙书室"或"彪蒙编译所"。不少文章认为，主要编撰者还有谭彼岸。据郑逸梅回忆，谭氏为彪蒙所编的书，都有插图，如1903年出版的《绘图识字实

---

[1] 彪蒙编译所编辑. 绘图蒙学论说实在易 [M]. 5版. 上海：彪蒙书室，1909：广告页.

在易》,他还编成了《速通虚字法》一书,这部书把虚字分为二十五类,最可贵的是把虚字用图画表示出来,使人从直观中领会虚字的使用法,真是煞费苦心。1905年,他又编辑《绘图蒙学造句实在易》,全书分十六法,每法都冠以白话解说。❶

同为杭州人的程宗启(字佑甫)是重要编撰者之一,他编写了《论说入门》《蒙学论说实在易》等。《论说入门》包括作文法十四项,每项都用白话解说。程曾经于1896年前后著章回小说《天足引》(上海鸿文书局石印),"普劝中国女人脱缠足之苦,享天足之乐",开风气之先。此书叙写浅近易知,老幼能解,确是可为女界启一新机之作。这些都说明作者一直追求白话文,是有新思想的人。

关于做白话教科书,书室主人在1903年就表示:"做这种书的人,因为我中国识字的人很少,便想一个容易识字的方法,要使我中国的男男女女大大小小,无一个人不识字,无一个人不知道字的用处,这是做书人的主义。"❷ 明确说明了白话之于教育的意义。另外,由于西学中的科学教科书的传入,一些学科门类、科学公式、科学名词、科学符号很难在中国传统教材文本中呈现(试想一下,要用中国传统文本的竖排方式理想地呈现英文教科书或化学分子式有多么艰难),所以,白话文及其排版很早就在部分教科书中出现了。到1922年学制,所有教科书使用白话文。反过来,白话文也正是借助于教科书的流传而被广泛接受并为教育的普及发挥了重要作用。

1905年,该书室编撰出版的《绘图四书速成新体白话读本》,纯用白话解释,且附有图说。当时许多小学堂都选用此书,影响巨大,印刷了二十余版。不幸的是,清政府认为利用白话传播经书,是传播维新思想,对其统治大为不利,因此下令禁止流通。宣统元年4月16日(1909年),学部咨照各省督抚,查禁了除《绘图蒙学卫生实在易》之外,彪蒙书室编纂的所有教科书,❸ 造成了轰动当时的一桩禁书案。此时,该书室刚刚出版了第五版《蒙学论说实在易》(宣统元年二月)。

---

❶ 郑逸梅. 书报话旧 [M]. 上海:学林出版社,1983:87-88.
❷ 施崇恩编. 绘图识字实在易 [M]. 上海:彪蒙书室,1903初版:凡例.
❸ 宣统元年(1909年)4月16日,学部咨照各省督抚严禁各学堂用彪蒙书室各教科书。《学部官报》第91期(宣统1年,5月11日)第1-2页。

彪蒙书室经此打击，一蹶不振，不久就停业了。但它到底支撑了多长时间呢？有一种说法是彪蒙书室于1917年歇业，盘给了广益书局。我们看到有实物表明，民国年间，彪蒙书室再次重出江湖（或者利用政府管理上的松懈，压根就没有真正歇业，因为毕竟已经是在1909年的事情了，辛亥革命即将爆发。民国一成立，清政府的禁令即可不执行了），翻印自己的旧作。《绘图蒙学造句实在易》第十版便是民国三年二月出版，编辑者和校阅者署名彪蒙编译所，发行为彪蒙书室，不但在上海的总发行所发行，在北京、天津、沈阳、汉口、南京、南昌、广州和杭州的分发行所也发行，根本就不忌讳彪蒙书室的名字。我们还发现《蒙学识字字课图说》（扉页是《绘图识字实在易》，全十册）于民国九年出过第四版，民国二十二年出过第十三版。署名编辑者：钱塘施崇恩，校阅者、出版者：彪蒙书室，印刷者、总发行所：广益书局。再次说明该书室并没有真正关闭。也间接证明后来可能确实与广益书局有关。

对这段历史，还有待进一步研究澄清。

二、彪蒙书室白话教科书举隅

白话文的使用，使得现代教科书以摧枯拉朽之势得以普及。没有海量教科书，任胡适等知识分子如何呼号呐喊，白话文的普及都可能是非常缓慢的。同理，没有白话文，现代教科书就不可能那么通俗易懂，迅速大规模普及。尽管今天普遍认为白话文的倡导是新文化运动中的重要内容，但事实上早在19世纪末，就有了用简单的文言文和粗浅的白话文编撰教科书的尝试，最突出的是上海彪蒙书室，它的若干课本采用白话文编写。

1.《绘图蒙学识字实在易》

1903年，彪蒙书室出版识字课本《绘图蒙学识字实在易》（封面往往又以《绘图字课图说》出现），施崇恩编撰，一函八册。该书封面文字印为红色，书名为"蒙学识字字课图说"，扉页注明为"儿童适用""上海彪蒙书局出版、广益书局发行"字样，但书中"凡例"则标明"绘图识字实在易"。说明该书多次印刷、多次再版。1907年该书曾经出版京师大学堂鉴定本，书名《京师大学堂鉴定绘图识字实在易》，共二十册，封面下方有"翻印必究"四个大字。1908年该书还以《私塾改良识字课本》（二十册）改编出版。民国九年出过第四版，民国二十二年出过第十三版，以《蒙学识字字课图说》的名义（扉页仍然是《绘图识字实在易》，全十册）。

该书的出版目的非常明确，即普及识字。书中选用了三千多常用字，均依字典注音，凡生僻古怪无用之字，一概弃去。全书将字分为实字和虚字两类排列，实字分出"天、地、人、物"四个大类，每一个大类中，又分出几个细类，虚字的分类，亦是如此。

全书对于字意的解说分为两种，即白话解说与文话解说。白话解说多用官话，文话解说多用许氏说文；白话解释在前面部分，文言解释在最后几页。教授时则要求"年纪最小的，教他识白话解字，年纪稍大的，教他识文话解字"。[1] 白话解说是该书的特色，因为读者是初学识字的小孩，所以选用的都是极浅显的白话解说，在今天看起来还十分亲切，如"钵——和尚的饭盆"，"舫——两只船并拢一只，现在凡装饰好看的船均叫舫"。有的并不单纯是解字，还顺带普及一些常识，如"剪——剪刀的剪。杭州张小泉的剪刀最有名，其次苏州、太湖出的亦好"；"蛇——有两个长牙齿最毒"，虽然不一定都很准确，但是小孩看了容易理解。书中对于一些容易混淆的字义也作了区分，如"商"是指"出门做买卖的人"，而"贾"则指的是"在家做买卖的人"。

为了便于童子理解，书中配有精美的手绘刻印插图，实物名词配图自然不必说，就是一些动词甚至形容词，都能图解出来，其中不少令人叫绝。如"廉"字，画面上两个衣着长衫的人，其中一个一手背后，执一柄折扇，另一只手微微举起表示拒绝。对面站着的人，面容略显尴尬，举着双手仿佛正在申辩着什么，地上几件散落的财物，想必是在推让中掉在地上的；与"廉"相对应的"贪"字，则画一衣着绸缎、肥头大耳之人，正忙不迭地将地上的金元宝装进一个大口袋，他的对面，站着一个衣衫褴褛、怒容满面的农夫，仿佛正在怒斥他聚敛钱财的行径。两图对照，孰优孰劣，一目了然，启蒙幼童，不乏教育意义。

但有些解释近乎循环，颇感好笑。如"懒"的白话解释是"懒惰

---

[1] 施崇恩. 绘图蒙学识字实在易 [M]. 上海：彪蒙书室，1903：凡例.

的懒",而"惰"的解释也是"懒惰的惰";再如"忌"的解释是"妒忌的忌","妒"的解释则为"妒忌的妒"(《人类二编》)。

2.《绘图蒙学造句实在易》

1905年(光绪三十一年),彪蒙书室出版造句课本《绘图蒙学造句实在易》,彪蒙编译所编撰,多精美插图。在该书的"序"中,编者说明当时由于不重视造句教学而导致虽然识字但却不能作文的现状,"学堂未兴以前,无所谓造句也。童子入塾三四年,或令其对课而已,一字至六七字不等,能对至六七字,便可以作诗矣。然对课只求其对偶之工,且率以实字对实字,未当以虚字杂於其间,故能作诗而不能作文者有之"(彪蒙编译所,《蒙学绘图造句实在易》一)。正因为如此,编者认为要向西人学习,注重造句。

全书内容为造句十六法,即"拼法、嵌法、炼法、解法、译法、叠法、装法、化法、接法、顿法、翻法、宕法、分併法、开合法、详略法、问答法",而且每一种方法都用白话文详细解说,以"问答"的形式出现,并加巧妙的比喻,使儿童明白易晓,提供模型,促使学生模仿,触类旁通。如"拼法解说",内容为:

问:何谓拼法?

答:譬如木匠要造一间房屋,必先看定多少木料,把长的截,短的接,将一根一根的木料拼拢来,绕成一间房屋的架子,然后渐渐可加装,摺一层的工夫,你们小孩子要学造句亦是如此。句怎样造法呢?将一个一个认识的字,拼拢起来,一字拼一字就成了一句,然后随多随少的字可拼上去,多拼一字,句法就变换意思就两样了。能够将一个一个的字拼成了一句一句的架子,然后可渐渐加工,上修饰一层的工夫,所以要学造句,必先要学拼法。

问:一字拼起,要拼到几字为止呢?

答:拼到六七字,就可以了,因为能拼到六七字,文理已通,就再多拼几字,谅亦无不可以的呢。

问:除逐字递拼之外,大约有几种?

答:就不变化而论,大约有八种。

问:那里这八种呢?

答：实字拼实字、虚字拼虚字、实字拼虚字、虚字拼实字、动字拼动字、静字拼静字、动字拼静字、静字拼动字。

举例的时候则由浅入深，依次展开，如"一字拼一字法"举例为：

山（上拼一字）　远山　近山
山（下拼一字）　山高　山低

"一字拼三字法"举例为：

马　白马　骑白马　我骑白马
狗　黑狗　呼黑狗　他呼黑狗

又如"解法"。

问：何谓解法？

答：解说的解，那字义不明白的，要解说他明白来，造这些解说的句子，都有一定的法则，不是可以随造，所以解法亦是要学的呢。

然后举了一系列不同的解法的例子。比如："有本是一事，有时分出数样名目，这便用各解各的解法：雕玉谓之琢，雕金谓之镂，雕木谓之刻，雕骨谓之切，雕牙（象牙）谓之磋。"

这样的设计，既便于教师的教，也便于学生的学，而且印象深刻，难以忘记。

另外，对于教学，编者明确要求"教授之法，先将逐句仔细讲解，讲毕即出数题，令其仿造多句，有不合者随笔删改，并告以如何合法，如何不合法，每法务令练习纯熟，以免遗忘"。

3.《蒙学论说实在易》

1906年，彪蒙书室出版作文课本《蒙学论说实在易》，程宗启（佑甫）编撰，一套四本，无插图。全书介绍了"论说"的十四种方法，即"点题法、起法、承法、转法、合法、开合法、平侧法、譬喻法、议叙法、翻空法、堆叠法、呼应法、感欢法、总束法"（彪蒙编译所，《蒙学论说实在易》一，彪蒙书室，宣统纪元岁次乙酉二月五版。以下如无特别注明，均引自该书）。对于每一种方法，先用白话解说，说明此方法的功能及种类。如"点题法"，内容为：

何以要讲究点题法，因为通篇的文字，多是做题中的义理，必须再将题字点清，然后通篇文字，才觉醒眉豁目了。但是点题的法则，变化不定，不能枚举，如今略略分出几样来，有正点法、有反点法、有顺点法、有逆点法、有起处点法、有中间点法、有末尾补点法。

解说之后为"举例"，一般每一种方法例举六到七篇文章，以从多种角度对该方法进行学习，并且在每一种解说后都有相应的问答题，以检查学生对于文章中出现的该方法的掌握程度。

值得一提的是，作者在编排例文时，十分注意引入科学、民主以及强国富民的内容。如《研究科学讲求实学论》《电气功用有六种论》《空气有各种能力论》《万物始于质点论》《静重学动重学论》《恒星行星彗星流星论》等是关于自然科学及其方法的；《植国之要在法律论》《欧西政治多博爱主义论》《泰西国民有议政权论》《权利与责任相连论》《国政无一定程式论》《日本刑罚论》《大资本家有益於贫户论》《公法与私法论》等是关于民主与政治的；《中国宜改良私塾广设蒙小学堂论》《三育次序论》《师范传习所论》《普通学论》《专门学论》《编译论》《兵战商战不如智战论》等是有关教育的；《始皇焚书坑儒论》《大彼得战败以所耗兵费比之学生学费论》《日耳曼宗教改革论》等是有关历史学科的；《行郊野以吸受新空气论》《柔软体操兵式体操论》《脑筋为主动力论》《衣服宜勤涤论》等是有关体育卫生的；而《中国交通新法惟电报最为发达论》《推广邮政论》《铁路矿产赎回自办论》《国不如人为大耻学不如人亦为大耻论》《武装的和平论》《握海权者必争岛屿为根据地论》《名为租借实为割地论》《南洋群岛属列强管辖论》等是有关经济发展与国家主权的。

由此看来，作文的教学，变成了一次现代文明的全面启蒙。彪蒙书室白话教科书不仅仅是在语言文字上做出了贡献，在民主政治、科学技术、文化教育、文明卫生的普及宣传等方面，都起了重要作用。

4.《绘图中国白话史》

《绘图中国白话史》（1905年）系戴克敦、钱宗翰合编，一部共4册。是书分绪言、目录、正文、历代帝王总记、大事年表。结构设计巧妙，省去许多纷繁的细节，使主题更为突出。行文简洁，采用白话文，每课又配置插图，适宜蒙童教学。全书凡 127 课，大致按照朝代次序，选取重要的历史事件，每课不超过 200 字。内容从黄帝、唐虞、夏、殷、周初、周得天下开始，一直到洪秀全起事、天津条约、北京条约、甲申战争、甲午战争、戊戌年变法、义和团起事、太后幸陕西、日俄战争、日俄议和。全书清代历史占了 21 课，一直写到 1905 年的"日俄议和"，应该说是把最新的历史事件反映进了教科书，也充分体现了略古详今的史学思想，反映了作者对现实的关怀。

受 19～20 世纪之交新史学思潮的影响，《绘图中国白话史》不只是叙述帝王将相的历史，也注意到了学术思想层面。涉及这方面的内容共计 12 课（如周的学术、两汉学术和教派、隋唐文学、元代的文学和宗教），近十分之一，使蒙童"俾知中国文化之所由来"。

从书名就可看出，《绘图中国白话史》最大的特点在于绘图和白话。插图可分为三类：（一）人物画像，从黄帝、尧、舜，到孔子、墨子，到林则徐、曾国藩、李鸿章等；（二）形势图，从春秋形势图、战国形势图，到元末割据图、大清疆域图、中俄交涉图等；（三）其他插图，如长城图、学宫图、运河图、西人东渡图等。在插图的选取上，编者可谓是煞费苦心。在人物画像中，不仅有贤君名臣，还有学者文人，不仅有中国的圣人贤儒，还有西方的宗教领袖，古今中外各个时代的英雄伟人，都值得当时多灾多难的中国人学习，以激发国人的爱国热情。又如"徽钦二帝被掳图""中俄交涉图"，则折射出近代中国"爱国救亡"这一强烈追求。取材上注意选取那些能够弘扬民族气节的史事，如讲到两汉势力的对外扩张时说："这也是我们中国人顶有势耀的时候。"

作为小学历史课本，该书在深浅、取材、用语方面都注意到蒙童实际。行文简洁，采用白话文，图文并茂，诱导学生兴趣，增强学生对历史的直观认识，符合儿童的学习心理。对专门用语一般会加以解释，如"战国七雄"，解释性地注明："七雄就是七个强国"；又如"周的学术"，向学生解说所谓"学术"就是"一些学问的事同有学问的人"，便于儿童理解。

《绘图中国白话史》刊登出版广告说："中史浩繁，编纂非易，新辑历史课本类皆文义稍深，初学未能领会。是书将五千年大事纯用白话演说，略通文义者即可读，此小学之佳本也。"晚清出版的各种历史教科书多数采用文言文或浅近文言文，对于初学儿童来说，阅读理解颇有障碍，不利于新学堂的新式教育。以难登大雅之堂的白话俗语编写教科书，在清末教育界并不是很多，彪蒙书室出版的《绘图中国白话史》及其他白话教科书，是目前所见极有代表性的教科书。谭彼岸的《晚清的白话文运动》一文中说："这种进步的启蒙思想，对于晚清白话文运动起了推进作用。"不过，今天来看，该书名并非很恰当，容易引起歧义，改为《绘图白话中国史》也许更合适。

三、彪蒙白话课本的价值

1. 白话课本的出现促进了新式教育的普及与发展

晚清出版的各种蒙学教科书多数采用文言文，对于初学儿童来说，阅读理解颇有障碍，不利于新式教育的普及。彪蒙书室率先出版的白话语文教科书系列，立足于儿童生活，根据儿童之生活需要，与儿童口语接近，容易为儿童所接受，且加以绘图，这样无论从形式还是内容方面都对新式教育的普及与发展起到了很大的推动作用。彪蒙书室白话教科书的编撰者希望利用白话语体通俗易懂的特点，把白话当成启蒙和宣传的工具，正是由于他们的孜孜耕耘，白话语文教科书系列因其新锐、鲜活的内容，及其呼吁爱国救亡、宣传启蒙现代性而顺应了历史发展的要求。

2. 注重语言的系统训练，强调教科书的教育功能

在我国，传统的蒙学语文教学一般是以单纯的识字为主，彪蒙书局的白话语文教科书系列注重语言的系统训练，让儿童在初入学之时，不仅能够识字，而且能够很快学到一个完整的句子，进而组织全篇的思想，由识字到造句再到论说，最终达到语言承载思想和自由表达的目的，这种层层递进的安排，较好地达到了语言训练的目的。语文教科书编写有两个重要的问题，一是语言，一是选材。彪蒙书室的白话语文教科书系列，把二者有机结合起来，语言文字自然、优美、朴实、健康，内容切合实际生活，体现了时代潮流，而且较有兴味，使教科书自身充满了生命力与创造力。如《蒙学造句实在易》第二册中，关于"一字

拼五字法"举例为：

  书　读书　爱读书　我爱读书　我最爱读书

"一字拼六字法"举例为：

  事　善事　行善事　喜行善事　喜欢行善事　最喜欢行善事　我最喜欢行善事

文字与内容达到了较好的统一。

  当然，彪蒙书室的白话语文教科书系列还存在许多不足，不论是它的形式还是它的内容，都还很粗糙幼稚，与现代教科书有一定的差距。但白话文更有利于教科书朝着科学化和大众化的方向发展，因而给新式教科书的发展开辟了广阔的前景，为新式教育注入了新活力。

通俗的教育和通俗的课本
——陈子褒和他的蒙学教科书

一、陈子褒的课本编撰

陈子褒（1862～1922），名荣衮，号耐庵，别号"妇孺之仆"，广东新会人。1878 年，便考入府学为庠生。1890 年，先后在广州友石斋和芥隐堂设馆教学，招学生七十余人，多为应试科举的生员。1893 年乡试中举，与康有为同科，且排名在康有为之前。但为康所折服，拜其门下，在万木草堂学习，开始接触到新知识、新思想。1895 年，陈子褒参与"公车上书"以及强学会和保国会的创立，并开始编写通俗课本，提倡妇女儿童教育。1898 年，"百日维新"后，陈子褒东渡日本，调查"蒙小学教育"。他在日本结识了教育家侨本海关，在其介绍下，陈子褒到日本各地参观、考察日本小学教育情况，"深得要领"，"尤留意于各町村小学"，认为"救国之要在是矣"。[1] 陈子褒关注日本启蒙教育，很欣赏日本教育家福泽谕吉创立的"庆应义塾"，推崇该校的教育宗旨和教学方法，决心效法，以教育救中国（受康梁及其他弟子的影响，陈在日本可能接触过大同学校，他的教科书思想和实践与大同学校教科书类似。当然我们还没有这方面的证据。但时人认为他编写的教科

---

[1] 陈子褒先生行略 [M] //陈子褒著，区朗若等编校. 陈子褒先生教育遗议. 桂林：广西师范大学出版社，2012：4－5.

书,"由康氏鼓励,例言亦康氏手定"❶)。同年底,他回国投身教育事业,开始系统撰文编课本办学。他在澳门开设"蒙学学塾",后改为"灌根学塾",成立"教育学会",后改名"蒙学会",办蒙学书局,❷以提倡初学启蒙、编译推广改良白话课本为宗旨。1900年,陈子褒在澳门"格致书院"(即广州岭南大学前身)主持暑期国文讲习班,历时三届。这一年,他编撰了更多的通俗教材,并用于教学实践。此后七年多的时间里,陈子褒的精力集中在编写白话启蒙课本方面,出版了大量教材。1903年,陈子褒主办的"灌根学塾",首次招收女学生,成为我国男女同校的发端。次年,他主持编辑发行了《妇孺报》《妇孺杂志》,时人称他为改革启蒙教材的先驱。1909年,"蒙学会"组织成立了"子褒同学会",之以后两年时间里,该会出版了《七级字课》的系列教材。1920年应岭南大学之邀讲习国文。1918年,"灌根学塾"迁至香港,后易名为"子褒学校"。1921年,陈子褒又开设"子褒女校"。陈子褒的学生很多是港澳社会的名流,如冼玉清、容启东、利铭泽、曾壁山等。

陈子褒晚年皈依基督,在香港领洗,并把自己办的学校迁到香港,"从游者愈增……恒岁二三百人"。陈先生自己也转向经学教育,讲"宋元明儒学案,学风又为一变"❸。1922年去世,享年61岁,葬于香港。陈先生无子,有一女,以其弟弟的儿子为后,所藏书籍大部分捐献给岭南大学。

陈子褒"之人格及其生平之事业,在于教育,尤在于小学之教育",他"对于国民教育,纵心孤往,为全国倡",被誉为"东方之裴斯泰若齐"。❹他一生以教育妇女为己任,提倡妇女教育,反对重男轻女。他自己办的学校在1903年就开始招收女学生,男女同校。而且主

---

❶ 改良教育前驱者——陈子褒先生 [M] //陈子褒著,区朗若等编校.陈子褒先生教育遗议.桂林:广西师范大学出版社,2012:261.
❷ 杨寿昌.陈子褒先生教育遗议:序 [M] //陈子褒著,区朗若等编校.陈子褒先生教育遗议.桂林:广西师范大学出版社,2012:2.
❸ 陈子褒先生行略 [M] //陈子褒著,区朗若等编校.陈子褒先生教育遗议.桂林:广西师范大学出版社,2012:4-5.
❹ 杨寿昌.陈子褒先生教育遗议:序 [M] //陈子褒著,区朗若等编校.陈子褒先生教育遗议.桂林:广西师范大学出版社,2012:2.

张妇女解放。早在 1902 年他上课的作文题有论寡妇再嫁之得失，据说见这种题目，有顽固学生姓余，竟然罢笔而去，以示抗议。❶ 可见他思想的前卫连学生都接受不了。辛亥革命时，他更是要学生到各处宣传及募捐军饷，成绩甚优。

陈子褒一生编写了大量通俗课本与读物，据不完全统计，主要有：《妇孺须知》二卷（1895）、《改良妇孺须知》、《妇孺浅解》二卷（1896）、《妇孺八劝》一卷（封面题为《幼学妇孺韵语》，1896）、《妇孺入门书》（1896）、《幼雅》八卷（1897）、《教育说略》一卷（1900）、《妇孺三字书》四卷（1900）、《妇孺四字书》一卷（1900）、《妇孺五字书》一卷（1900）、《妇孺新读本》八卷（1900～1903）、《妇孺论说入门》二卷（1900）、《妇孺女儿三字书》一卷（1900）、《妇孺学约》一卷（1901）、《妇孺论说大观》一卷（1902）、《妇孺论说阶梯》一卷（1902）、《妇孺新说本》、《妇孺中国舆地略》一卷（1902）、《妇孺释词粤语解》一卷（1902）、《妇孺译文》一卷（1903）、《妇孺信札材料》一卷（1903）、《妇孺闲谈》（1905）、《妇孺中国史问题》（1905）、《幼学文法教科书》二卷（1906）、《小学国文教科书》十卷（1906）、《小学地名韵语》一卷（1907）、《小学词料教科书》三卷（1907）、《小学一得》一卷（1907）、《少年趣味史教授法》四卷（1907）、《小学中国历史歌》（1907）、《小学尺牍教本》（1907）、《小学释词国语解》（1907）、《七级字课》（第一二种 1908）、《七级字课》（第三四种 1908）、《七级字课》（第五种 1909）、❷《七级字课第三四五种教授法》一、二、三卷（1909 - 1911）。民国后陆续编著《补读史论略》《史记小识》《前后汉书小识》《晋书小识》《南北史小识》《左传小识》《左传小识教授法》《新唐书小识》等读物。

其中大多是通俗读本，集中于国文、国语、国史、修身与地理教育，对妇孺教育均佳。因为这些教材最初是在新学制颁布之前编撰的且陈是在澳门办学所以后虽有新学制颁布，但并没有完全按照 1903 年新

---

❶ 改良教育前驱者——陈子褒先生 [M] //陈子褒著，区朗若等编校. 陈子褒先生教育遗议．桂林：广西师范大学出版社，2012：261.

❷ 其中《七级字课第一二种》是《妇孺须知》的订正版，《七级字课第三四种》是《妇孺浅解》的订正版。

学制而编。

从上述不完全统计来看，陈子褒在当时是一个少有的通俗教材的多产作家，但是对这个多产作家，我们的研究与关注却非常少，这种明显的不对称让我们这些后人汗颜。

二、陈子褒的课本简介

1893 年，陈子褒在万木草堂求学时，为了更好地了解西方文化，他开始学习英语。在英语学习过程中，他读到《英语启蒙课本》第一册的鸡、犬、猫等单字，觉得通俗易懂，转而想到《大学》《中庸》等书字义深奥，艰涩难读，不适宜作为儿童启蒙读本，于是他决定改革启蒙教材，开始了自编蒙学课本的尝试。同时，他意识到学校教育以家庭教育为辅，而家庭妇女一般识字不多，故应该特别提倡女学。所以，陈子褒编著的课本集中在两个主要类型，一是以妇孺教材为主，二是以字课教材为主。两种教材均以白话文呈现，突显通俗易懂特色。

1. 妇孺类教材

陈子褒一生致力于妇孺教育。自 1895 年起，他在妇女儿童课本的编撰上显示出惊人的热情和天赋。当年即编撰了《妇孺须知》二卷，第二年编撰了《妇孺浅解》二卷、《妇孺入门书》、《妇孺八劝》一卷。他在《妇儒须知》三版的序中写道："草创妇孺须知一卷，模横门之急就，羼杨云之方言。通俗是贵，利用斯在。"❶ 说明他编辑此书，在于适应妇女、儿童启蒙教育的需要，提倡通俗教育。《妇孺须知》为中国最早的自编通俗小学课本之一，随后又有 1901 年等多种改良版面世。

《妇孺八劝》（1896）封面题为《幼学妇孺韵语》，内分：劝祀孔子、劝相亲爱、劝事父母、劝睦兄弟、劝孝翁姑、劝和婶姆、劝待奴婢、劝妇读书等八部分。采用四字一言，句末押韵，易于朗读，用词通俗易解。由于历史的局限，内中有不少是封建伦理的说教，但其中也有部分是值得继承的伦理道德。如其中"劝事父母"一篇云："我初出世，亲年半老；我年方壮，亲发已皓；我名未立，亲骨已槁。时哉时

---

❶ 陈子褒. 陈子褒先生教育遗议［M］. 桂林：广西师范大学出版社，2012：32.

哉，力行孝道。孝道云何，非必财宝。衣服饮食，随分便外。兄兄弟弟，姑姑嫂嫂，一家和气，慰亲怀抱。"陈子褒在本书中，大力提倡女子读书。比如在"劝妇读书"中提到："人与兽别，只在知识。知识何来，读书始得……家家明理，人人有德。风俗人心，转移可必。妇人妇人，读书亟亟。"❶充分体现了这一进步思想，这在当时是很难得的。

现江门景堂图书馆藏《改良妇孺须知》内题澳门蒙学书塾编辑，有清光绪二十七年（1901年）作者序。书前附例言，列举了本书编辑宗旨及教学方法，主旨着重"通今实用"。例言提到："是书以通今为主义，盖考古地理者先通今地理，考古官制者，先通今官制，学外国言语者，先通本国言语。"又云："是书以便俗为实用，不便俗则纵极雅驯，亦一古玩店耳。"这些主张充分体现了陈子褒的教育思想。该改良版分上下两卷，上卷为寻常科，下卷为高等科（此学制似乎是根据日本学制而来，此时陈已经从日本归国）。

1900年，陈子褒编写《妇孺三字书》四卷、《妇孺女儿三字书》一卷、《妇孺四字书》一卷、《妇孺五字书》一卷、《妇孺新读本》八卷、《教育说略》一卷、《妇孺论说入门》二卷。

《妇孺三字书》为陈子褒仿《三字经》而作，内容通俗。全书分三部分：第一部分为"礼仪三字书"，主要教学童懂礼节，如"早起身，下床去。先洒水，后扫地。开门窗，抹台椅。洗完面，入学堂。见先生，要叫声。坐书位，即读书。读熟书，又写字"。第二部分为"趣味三字书"，利用一些有趣味的短句，教儿童认字，旨在"代小孩立言"。作者认为，"作八股者曰代古人立言。然则教小孩之读本应亦代小孩立言。代之立言则心灵舒畅，欢欣鼓舞，无有以为苦者"（《妇孺三字书》"序"）。如"我所住，住高楼。青草地，打千秋。放纸鹞，踢皮球。打锣鼓，弹琵琶。带枝剑，骑匹马。"第三部分为"名物三字书"，通过文字配以图画，学习物件，在学习过程中，既增加了生字字汇，又丰富了事物常识。如"各物件，在眼前。火水灯，火轮船。鸡毛扫，鹅毛

---

❶ 梁如松.陈子褒和卢湘父的几种启蒙课本[Z]//新会文史资料选辑十七辑.新会政协文史资料工作组，1985：2-5.

扇。宫座椅，贵妃床。千里镜，百叶窗……"❶

《妇孺四字书》分"幼仪""修身""卫生""人事""劝游"五部分，这是仿《千字文》而作，也是四字一句。书中用通俗语言对学童进行了文明礼貌、卫生常识等教育。如"幼仪第一"云：

"同台食饭，手睜（粤语，手臂）莫横。若欲饮汤，让人起羮（粤语，汤匙）。汤入口时，莫使闻声。匙羮放下，亦要轻轻。有夹上面，切莫抄底；好丑勿论，顺手夹起。扒饭一啖，夹个送（同食）一箸；连夹几箸，就系失仪。"

"汤入口时，莫使闻声"，百年前就提出了今日所谓的文明进食礼仪。

书内经常运用广东俗语，读起来上口且易懂。书内还充满了维新思想，如劝人求学："钱只养身，学乃明理，有钱无学，愚蠢可鄙。"又提出反对吸食鸦片及女子缠足，书内有云："凡欲做人，不可食烟；食烟之害，莫如鸦片""女子缠足，更系伤生，不合天理，不合人情。"劝人各执一艺，如"人事篇"："凡系做人，都要有用，无论读书，无论耕种，或做工作，或做生意，人生在世，各执一艺""凡为一艺，能造新器，有益于人，名留万世""总而论之，士农工商，不拘那样，都要学堂。如果有日，学堂大开，看我中国，多多人才。"最后一章为"劝游"，在列举游历各国情况之后，总述旅行之益，如："凡此游历，皆益智慧，开人眼界，长人志气。尔等读书，快通文理，共尔远游，一日万里。"从上述内容可以看出，陈子褒所编的蒙学课本富有进步意义。

《妇孺五字书》仿《幼学诗》而作，五字一句，共十二首。各诗语句通俗，内容有趣，幼童读之，易于上口，又容易明白诗中意义。这里只举二三首为例。如《儿童乐》："记得细时好，跟娘去饮茶。门前磨蚬壳，巷口拨泥沙。只脚骑狮狗，屈针钓鱼蔑。而今成长大，心事乱如麻。"又如"劝游"篇："海阔从鱼跃，天空任鸟飞。束装游外国，眼

---

❶ 这些内容与华侨在横滨办的大同学校的《幼稚新读本》（1901）、《小学新读本》（1902）非常接近，如《幼稚新读本》第二十三课："千里镜、百叶窗。"而且都是三字句，都是名物教材。二者不排除有共同的来源。有一点值得关注，即大同学校的编撰者和陈先生都是康有为的弟子。

界异前时。山水处处别，禽鱼种种奇。丈夫有远志，切勿作乡愚。"再如"读书"篇："饮茶能解渴，食饭能止饥。若欲晓道理，如何不读书。"❶

《妇孺女儿三字书》专为妇女而作，特别强调读书的意义。书中提到："尔女子，宜读书，不读书，怎识字；不读书，怎明理；不读书，怎教子。书不读，是蠢才，蠢才多，国就衰。"❷

《妇孺新读本》是故事式的通俗解说文。

陈子褒1901年编写《妇孺学约》一卷，1902年编写《妇孺论说大观》一卷、《妇孺论说阶梯》一卷、《妇孺中国舆地略》一卷、《妇孺释词粤语解》一卷。

1903年，陈子褒编辑出版了一本《妇孺译文》，乃将广州、港、澳方言俗语，译成汉语官话文字，以提高妇女儿童的文化水平，使"生徒之视文言不啻，其视俗语，凡粗浅之事，口所能道者，笔亦能述之矣"。例如"游马交石"："今日天时咁样暑热，好想薯去马交石一游，但系热头又猛，行路又辛苦呗。"译曰："今日天时，如此暑热，甚欲往马交石一游，惟是太阳酷烈，行路又辛苦耳。"这样，把俗语译成汉语文字对照学习，体会掌握文义，有助于提高语言文字表达能力。新会人士卢子骏在《妇孺译文》的序言中说："陈君子褒游历日本，考求教育，归而创蒙学书塾，编辑读本，力求文字与语言合一，可谓良工心苦！"《妇孺译文》凡例指出："译题宜取有关于蓄德开智者。童子未有杂质，惟教师之所染，故宜随处加以染料。若有碍文明之事，不宜以之命题。"

可见，《妇孺译文》既通俗易懂，有利于提高汉语文字水平，又注意进行文明教育，重视"蓄德开智"，实际上把"文"与"道""智育"与"德育"统一起来了。❸

2. 字课类教材

总体上看，陈子褒编写的最为有名的课本除了妇孺教材外，便是字

---

❶ 梁如松. 陈子褒和卢湘父的几种启蒙课本［Z］//新会文史资料选辑十七辑. 新会政协文史资料工作组，1985：2 - 4.

❷ 梁如松. 陈子褒和卢湘父的几种启蒙课本［Z］//新会文史资料选辑十七辑. 新会政协文史资料工作组，1985：4.

❸ 陈汉才著. 康门弟子述略［M］. 广州：广东高等教育出版社，1991：76 - 77.

课教材，以《七级字课》为代表。陈子褒非常看重识字教育，他于1906年编《幼学文法教科书》二卷、《小学国文教科书》十卷，1907年编《小学词料教科书》三卷、《小学释词国语解》等，1908年编《七级字课第一二种》、《七级字课第三四种》、《七级字课第五种》，1909至1911年编《七级字课第三四五种教授法》一、二、三卷。

陈子褒认为，解字是小学教育中"最重要、最切用、取径最速、收效最大"的内容，因此他在字课课本的编写上倾注了最多的心血。根据他的学生区朗若描述，他从光绪二十一年（1895年）至民国四年（1915年），积20年的经验改良，终于著成《七级字课》。❶

《七级字课》共七千个汉字，因为"若为博雅君子，则须识七千字"❷，按由浅入深、循序渐进的原则编辑而成。士农工商通行之字为四级字；学人通行之字为第五级字；有经史通行之字，为第六级字；有经史不通行之字，为第七级字。据说六、七级字课远远超出蒙学教科书的范畴，只有两位学生学完。为了编好这套书，他居家之时，注意观察儿童说话的方式，收录儿童常说常用的字，不时修改，如第三、四级字课《妇孺浅解》就曾三易其稿。❸ 陈子褒在"七字课说略"（1912年）一文中谈到这套课本有四个优点：一可以教学生多识字；二可以提高学习的效率和效果，学习8年即可为终身学识打下良好基础；三使学习年限不同的学生都能学有所得，从事不同的工作，"一、二、三级毕业可为工人，四级可为商人，五级可为学人，六、七级可为通人"；❹ 四可以使学生触类旁通。对此，也有不少人反对，认为属于"强迫记忆方法"，"不合教育原理"。❺ 陈子褒从四个方面给予了驳斥，他的弟子更是有点强词夺理地写道："若谓强记不合教育原理，试问数学之九九表，

---

❶ 陈子褒. 论小学七级字（1911）[M]//陈子褒著，区朗若编校. 陈子褒先生教育遗议 [M]. 桂林：广西师范大学出版社，2012：58.

❷ 陈子褒. 论小学七级字（1911）[M]//陈子褒著，区朗若编校. 陈子褒先生教育遗议 [M]. 桂林：广西师范大学出版社，2012：55.

❸ 《中外文化交流与澳门语言文化国际研讨会论文集》编辑委员会. 中外文化交流与澳门语言文化国际研讨会论文集 [C]. 澳门理工学院，2004：74-75.

❹ 陈子褒. 七字课说略（1912）[M]//陈子褒著，区朗若编校. 陈子褒先生教育遗议. 桂林：广西师范大学出版社，2012：61.

❺ 陈子褒. 七字课说略（1912）[M]//陈子褒著，区朗若编校. 陈子褒先生教育遗议. 桂林：广西师范大学出版社．2012：62.

几何学理化学之定义定理，外国文之拼音字母，其初入手何一不须强记。"❶

《七级字课》实质是识字课本，是对不同类型的生字的学习，教学生通过组字词来掌握生字，包括天文类、时令类、地理类、建造类、人类、身体类、用物类等。"人类"又包含各种称谓，如爹—阿爹，爸—阿爸，妈—阿妈，公—阿公，婆—阿婆，仔—仔女……且逐级加大难度。如第二种关于"人类"的生字：祖—祖先，孙—子孙，甥—甥子，妗—阿妗，娘—姑娘……而第三种关于"人类"的生字则难度更进一步，涉及考、妣、翁、媳、妾、奴、婢……

陈子褒编著的一些妇孺教材，比如《妇孺须知》《改良妇孺须知》，实际也是分类字汇，这些书将生字分为天文、时令、地理、建造、人、身体、服物、食物、矿产、用物、文事、武备、音乐、植物、动物、颜色、方位、数目、动字、静字、情状字、语助词共二十二类。每字下注一短词加以解释，所注词句有时采用广州方言，力求通俗。如"晚"下注短词"挨晚"，"缩"下注"缩埋"，"留"下注"留住佢（粤语，他）"之类。

民国建立后，广东革命政府认为陈子褒的一些课本仍然"共和适用"，批准继续通行。《改良妇孺三字书》民国二年版删去光绪二十九年版中赞扬光绪皇帝的句子"愿我皇，无灾害，愿我皇，万万岁"等，增加了共和民主的新内容。❷ 我们还看到有20世纪20年代出版的《七级字课》。

1912年至1921年间陈子褒编写的多是中国典籍读本，包括《左传小识》《补读史论略》《史记小识》《前后汉书小识》《晋书小识》《南北史小识》《左传小识教授法》《新唐书小识》，鲜有针对妇孺的通俗启蒙课本，这似乎应证了他转向经学教育，讲"宋元明儒学案。学风又为一变"❸ 的事实。

---

❶ 陈子褒. 七字课说略（1912）[M]//陈子褒著，区朗若编校. 陈子褒先生教育遗议. 桂林：广西师范大学出版社. 2012：63.

❷ 王晓玲. 民国初年广东的一种识字课本 [J]. 历史大观园，1992（2）：29.

❸ 陈子褒先生行略 [M]//陈子褒著，区朗若等编校. 陈子褒先生教育遗议. 桂林：广西师范大学出版社，2012：5.

三、简述陈子褒的通俗课本

陈子褒一生关心底层民众特别是妇孺的教育，他所编撰的通俗课本在我国教育发展史特别是教科书发展史和大众课本发展史上具有重要意义，为华南地区的大众启蒙教育做出了重要贡献。遗憾的是，他在这方面的贡献长期没有得到足够的肯定和重视，很少有研究关注他的教育思想及其课本的价值。

1. 致力妇孺之启蒙教育

陈子褒认识到兴国必须兴教育，兴教育必须兴学校，而学校教育必须以家庭教育为辅。当时家庭妇女一般识字不多，所以应该特别提倡女学。他一生以使妇女受教育为己任，为了表现其关心女学的志向，他的别号就取名"妇孺之仆"。而要有效地倡导民众教育，特别是妇女儿童教育，就得注重教材的编写，这就是他毕生追求编撰妇孺课本的原因。

十九世纪末中国社会仍然极为保守，在女子受教育问题上的开放度不高。于是，陈子褒把妇女教育看作是关系国运兴衰的重要因素。在陈子褒看来，读书是为了识字、明理，更是为了教育后一代，为了国家的繁荣富强。在1903年编辑出版的《妇孺新读本》中有一篇题为"女学不兴之弊"的文章写道："中国有一大害，如女子不读书是也……我中国四万万人，而有二万万不读书之女子，是一半无用之人矣。有一半无用之人，中国所以日弱也。"[1] 在1913年的"论女生四特性"一文中又谈到，今日中国的失败在于人心的卑污苟且，"人心之腐败，小学之腐败至也，小学之腐败，女学不兴至也"。[2] 他推崇男女平等，提倡并兴办女学，他所办的学塾在1903年就招收女生。正因陈子褒认为要实现国家富强，必须从教育妇女儿童入手，而不能将希望寄托在腐败无能的满清政府身上，所以他编辑的教科书大多以"妇孺"为题，为"妇孺"而编。而妇孺教育多在小学阶段，他特别关注小学教育，关注蒙学。他的弟子曾经这样评价他："先生设校授徒，提倡蒙学，矻矻不倦。口有

---

[1] 陈汉才著. 康门弟子述略 [M]. 广州：广东高等教育出版社，1991：75.
[2] 陈子褒. 陈子褒先生教育遗议 [M]. 桂林：广西师范大学出版社，2012：87.

道，道蒙学。目有视，视蒙学。耳有听，听蒙学。手有书，书蒙学"，"二十五年如一日，……其毕生精力皆仆于妇孺也"。❶

2. 力行白话，追求通俗

真正有利于妇孺学习的课本一定是通俗易懂的课本。在陈子褒心目中，"通俗是贵"❷。他大力提倡通俗教育，力主用白话文代替文言文，主张通过浅显易懂的教育方法和内容对妇孺进行教育，以达到改良社会的目的。他对白话文的推崇由来已久，早在追随康有为期间，就接触到维新思想，并与严复、夏曾佑等近代白话文运动倡导者交往，这对其日后从事教科书白话文改革有很大影响。他在1899年《报章宜改用浅说》中谈到自己去日本游历时，路边的车夫、旅馆的女仆都在看报，而广东省城一店之中仅数人识字。这不是因为国人愚笨，而是因为日本报纸多用浅说，中国报纸多用文言，"今天文言之祸亡中国，其一端矣。中国五万万人之中，试问能文言者几何？大约能文言者，不过五万人中得百人耳，以百分一之人，遂举四万九千九百万分之人置于不议不论，……徒任其废聪塞明，哑口瞪目，遂养成不痛不痒之世界"，"大抵今日变法，以开民智为先。开民智莫如改革文言。不改文言，则四万九千九百万之人日居于黑暗世界中，是谓陆沉。若改文言，则四万九千九百万之人，目嬉游于琉璃世界之中，是谓不夜"。"学习文言之时，废许多精神，耗许多岁月，尚未得到恰可地步。若改为浅说，则从前须识六千字者，今则识二千字可矣。从前须解二千字者，今则解一千字可矣。且以此试士，省去涂饰敷衍之陋习。苟见识未充，道理未熟，断难制胜。欲制胜者，不得不留意于博物穷理矣。故谓考试若用浅说者，正可练人心思也。虽文言者亦用心思，然用心思于无用之记号，孰若用心思于有用之实事实理也。"❸ 在批判了文言文祸国后，他在次年的《训蒙宜用浅说》中又阐释，语言要随时代而变通，用浅白的语言一样可以阐明道理。"四书""五经"乃圣贤道理，如何舍彼读此？答曰："四书""五经"之道理，无分今古。惟其语言，则儒林古国之语，而非今国之语

---

❶ 冼玉清问［J］. 教育杂志，1941（6）.
❷ 陈子褒. 陈子褒先生教育遗议［M］. 桂林：广西师范大学出版社，2012：32.
❸ 陈子褒. 陈子褒先生教育遗议［M］. 桂林：广西师范大学出版社，2012：12-15.

也。若以今国之语言，写无分今古之道理，有何不可？余所谓浅白读本，非不讲道理之谓，乃句语浅白之谓。且道与时为变通。古人席地而坐，故"五经"只言席地。若今读本则必言椅桌矣。五洲八星，古时风气未开，故未有言及之者。今新读本及之，直可以补"四书""五经"之所不及也。❶

在清末，尽管我国已经出现了一批新的教科书，但多数仍用较浅近的文言文编写，对学童来说尚嫌艰深。有鉴于此，陈子褒极力主张并实行完全用白话编写蒙学教材。❷陈子褒去日本考察教育之后，愈发确定我国现行蒙学教科书非常不适合儿童启蒙，他在《教育会缘起》中指出其弊端："有明以来，以八股取士。于是垂髫之子，入学就传，即讽读深奥文字。例以古人由浅入深，由简而繁，由分而合，由浑而画之教法，概乎未有闻焉。衮心焉非之久矣。"去日本考察小学教育后，深受其影响，"恍然于中国教育既失其本，复遗其末。非全行改革，无以激发国民之志气，濬瀹国民之智慧。且读书十年，毫无级数。汩没性灵，虚度日晷，莫此为甚"，难怪有识之士认为，"中国之亡，亡于学究之手"❸。在陈子褒看来，教育的根本在于基础教育，传统的蒙学教材是当时中国发展落后的根源。他既确立了教育救国的思想，又以改革蒙学教材为己任。

陈子褒1893年在万木草堂求学时，广州双门底（今北京路）有家名叫左斗山的基督徒开设的"圣教书楼"，店内多上海广学会、中国教育会翻印出版的外文书译本，如《泰西新史揽要》《西学启蒙》，以及广学会著名刊物《万国公报》等，是广州唯一的新学书店。陈子褒经常去那里看书，开始接触到西方文化。在万木草堂学习的第二年，为了更好地了解西方文化，他开始学习英语。在英语学习过程中，他读到《英语启蒙课本》第一册的鸡、犬、猫等单字，觉得通俗易懂，转而想到《大学》《中庸》等书字义深奥，艰涩难读，不适宜作为儿童启蒙读本，于是，他决定从改革启蒙教材入手，改革旧的教育体系，开始自编

---

❶ 陈子褒.陈子褒先生教育遗议［M］.桂林：广西师范大学出版社.2012：21-22.
❷ 《中外文化交流与澳门语言文化国际研讨会论文集》编辑委员会编.中外文化交流与澳门语言文化国际研讨会论文集［C］.澳门理工学院，2004：74.
❸ 陈子褒.陈子褒先生教育遗议［M］.桂林：广西师范大学出版社，2012：5.

蒙学课本。

1899年，陈子褒在科举未废的背景下，在其主办的蒙学书塾中废止读经，运用自编的白话课本教授学生，通过教育实践证明白话读本更适合学生学习和记忆，能提升学生学习的兴趣。此点可见于其1900年的《论训蒙宜用浅白读本》一文中，"今夫浅白读本之有益也，余尝以教导童子矣。甲童曰好听好听，乙童曰得意得意。所谓好听得意者无他，一闻即解之谓耳。一闻即解，故读之有趣味，且记忆亦易，如此则脑筋不劳，无有以为苦事而不愿入塾者"。❶他本身科举出生，所以此点更难能可贵。

陈子褒所编教科书皆语言通俗易懂，尽量使用口头语言，采用韵文，读来如同歌谣，琅琅上口，易于朗读记忆。他的学生冼玉清总结道，先生以"早起身，下床去"之《妇孺三字书》代替"人之初，性本善"之《红皮三字经》，以"同台食饭，手肘莫横"之《妇孺四字书》代替"天地玄黄，宇宙洪荒"之《红皮千字文》，以"记得细时好，跟娘去饮茶"之《妇孺五字书》代替"天子重贤豪，文章教尔曹"之《红皮五字书》，又以"我家有一只白狗，邻家有一只黑狗。白狗性善，黑狗性恶。"之《妇孺新读本》代替《大学》《中庸》。是为改良教本与教法之前驱。❷

陈子褒所编之妇孺教科书内容来源于生活，取自日常生活题材，多用现代称谓和俗语，浅白生动，便于理解应用，非常之实用。以《妇孺须知》为例，该书以通今为义，让学生了解本国的语言、地理、历史及周遭世界的现况。教材选择的内容以便俗实用为主，希望能为极贫极愚的国民带去知识，力图国强。《妇孺须知》的序中说道："是书之字，乃妇孺乐认之字。妇孺所见所闻，知其语而不知其字。今于妇孺所知之语，示以妇孺所知之语之字，声入心通，乐何如之。"又曰："是书以便俗为实用。不便俗则纵极雅驯，亦一古玩店耳，便俗则一大米店也。窃谓中国士人，向不讲求逮下。今日编书，宜为极贫极愚之国民设法，乃为有补大局。若仍以便俗为笑柄，则札闼洪庥，权舆假落，谁不能杂

---

❶ 陈子褒.陈子褒先生教育遗议[M].桂林：广西师范大学出版社.2012：21.
❷ 陈子褒.陈子褒先生教育遗议[M].桂林：广西师范大学出版社，2012：267.

数古玩耶？"❶ 在1907年的《论初等小学读本》中谈到："仆以为小学读本，以不雅而浅，不炼而顺，不文章而谈话，斯为合式。所谓不雅而浅者不用'啮燠鹜觅篗'等字，而用'咬暖卖寻箱'等字是也。所谓不炼而顺者，不用'系之以竹'而用'以竹系之'是也。所谓不文章而谈话者，不用'弟悦甚'而用'弟极欢喜'是也。"❷

3. 重视课本功能，关注课本质量

陈子褒在万木草堂学习期间就开始研究蒙学课本，尝试编写蒙学教材。他认为教科书改革是教育改革的关键，其在《教育学会缘起》（1899年）一文中谈到："衮以为学堂不难，难在于今日兴学之教习。不难于聘教习，难于教科新书。苟无教科新书，虽聘请通人主持讲席，然课程忙迫，未能兼顾，往往明知旧法无补，而隐忍为之者，亦势之所必至也。"❸《论学童为师之师》中又谈到："种人才莫要於开学堂，开学堂莫要於兴蒙学，兴蒙学莫要於编教科书及开师范学堂。"❹（这与大同学校《改良小学新读本》"序"中所提出的观点高度一致，该"序"中写道："小学之重要在乎师范与教科书，虽然师范人才固难，而教科书之尤难也。"陈在日本之时，正好是大同学校创办不久，尽管学校的教科书还没有编写出来，但一则教科书应该正在编写之中了，二则学校影响大，为康有为、梁启超所操持，陈极可能受其影响）

对于当时各版本的小学教科书，陈子褒多有研究，认为整体上质量不高，所以才自己亲手编撰课本。他评价道，当时的多数课本就如同他自己刚开始编的教科书一样，"以为浅显，而实深之又深矣；以为顺，而实炼之又炼矣"。各版的编辑大意，都以深僻古雅为戒，但是偶尔翻读内容，都非常深僻古雅。换言之，编辑意图是好的，但实际的教材并没有达到预期的意图，现实的教材偏离了预期目标。❺ 他认为造成这种

---

❶ 陈元晖主编，璩鑫圭，童富勇编.中国近代教育史资料汇编教育思想[M].上海：上海教育出版社，2007：581.
❷ 陈子褒.陈子褒先生教育遗议[M].桂林：广西师范大学出版社，2012：49.
❸ 陈子褒.陈子褒先生教育遗议[M].桂林：广西师范大学出版社，2012：5-6.
❹ 陈子褒.陈子褒先生教育遗议[M].桂林：广西师范大学出版社，2012：37.
❺ 陈子褒.陈子褒先生教育遗议[M].桂林：广西师范大学出版社，2012：48.

状态的原因，不在于编辑者，而在于出版社的股东全是门外汉。各版本教科书中，只有会文社的女子小学读本和无锡三等公学堂读本的一、二册勉强合格。很多版本的小学教科书都走向极端，他列举出，某出版社的小学读本全用韵语，没有一点文法；某出版社的蒙学读本全是事实，第一年第一册即详列生理、官制、地理，第二册即详列服食名词、动植物名词，如同八股文时代的类典珠串。他又列举了某知名出版社的一套小学教科书中的若干问题，如下：

"编者曰：深者不适用也。然第一年读本有舒泰觅捕等字，第二年读本有煌骤篦麓燠鹥喢诞等字，得不谓之为深乎？编者曰：句短者不适用也，然第一年读本有甫至卧室，甫掀帘等语；第二年读本有闻乐声，弟悦甚，羊悦谢狗，狗去，狼食羊，得不谓之为过短乎？彼编者曰：字画繁者不适用也。然第二年读本有喢鹥等字，岂无咬卖沽等字易之，而得不谓喢鹥等字为字画太繁乎？在编者之心目中，以为此乃我所谓至浅者至简者，而岂知此读本，乃六七岁童子所读也。一言以蔽之曰：编者不能将极通行略通行之五千字分为数级了然胸中，不必担任此事矣。"❶

这说明当时大多小学教科书依然过于繁琐难读。为什么呢？陈子褒认为，编辑小学读本者，不是教师，更不是初等小学教师，尤其不是有多年教学经历的初等小学教师，共同开发出来的，而且编出来的读本又没有经过若干年的试验，即直接用之于学校了，结果当然不好。❷ 由此，陈子褒建议，小学教科书的编辑者，应是有若干年小学教学经验的一群教师，他们用若干年时间编辑教科书，再将此教科书在教育实践中反复试验，合格者方可出版。

为了推广新教育，编撰新课本，他于 1899 年发起教育学会，后改称蒙学会，力图通过教育激发国民志气，开启国民智慧。会员二十余人，分布于中山新会、台山各小学。此会主要为"倾约同志诸君，开编教科新书，且翻译东西小学读本及各教科书"。❸

---

❶ 陈子褒. 陈子褒先生教育遗议［M］. 桂林：广西师范大学出版社，2012：48-49.
❷ 陈子褒. 陈子褒先生教育遗议［M］. 桂林：广西师范大学出版社，2012：47.
❸ 陈子褒. 陈子褒先生教育遗议［M］. 桂林：广西师范大学出版社，2012：6.

4. 既借鉴日本课本之长，又保留中国教材传统优势

陈子褒的课本编写思想受西方和日本教科书影响甚大，这主要表现在两个方面：

一则直接借鉴日本课本。陈子褒考察日本教育时购得《小学国文习字帖》十六册，翻阅后发现它们不仅格式合理，内容应用性也很强，值得学习，所以，他根据日本学校用的习字帖对传统的蒙学字帖作了改良，旧时的字帖，大多以字画多少为先后，或写一诗或写格言数句。他模仿日本小学的方法，"其字正书、行书、草书悉备。其名词则地理、名胜、府县、物产、农界、工界、商界、政界与夫修身各称谓。以农界论，如插秧、割禾、磨谷、舂米等，以修身论，则慈爱、信实、忍耐、温和等，余俱仿此"。格式则每帖以一开三四寸之间，字簿约寸余，相距极近，不劳目力，摹拟亦易，进步很快，当做读本也可以了。❶

二则在自己的课本编撰实践中借鉴日本经验。如蒙学课本要浅白实用、循序渐进等皆是其接触外国教科书得到的启发，这在他的多篇文章中皆有体现，如 1900 年的《论训蒙宜用浅白读本》开篇即谈："西文初级读本，猫、羊、笔、帽而已。东文初级读本，树叶、国旗而已。是其初读不过眼前物件，且又由一字至二字至三字，递推递增，非开口便读全句也。盍观婴儿之学语乎？其始只能学一字之语，多一字不能也。童子学读书与学语无异耳。然而初学读本，于条理之中又有条理焉。盖于眼前之物件，一二字之名称，又必以字音之简、字形之简者先之，所谓最初之级数也。余请舍西文而言东文。夫东文初级读本之言树叶、言斑鸠、言国旗、言纸鸢也，不过以中文译之则然耳。若其原文，则译文所谓叶者，彼则'八'而已。译文所谓斑鸠者，彼则'八卜'而已。译文所谓国旗、纸鸢者，彼则为'八夕夕'而已。其文由简而略繁，由略繁而又略繁，且上留下，下跟上，衔接一片，温故知新，由是而实字兼活字。如风吹、鸟啼是也。由是而有联属字，如鱼在水、鹤在松是也。夫而后教以四句一段，五句一段，由少而略多，由略多而又略多；而其文义则一闻即解。其第一本及第二本之上半卷，则全是日本俗语

---

❶ 陈子褒. 陈子褒先生教育遗议 [M]. 桂林：广西师范大学出版社，2012：65.

也。"❶ 他甚至说自己曾经认真读过日本明治十七年、二十年、二十七年的小学新读本，研究其发展过程，用以指导自己的教材编撰。❷

是时，因我国所处之特殊历史背景，很多教科书是由外文直接翻译而得，或是对别国教科书的"照搬照抄"。但陈子褒对此有清醒的认识，他认为应该根据中国的实际情况来对西方教科书进行学习，尤其是涉及政治体制和文明程度的内容，否则反而会起到不好的效果。他在《论训蒙宜用浅白读本》中写道："中国若仿日本小学新读本，只仿其大纲而已，至于物理制度，则又当变通为之。大约中国变法，止步其明治初年之后尘可矣。若过求文明，非独事势有不能遽行，且民智未开，反生诧异，此又编辑读本者所不可不知也。"❸ 而且陈子褒编撰的课本，也多模仿《三字经》、《百家姓》、《千字文》等我国传统教材以字课为主，注意韵语的特点。可见，他既能吸收其他文化中的精髓，又不盲目模仿。而且，他在欣赏西方文明的同时，也表现出强烈的爱国、救国意识。

5. 课本较多运用方言，地域特色明显

陈子褒在教材中大量采用粤语方言，富于广东地方特色，力求文字与语言合一。这从前述各种教材中可见一斑。他试图通过教科书文字和地方语言的结合，使妇孺易于理解、学习和记忆。他于1901年在《小学释词叙》中写道，"南北异语，若以彼书施之今日学童，不可，施之今日广东学童，尤不可也"。经传都是北方人编写的，按北方官话编写的教科书不适合广东学童之用，"广东语言又为南方中之特别者，故经传之助语字，与方书语气渺不相属"。所以他特意为广东民众编写《妇孺释词》，"以粗俗之方言，解微妙之语气，务使童子有耳顺之乐"。❹ 他甚至说："粤童读书而用外省课本，是南辕而北辙也。"❺ 他的弟子陈德芸评价《小学释词》和《妇孺释词国语粤语解》两书，认为它们"令捉摸不定之语气，得以了如指掌，比之王引之之经传释词、刘淇之

---

❶ 陈子褒. 陈子褒先生教育遗议 [M]. 桂林：广西师范大学出版社，2012：20-21.
❷ 陈子褒. 陈子褒先生教育遗议 [M]. 桂林：广西师范大学出版社，2012：22.
❸ 陈子褒. 陈子褒先生教育遗议 [M]. 桂林：广西师范大学出版社，2012：22.
❹ 陈子褒. 陈子褒先生教育遗议 [M]. 桂林：广西师范大学出版社，2012：33.
❺ 陈子褒. 小学国文教科书评议 [J]. 灌根年报，1912："撰著" 15 页.

助词辩略尤为普及"。❶ 陈子褒采用粤语方言编写的教科书，便于师生学习教学，成效很好，在当时港澳和珠三角地区广受欢迎和好评，很多学生过了几十年后依然对课文内容记忆清晰。但也正是因为此点，他所编的教科书主要是在这些地区流通，影响范围有限。

6. 注重教材编撰方法的改进

陈子褒非常注重教材编写中的实践和实验，认为教材编辑一定要经过长期的、反复的实验，进行不断的修改，直到适合儿童学习方可。他在文章中多次鼓励教师多实验，要依据其学生的程度来决定教材内容的取舍。他在1900年《童子习字说》中感叹："甚矣哉！天下事不可不经实验也。不经实验，则虽言天天人人之故，陈生生化化之理，穷其源于不可思议，充其量于无量世界。吾直以无用置之可矣。何也？为其有言而无行也。谓其有拟议而无实验也。我国不经实验之弊，种于千年以前矣。秦汉以后，崇尚空谈。教者浑浑而教之，学者浑浑而学之。遂养成不痛不痒之世界。其效遂至于今日。从前之乱而不亡者，未有崇尚实验之国与之交涉耳。"❷

为了编好蒙学教科书，陈子褒非常认真，在家听小孩学语，总结儿童心理规律，以求所编之书精益求精。"国文教科书，仆于戊戌游日本归，即实力从事。初时多未妥者，随将所拟问小学之童。彼答某句难读，某句难解。正如黄祖腹中语矣。家居听小孩学语，察童子性质，因以施之教授管理，异常奏效。即如小孩学语，止能叫一伯字，教者止以大伯二字引之，加多必不能记。因悟初学作文，必以学生成文之数十字引之，最易见效。"❸

这种对教材不断实验修改的思想来源之一大约是他对日本教科书的感悟。他曾在《论训蒙宜用浅白读本》中写道："余曩游日本，得阅其明治十七年小学新读本、二十年小学新读本、二十七年小学新读本，已觉日新月异。然闻之友曰：明治初年之读本，凌杂粗疏。盖未精求精，与精益求精，自然不同。"他将这种实验的精神付诸于实践，在《论初

---

❶ 陈子褒．陈子褒先生教育遗议［M］．桂林：广西师范大学出版社，2012：34．
❷ 陈子褒．陈子褒先生教育遗议［M］．桂林：广西师范大学出版社，2012：23．
❸ 陈元晖主编，璩鑫圭，童富勇编．中国近代教育史资料汇编教育思想［M］．上海：上海教育出版社，2007：580．

级小学读本》中提到："仆戊戌东渡，恍然于小学课本之格式。归国后，即编辑小学课本。用胶印本以授蒙童，是时固谓此乃合式之读本也。阅一年而知为不合式者十之九。再阅一年而知为不合式者十之五六。是时有耸恿以出版者，而仆徘徊有待也。"❶ 在1912年《七级字课说略》中又谈到，他将七级字课实验了十年，与传统小学经学教育相比较，效果优劣非常明显。❷ 同时，陈子褒认为教科书要随时随地而改，"然论其初级之读本，则又随地而异，随时而改。随地者，方言、土产、风俗各有不同；随时者，时局不同，且渐改渐良，后起者胜也。"❸

7. 注重教材内容的循序渐进，关注儿童的接受能力

陈子褒在《三字书序》中说："教小孩之教本应亦代童子立言，代之立言则心灵舒畅，欢欣鼓舞，无有以为苦者。"他认为蒙学儿童包括7至10岁初学儿童即读《三字经》和《千字文》，随后教授《四书》《五经》十分不妥，如"人之初，性本善""大学之道，在明明德"等语，学童无法理解，"如不能解，是蒙也，不能开其蒙而复加之以蒙"。于是儿童以入学为苦，即使入学，也是虚废四年精神。❹ 所以蒙学教育应以儿童为中心，教材和教法都应该符合儿童的心理规律，循序渐进，由浅入深，由近及远。新教科书编写"大旨以趣味、养生、修身、人情、物理、古事、今事、喻言为方针，而约而言之，又不出趣味开智四字。盖趣味所以顺其性，开智所以储其用，无非使之不以为苦，又不虚耗岁月而已。"❺ 他认为解字是蒙学的基础，适合学生学习，且能触类旁通，强调要将解字与读书结合起来。他在《论小学七级字课》中举例说明："今试有甲乙二童于此，甲读书七年，而所读之字，惟在读本。乙读书七年，而所解之字，出读本外。苟不在观书试验之，犹未见其径庭也。若执一书与此两人阅之，其优劣立见矣。夫欲学童速成，莫若引之观书，使之多识字。"❻ 亦在《论训蒙宜用浅白读本》中写道：应根

---

❶ 陈子褒．陈子褒先生教育遗议［M］．桂林：广西师范大学出版社，2012：48.
❷ 陈子褒．陈子褒先生教育遗议［M］．桂林：广西师范大学出版社，2012：61.
❸ 陈子褒．陈子褒先生教育遗议［M］．桂林：广西师范大学出版社，2012：22.
❹ 陈子褒．陈子褒先生教育遗议［M］．桂林：广西师范大学出版社，2012：7.
❺ 陈子褒．陈子褒先生教育遗议［M］．桂林：广西师范大学出版社，2012：22.
❻ 陈子褒．陈子褒先生教育遗议［M］．桂林：广西师范大学出版社，2012：57.

据婴儿学语之规律，先学一字之语，而后二字、三字，递推递增。教科书编写应取眼前之物件，又以字音之简、字形简者为先，文义一闻即解。以他创编的《七级字课》为例，解字之多少、深浅，以年龄分。字分七级，也由浅入深，循序渐进。一二级为白话字，不须解释；三四级为普通应用字，中学生识四级字已足用；五级纯是文学字汇；六级则经史字之罕见者。七级纯是《说文解字》之摘出，而即为一二级求其本义者也。

　　陈子褒从儿童的认知发展水平出发，强调课本要注重插图。他提出儿童喜欢看图画，但图画在课本中出现的不够，要与事物相关，所以要给儿童展示图片，而且认为插图在白话教材中最为适宜。"凡人无不喜看图画，而童子尤甚。盖有图则一目了然，且有趣味在焉。第物可图而事不可图；事间有可图而理则不可图。训蒙先生孰不知图画之要者，然猝教以明德新民，则图于何有？即教以学而时习之不亦说乎，则图于何有？故欲以图示童子，又非浅白读本不能也。"❶ 陈子褒所著《妇孺三字书》、《妇孺四字书》课本中均有插图。虽然今天看来，这些图画比较粗糙，但是当时却很好地激发了妇孺的学习兴趣，提高了学习效率。

　　陈子褒除了关注妇孺教育、字课教材、通俗教育外，还关注地理教科书，曾经写过多篇关于地理教科书的文章，如《改良外国地理教科书议》（1920）、《改良外国地理教科书议案》（1921）。这与他倡导国民向外发展的思想有关。他感叹现行的外国地理教科书有很多缺点，因为它们直接翻译自欧美，与我国实际不合，不切实用，需要改良。之所以热衷于地理教科书的改良，在于要使人民熟悉外国地理，鼓励国民向外发展，增辟殖民地，以图强国。他的《改良外国地理教科书议》，大意为我国外国地理教科书最宜模仿日本，日本《外国地理初步》一书，详尽地论述了与日本有关系者。当时东亚各国都有向南美移民的趋势，他认为我国欲以南美为殖民地，就要详细调查并将之载入课本，引起学生将来谋生于此之兴趣。他将《改良外国地理教科书议案》提交广东全省教育大会，认为改良外国地理教科书刻不容缓，应由教育会主持，设编辑部，委托调查员进行调查，改后确定为定本，发行至各校。其中还

---

❶ 陈子褒. 陈子褒先生教育遗议［M］. 桂林：广西师范大学出版社，2012：22.

介绍了调查方法和调查种类。

总之,陈子褒的这些教材,尽量用儿童的口头语,把各种知识以及道德、修身教育的内容编成韵文,便于朗诵和记忆,生动活泼、通俗易懂,适合儿童心理,同时又富于教育意义,并传授实用知识,故问世之后,即广受欢迎,不胫而走。内地书贾见有利可图,亦在广州、佛山等地大量翻印,清末民初十数年间盛行于港、澳、四邑、中山、南海等地的学塾和小学校中。陈子褒终于实现了自己的初衷,这套被当时人简称为"早起身"的启蒙读本,在广东,尤其是广州和珠江三角洲地区,基本取代了《三字经》《千字文》和《幼学诗》,成了约定俗成的"规范教材",影响深远,其中部分语句已成民间俗语。❶ 解放后很长一段时间,广东一些老人们都能够回忆起那些琅琅上口的课本内容。

陈子褒编撰的通俗课本集中在清末民国期间,此时虽已逐步推行新学制,但并未完全普及,特别是在广大基层,私塾仍然不少,新学堂初具规模。而且此时并没有统一的教科书,商务印书馆的系统教科书到1904年才率先出版,几年后才出齐,而学部编撰教科书更是未能完成。更何况这些教科书的供应渠道有限,出版机构的印刷出版能力也无法满足各地学堂需要,所以民间学识之人编撰的通俗读本就有了市场,陈子褒编撰的系列白话课本就是其中典型的例子。进入民国后,国民政府强行推动新学制,清朝的教科书一律不得使用。同时,出版新式教科书的机构也有所增加,如中华书局、世界书局等,至此,陈子褒的多种读本逐渐减少。

---

❶ 赵立人,陈子褒. 卢湘父在港澳的教育活动 [C] //广东炎黄文化研究会编,岭峤春秋岭南文化论文集. 北京: 中国社会科学出版社, 1994: 394.

"举吾国可宝可贵之事物,编为课本"
——刘师培与乡土教科书

一、刘师培其人其事

刘师培（1884~1919），字申叔，出生于江苏仪征一个书香世家。他的曾祖刘文淇、祖父刘毓崧、伯父刘寿曾都是乾嘉汉学传统的知名学者，而且以三世相续共著一部《春秋左氏传》而著称。刘师培自幼受家族文化熏陶，从开蒙起便饱读经书。据记载，刘师培8岁时便掌握了《周易》的卦变方法，12岁读完《四书》《五经》，并开始学习试帖诗。他擅长写诗，勤奋异常，而且"博闻强记，出语恒惊其长老"。15岁起开始研究《晏子春秋》。17岁时，刘师培循着传统儒士的习惯，应试得中秀才。次年，又高中举人。1903年春，刘师培参加开封会试，却意外落第。但受挫后的刘师培在上海意外地结识了章太炎，这成为其一生的重大转折点。章氏此时已是享誉学林的古文经学大师。章太炎推重刘师培家传的古文经学，而刘师培仰慕章的学问，两家学问相近，意气相投，难免英雄相惜，当即引为知己。当时，章太炎、蔡元培等革命派鼓吹排满革命，和立宪保皇派在思想战线上展开全面交锋。受革命派的影响，刘师培思想幡然一变，从此绝意科场，主动投身民主革命活动。

1903年12月5日，蔡元培创《俄事警闻》，次年2月改名为《警钟日报》，不久蔡氏辞去主编职务，刘师培和林獬（即林万里，1907年与黄展云一起编撰过《国语教科书》）等成为该报的主笔，继续与立宪派进行斗争，宣扬革命。他在报纸上发表了《论孔教与中国政治无涉》《论中国并不保存国粹》等重要文章，明确反驳了康有为等鼓吹的保国、保教、改变中国的说教。除此以外，刘师培还为《中国白话报》这份以白话文宣传革命思想的报纸撰稿。刘师培用通俗的语言，向民众宣传普及革命主张。

1904年冬，蔡元培等组织光复会，纲领为"恢复汉族，还我河山"，这和刘师培此前一贯的革命目标十分相称，于是，因蔡元培的引介，刘师培加入该会。刘师培还参与万福华行刺王之春行动，虽然刺杀计划没有成功，但他勇于行动的品格大大提升了他在革命党人中的影响，成为一名激进的革命党人。

1905年初，刘师培参与了国学保存会的组织工作。该会主要成员有邓实、刘师培、章太炎、黄节、陈去病、马叙伦等，以研究国学、保存国学为宗旨，提倡爱国、保种、排满，以《国粹学报》为机关报，刊行《国粹丛书》，编辑国学教科书。

1906年春，刘师培至芜湖，先后任教于安徽公学、皖江中学，同时秘密从事革命活动。当时，陈独秀、章士钊等也在安徽公学任教，并且组织了反清革命团体岳王会，宣传革命，培养专门从事暗杀的人才。纵观这一时期，刘师培以恢复汉族国粹精神为目标，鼓吹推翻君主专制，并反对满族统治，在思想和行动上都成为革命派的骁将。

1907年春节，应章太炎等邀请，刘师培夫妇东渡日本，结识孙中山、黄兴、陶成章等革命党人，参加同盟会东京本部的工作。1907年6月，受日本无政府主义思潮的影响，刘师培夫妇发起成立"女子复权会"和"社会主义讲习会"，创办《天义报》和《衡报》，宣传无政府主义和社会主义理论，在同盟会之外另立旗帜。1907年底，日本政府查禁《民报》等报刊，《天义报》也未能幸免。1908年，刘师培提议改组同盟会本部，被拒，与章太炎等关系破裂，遂回国向清廷自白并出卖革命党人。后移居南京入两江总督端方幕府，端方调任直隶总督，刘作为随同一路伴行，直至1911年端方在保路运动中被刺杀，刘师培被起义者扣押为止。

中华民国成立后，章太炎与蔡元培联名呼吁："刘申叔学问渊深，通知今古，前为宵人所误，陷入樊笼，今者民国维新，所望国学深湛之士，提倡素风，保持绝学，而申叔消息杳然，死生难测。如身在他方，尚望先通一信于国粹学报馆，以慰同人眷念。"后来他们又电请南京临时政府设法营救刘师培，孙中山也发电文敦请开释其人，不得苛待之。恢复自由的刘氏即在友人谢无量介绍下先在四川国学院讲课，后任成都国学院副院长，讲授《左传》《说文解字》等，与谢无量、廖季平（廖平）、吴虞等共同发起成立四川国学会。

不久，刘师培到太原谋职，被他在东京时的"同志"阎锡山聘为都督府顾问。又由阎锡山推荐给袁世凯，任参政、上大夫，名列吹捧袁世凯称帝的"筹安会六君子"之一。1915年8月，与杨度、严复等发起成立筹安会，作《君政复古论》《联邦驳议》，为袁世凯称帝鼓吹。洪宪帝制失败后，流落天津，后在北京大学教学。

刘师培在清末民初是一个显赫的人物。他在其所涉及的每一个领域，不论是激进的政治思想，还是传统的国学领域，都成果斐然。他的论政文章成为当时的一大亮点，为此他曾有"东亚卢梭""激烈派第一人"等称谓。在近代中国学术思想史上，刘师培是一个泰山北斗式的大师，与章太炎并称"二叔"（章太炎字枚叔，刘师培字申叔）。关于他的学术才华和学术贡献，学界少有争议。这样一位横跨政、学两界的声名显赫之人，其生命历程的最后三年（1917~1919）是在中国最高学府北京大学度过的，当时的北大正处在新文化运动的高潮中。1919年1月，他与黄侃、朱希祖、马叙伦、梁漱溟等成立"国故月刊社"，成为国粹派。他主编《国故月刊》，以"保存国故"与宣传新文学的《新青年》相抗衡，反对新文化运动。1919年11月20日因肺结核病逝于北京，年仅36岁。有意思的是，他的丧事由新文化运动的旗手陈独秀主持。据说，刘师培咽气前，派人把黄侃叫至病榻前，吃力地嘱托道："我一生应当论学而不问政，只因早年一念之差，误了先人清德，而今悔之已晚。"说罢，清泪涟涟。刘师培英年早逝，但著作等身，且具有非常高的水平，在学术界大放光芒。其主要著作由南桂馨、钱玄同等搜集整理，计74种，称《刘申叔先生遗书》。

值得关注的是，刘师培倡导并亲自编写了不少教科书，特别是乡土教科书，可以说他是我国清末乡土教科书第一人。刘师培编纂的中小学教科书共有11种，其中，供普通高等小学堂和中等学堂使用的教科书有伦理、经学、文学、历史、地理5种9册，它们分别是《伦理教科书》两册、《经学教科书》两册、《中国文学教科书》一册、《中国历史教科书》两册、《中国地理教科书》两册，于1905~1906年由国学保存会先后出版，1939年收录于《刘申叔先生遗书》。另外还编写安徽、江苏等地的乡土教科书6种。

刘师培亲自操刀编撰教科书，应该与他认为传统学术不利于教学，以及他对当时的某些教科书不满有关。他在《中国历史教科书》第一册"凡例"中提出："读中国史书有二难：上古之史多荒渺，而记事互相歧；后世之史咸浩繁，而记事多相袭。中国廿四史，既不合于教科……而近日所出各教科书，复简略而不适于用。欲治中史，非编一繁简适当之中国历史莫由。"❶

刘师培编撰的这些教科书，有些影响久远，受到好评。比如他的《经学教科书》面世后，即与皮锡瑞著的《经学历史》同享盛名，一直为后来研究中国经学史的学者所重视，二者被周予同先生推为研习经学最好的起步读物。又比如他的《中国历史教科书》，是当时最早运用西方新学理、新观点、新体裁，把梁启超的史学理论付诸实践的仅有的几部中国古代史教科书之一，其影响仅次于夏曾佑编纂的、被誉为我国第一部具有现代意义的历史教科书——《最新中学中国历史教科书》。

二、刘师培与乡土教科书

所谓乡土教科书，一般是以学校所在地的自然、地理、历史、政治、经济、文化、民族、民俗等为内容编写的补充教材。多由学校或者地方教育行政部门或个人编写。乡土教科书从当地乡土风情、风俗习惯、文化背景等实际情况出发，其教学内容联系实际，有利于学生树立热爱家乡、为家乡的建设事业贡献力量的理想。

1904年，晚清政府推行癸卯学制，仿照西方与日本，尝试在初等小学校开展乡土历史、地理、格致教育，以培养学生的忠君爱国思想。这一做法掀起了乡土教育的热潮。

---

❶ 刘师培. 中国历史教科书：第一册[A]. 刘申叔先生遗书[M]. 宁武南氏，1936.

就全国而言，其时推动乡土教科书编纂最力者为颇有反满倾向的国学保存会，而国学保存会中，又数刘师培最为努力。有研究指出，20世纪初的乡土历史教科书约有 16 种，其中国学保存会编印、乡土教科书发行所发行有 7 种，刘师培编著了其中的 3 种（《江苏乡土历史教科书》、《安徽乡土历史教科书》和《江宁乡土历史教科书》），都系 1907 年出版。❶ 其实，不论对国学保存会还是刘师培个人，这个数据都很不准确，即便刘师培一人所著，也远不止上述三种。他另外还著有《安徽乡土地理教科书》（1906）、《江苏乡土地理教科书》和《江宁乡土地理教科书》等。

就在新学制开始正式实施、乡土教育开始进行不久的 1905 年初，刘师培参与了国学保存会的发起和组织工作，并刊行《国粹丛书》，开始编辑国学教科书，特别是乡土教科书。必须承认，其时推动乡土教科书编纂最力者为国学保存会，该会还在上海四马路成立了乡土教科书总发行所。据初步统计，国学保存会编辑了十八行省乡土历史、地理、格致、小学教科书及中国博物教科书。国学保存会在编辑十八行省乡土历史、地理、格致教科书兼办《神州乡土教育杂志》的"报告"中指出，"小学一级为国民之基础。泰西各国教育，咸注重乡土史志一门，就其见闻中最亲切有味者以为教授，则其记忆力与感觉力昏易粘触，所以触发其爱乡土心，由是而知爱国也"。❷ 又"吾国今日当重小学教育，夫人皆知，而惟乡土史志教科书，坊间无善本，盖抉择甚难，非通才不办也。敝会以保存孤学、发扬国光为愿；特集合国学深邃数人，编辑十八行省乡土史志教科书，举吾国可宝可贵之事物，编为课本，务求合初等小学之程度，以印入全国青年脑中。"❸ 在出版刊物《国粹学报》中，该会刊登广告谓："以保土爱国为愿，特集合国学深邃数人，编辑十八行省乡土历史地理格致教科书……实期爱国教育普及全国，海内君子爱其国而爱子弟者，或有取焉。"❹ 从该广告所见，国学保存会已出版或计划出版的乡土教科书的省份包括江宁、江苏、安徽、广东、江西、湖

---

❶ 俞旦初. 爱国主义与中国近代史学 [M]. 北京：中国社会科学出版社，1996：129.
❷ 国学保存会报告（2号）[J]. 国粹学报，1906（21）.
❸ 国学保存会报告（2号）[J]. 国粹学报，1906（21）.
❹ 国粹学报 [J]. 1905：广告.

北，编辑分别来自直隶、山东、浙江、湖南、河南、四川、广西等地，现能够查阅到的国学保存会在上海出版的乡土教科书，有广东、江苏、直隶、江西、安徽、湖北等数种，俱属刻印本。

由国学保存会组织编写出版的这批乡土教材，都用教科书命名，而没采用乡土志这个官方的提法，没有按《乡土志例目》规定的十五目进行编排，而是按照学部章程所定的课时，以教科书课目体的形式编排。

当时，刘师培作为国学保存会的中坚，针对乡土志编纂与乡土教育专门作《编辑乡土志序例》，并于1906～1907年连载发表。❶ 刘师培提出，乡土教材应该包括八个方面内容：舆地志、政典志、大事志、人物志、方言志、文学志、物产志、风俗（礼俗）志。有意思的是，刘师培后来自己编撰的乡土教科书也没有完全按自己提出的八个方面来组织内容。他的《安徽乡土地理教科书》（第一册）十八课分别是：①沿革（上）；②沿革（下）；③总论；④区划；⑤山脉（一）；⑥山脉（二）；⑦山脉（三）；⑧河流（一）；⑨河流（二）；⑩河流（三）；⑪人文地理（上）；⑫人文地理（下）；⑬安庆府、庐州府；⑭凤阳府、颍州府；⑮徽州府、宁国府；⑯池州府、太平府；⑰六安府、泗州；⑱滁州、和州、广德州。此书更大程度上是按照奏定学堂章程的规定设计的。

在撰写《编辑乡土志序例》的同时，刚过20岁的刘师培以常人难以想象的时间与速度，从1905年开始推出《经学教科书》两册（1905.9）、《中国历史教科书》两册（1905.11）、《中国地理教科书》两册（1905.12）、《伦理学教科书（中学用）》两册（1906.12）、《中国文学教科书》两册（1906），《初等小学中国文字教科书文法总教授法》（1908）等。尤为突出的是，从1906年开始，国学保存会以刘师培为主迅速推出了一套涵盖十八省乡土历史、地理、格致的乡土教科书，成为百年中国教科书史上唯一的一套相对系统的乡土教科书（只是其中大部分没有最后完成）。刘师培本人亲自撰写了其中若干种。笔者初步统计有《安徽乡土地理教科书》（刘师培，1906）、《安徽乡土历史

---

❶ 《国粹学报》第二年（1906）9～12号。全文收于《左盦集》卷11，《刘申叔遗书》，第1586～1600页，江苏古籍出版社1997年版。

教科书》（刘师培，1906）、《江苏乡土历史教科书》（刘师培，1906）、《江苏乡土地理教科书》（刘师培，1906）、《江宁乡土历史教科书》、《江宁乡土地理教科书》（刘师培，1907）等。这也是国学保存会推出的第一批乡土教科书。

当时旧的传统教材非常不利于学童的学习，"祖国典籍浩如烟海，学人苦无门径，每兴望洋之叹。非提要钩玄，重行编辑，不能合学堂教科之用"。❶ 刘师培在编撰乡土教科书时，力求注意和克服既有传统教材的不足，他的乡土教科书比较注意学生的接受能力，同时注意激发学生的兴趣。比如《安徽乡土地理教科书》每课以 150 字为准，每册 18 课，每周一课，便于教师的教学和学生的接受。而且每本课本都附有地图、插图或表格。第一册附全省地图，其他各册也计划做到"每遇先贤祠庙遗迹，及本省地理山水之名胜，有足动人景仰者，例必插图"。❷ 他特别看重文化的地域决定性，看重山地和平原对人的影响。认为"平原之民与山国之民不同"，"地势既殊，则民风习尚亦随之而殊"。"皖省之民，其特质有三，一曰尚朴，二曰好义，三曰贵勤。此皆所处之地使然"。由此提出有意思的建议，比如"皖北之民宜于服兵，皖南之民宜于经商。而实业教育于皖南为宜，军国民教育又以皖北为宜"。❸ 整体上看，刘师培强调地理差异对文化差异的影响，很有些类似文化变革的地理环境说。他认为自然地理环境不仅决定着文化的性质，也决定着文化的形式与内容。

刘师培的乡土地理教科书按照一套五册来计划。因为，《奏定学堂章程》规定，初等小学一、二年级和三年级上学期的地理课都教乡土地理，而三年级下学期则开始教中国地理。

刘师培的课本均用文言文，无标点符号，但附有简单却较为丰富的表与图。

命运弄人，刘师培这样的一个天才和国学大师，留下太多的遗憾过早离开尘世。且不论其政治上的功过是非，就其中小学教科书而言，刘师培在百年中国乡土教科书史上可谓独树一帜。

---

❶ 编辑国学教科书广告［J］. 国粹学报，1905（9）.
❷ 刘师培. 安徽乡土地理教科书：第一册［M］. 国学保存会，1906：编辑大意.
❸ 刘师培. 安徽乡土地理教科书：第一册［M］. 国学保存会，1906：叙.

刘师培所编纂的乡土教科书有一个最大遗憾，这些教科书多数没有按计划编完。比如《安徽乡土地理教科书》，按计划应该出五册，但最终只出版了第一册，尽管刘师培在第一册之"编辑大意"中特意告知使用者："本书第二、三、四、五册即继出，必无误以下学期之用"。然而，岁月激荡，命运无情。刘师培过早地离开了他一生追求的事业，到最终，他还是没有办法兑现自己的承诺。

浸润着湖湘文化的
《湖南乡土地理教科书》

乡土教科书是展示当地自然、人文、社会、科技、经济的历史与现状的教学用书，它系统、全面地反映当地建置沿革、地理环境、重大事件、经济建设、文化教育、民族风情、名胜古迹等。乡土教科书可以培养学生爱乡爱国，由爱乡发展为爱国。

我国于20世纪初在清政府鼓励下曾掀起过一波乡土教育的热潮，大量的乡土教科书问世。为进行爱国主义教育，当时许多人认为要把爱乡作为爱国的基础。于是，乡土教育兴起。1908年，《广益丛报》专门发表一篇题为"论学堂急宜编定乡土教科书"的文章："泰西各国，无一学校不有其乡土教科书，非徒云地方教育也。因爱其乡，遂爱其国，推而至于全世界。其宗教，其政治，其山川经纬线，均可于学问上求之，此即春秋之所谓内其国也。教育得其序，人才有不辈出者乎。若吾国学生则不然，舍近以骛远，屈己以就人，欧美斐澳，能举其名称，而德法英俄，亦能谈其家故，独于吾国之乡土，则懵然一无所知，甚或桑梓之邦，枌榆之社，其所耳目闻见，反出于他国人焉，此亦可祉（耻）者矣。"❶ 文章明确提出，"教育之宗旨"在于"令人爱其国"，而"令人爱其国，尤在令人爱其乡也，自蒙学而小学而中学"，"莫不同一目的，同一方针，审是则乡土教科书之为用大矣"。但是，"吾国今日学堂虽立，其所以唤起一般青年之爱乡观念者，果有此种教科书乎"。因

---

❶ 短品［J］．广益丛报，1908（26）．

此，文章作者提出了"学堂急宜编定乡土教科书"的倡议。

1903年，晚清政府推行新学制，仿照西方与日本，要求在初等小学校开展乡土历史、地理、格致教育，以培养学生的爱国思想。当乡土教育成为爱国主义思潮的重要组成部分之一，成为实现小学阶段国民教育目标的一种重要手段时，乡土教科书应运而生。在1902年的《钦定小学堂章程》中，在"寻常小学堂"第二、三年及"高等小学堂"第一年"舆地"一科，分别注明讲授"本乡各境"、"本县各境"、"本府各境"和"本省各境"等内容（当时，"乡土"与传统方志表达的"方域"观念一脉相承，"乡土凡分为四，曰府自治之地，曰直隶州自治之地，曰州曰县"❶）。在正式实施的《奏定初等小学堂章程》（1903）中更是明确规定：❷

历史课"其要义在略举古来圣主贤君重大美善之事，俾知中国文化所由来及本朝列圣德政，以养国民忠爱之本源。尤当先讲乡土历史，采本境内乡贤名宦流寓诸名人之事迹，令人敬仰叹慕，增长志气者为之解说，以动其希贤慕善之心。历史宜悬历代帝王统系图一幅于壁上，则不劳详说而自能记忆。"

地理课"其要义在使知今日中国疆域之大略，五洲之简图，以养成其爱国之心，兼破其乡曲僻陋之见。尤当先讲乡土有关系之地理，以养成其爱乡土之心。先自学校附近指示其方向子午、步数多少、道里远近，次及于附近之先贤祠墓，近处山水，间亦带领小学生寻访古迹为之解说，俾其因故事而记地理，兼及居民之职业、贫富之原因、舟车之交通、物产之生殖，并使认识地图，渐次由近及远，令其凑合本版分合地图尤善。地理宜悬本县图、本省图、中国图、东西半球图、五洲图于壁上，每学生各与折迭（叠）善图一张，则不烦细讲而自了然。"

格致课"其要义在使知动物、植物、矿物等类之大略形象、质性，并各物与人之关系，以备有益日用生计之用。惟幼龄儿童，宜由近而远，当先以乡土格致，先就教室中器具、学校用品，及庭院中动物、植

---

❶ 学务大臣奏据编书局监督编成乡土志例目拟通饬编辑片 [J]. 东方杂志，1905（9）：218-223.
❷ 璩鑫圭，唐良炎编. 中国近代教育史资料汇编：学制演变 [M]. 上海：上海教育出版社，1991：295-296.

物、矿物（金、石、煤炭等物为矿物），渐次及于附近山林、川泽之动物、植物、矿物，为之解说其生活变化作用，以动其博识多闻之慕念。"

基于历史、地理、格致三科均要求变革以乡土知识编课讲授，1905年学部尚书张百熙奏请天下郡县撰辑乡土志，用作中小学乡土教材。同年，又发《学务大臣奏据编书局监督编成乡土志例目拟通饬编辑片》（简称《乡土志例目》），称小学堂要实行乡土教育，其中写道：

"必由府厅州县各撰乡土志，然后可以授课"，恐"海内甚广，守令至多，言人人殊，虑或庞杂用，是拟撰例目，以为程式，守令虽事繁，但能征本地读书能文者二三人，按月考查，依例编撰，不过数月，即可成书。"待各处乡土志辑稿送到时，便"由局员删润画一，呈请学务大臣审定，通行各省小学堂授课"。❶

大致以新学制颁布为开端，晚清乡土教育逐步展开，全国掀起了编纂乡土志书的高潮。现存大量清末编纂的乡土志课本，不论是钞本还是排印本，大抵都是各地为响应清政府要求、为适应乡土教育的要求、为爱乡爱国的追求而成书的。

其中，《湖南乡土地理教科书》（初等小学，以下简称乡土地理）及其配套的《湖南乡土地理参考书》（以下简称参考书）是湖南最早的一部乡土地理教科书系统且完整。该套教科书传递了中国传统文化的核心价值，浸润着湖湘文化的精髓，第一次向学童们、也向广大民众展示了科学的地理观。在湖南乃至中国乡土教科书发展历程中具有难以磨灭的价值，在今天仍然有参考意义。

一、被遗忘的作者

湖南乡土地理教科书及其参考书的作者均为长沙人辜天祐。遗憾的是，关于他的记载很少，很零散，更谈不上对他进行系统研究了。

辜天祐（生卒年不祥），字兰荪，清末地理学家，除了编著《湖南乡土地理教科书》及其"参考书"外，还有《长沙县乡土志八章》《论

---

❶ 学务大臣奏据编书局监督编成乡土志例目拟通饬编辑片［J］. 东方杂志，1905（9）：217-218.

语古注集说平义二十卷》《论语平义》❶《辜天祐自传》(1948年晋安堂铅印本)等，文章有《论孟子以小事大以大事小为交涉学之精义》❷《公法律例相为表里说》❸等。辜曾为时务学堂的学生，经常在南学会听演讲，勤于提问。"南学会与讲学活动相辅而行的另一重要活动是问答。所谓问答，即由听讲者提出问题，讲学者解答，如果所提问题带有普遍性，讲学者再于大会上公开讲演。提问者大都是各地士绅与时务学堂学生，如巴陵郭鹏、善化章瑞麒、武陵蔡钟浩、长沙杨昌济、范源濂、毕永年、辜天祐等，蔡、杨、范、毕、辜等都是时务学堂学生，辜天祐是最喜欢提问的人，《湘报》上刊登他的提问特别多。所提问题范围甚广，有关民主、法律、学会、新政、舆地、保教救国等。所提问题的深度广度都令阅者耳目一新，虽曰提问，但实际上包含了问者对问题的看法和见解，可以视为问者对公众的号召和宣传。"❹

后辜因成绩优异与其他9名学生被时务学堂选为调送北洋学堂学生(调送北洋者十名：刘大琛，杨显熊，丁南嚣，辜天祐，杨叙熙，黄保极，赵馨芝，刘贸予，吴三光，陈秉章)。❺

辜天祐曾经东渡日本留学。留学日本时，拜会过孙文，是兴汉会的重要成员，并担任过哥老会首领。1899年，通过兴中会重要成员毕永年的引荐，辜氏曾与两湖地区其他哥老会首脑李云彪、杨鸿钧、陆鸿第等人在香港开会，共奉孙中山为首领，合组"兴汉会"。❻ 当时是这样记载的：1899年秋天，毕永年介绍唐才常与孙中山相识于横滨，"同一时期，在宫崎寅藏的撮合下，陈少白、郑士良等和长江、珠江流域会党首领杨鸿钧、李云彪、辜天祐等聚会于香港，决定兴中会、三合会和哥老会联合成立兴汉会，推孙中山为总会长。"❼ 毕永年早在戊戌变法中即主张反清。冯自

---

❶ 湖南中山图书馆编《湖南著者及其著述简表》(内部印刷) [M]. 长沙：中山图书馆，1959：249.

❷ 湘报：第158号 [N]. 中华书局，1965年影印版：629.

❸ 湘报：第155号 [N]. 中华书局，1965年影印版：617.

❹ 丁一平. 湖湘文化传统与湖南维新运动 [M]. 长沙：湖南人民出版社，1998：350-351.

❺ 湘报：第116号. 时务学堂甄别三班学生去留榜 [N]. 中华书局，1965年影印版：462.

❻ 戴逸主编. 中国近代史通鉴1840-1949：第五卷 [M]. 北京：红旗出版社，1997：742-743.

❼ 中山档案信息网. 与保皇党论战 [EB/OL]. http://www.zsda.gov.cn/plus/view.php?aid=284322. 2004-10-06.

由记载:"谭嗣同在京任军机章京,尤有致君尧舜之想。独永年始终坚持非我种类其心必异之说,日往来于汉口、岳州、新堤、长沙之间,与哥老会诸首领杨鸿钧、李云彪、张尧卿、辜天祐、师襄、李堃等谋匡复事业,且投身会中,被封为龙头之职。"❶ 后因孙中山经费支援不足,加上康有为等保皇党人的重金诱惑,辜天祐遂加入保皇党一派。❷ 但他一直同情革命。1903年黄兴决定成立华兴会,时任长沙明德中学教员的辜天祐虽未加入,但曾为华兴会的成立出力不少。❸ 长沙"明德教职员中有些虽未加入华兴会,但对革命运动深表同情或者实际参加革命活动,如陈凤光、李步青、金华祝、沈迪民、陈介、王正廷、辜天祐、陆鸿第等等。"❹ 1911年6月,为护送著名革命党人"鉴湖女侠"秋瑾烈士的家属,辜天祐亲自带秋瑾之子王沅德赶往湘潭与其他烈士子女会合并安顿烈士后事。❺

1912年,时任湖南都督的谭延闿拨银30万两建立湖南金工场,聘请辜氏担任总办(湖南金工场1915年改名为湖南高等工业专门学校实习工场,辜天祐任工场场长。旋后辜氏去职,由湖南高等工业学校校长宾步程担任工场场长)。❻ 辜氏1916年任湖南省教育会干事。❼ 1919年巴黎和会上中国外交的失败,引发了五四运动,辜氏与著名教育家陈润霖等人发动湖南教育界组织"抗日后援会",声援各地的爱国运动。❽ 1926年9月13日,辜氏被湖南省主席唐生智任命为岳阳厘金局长。❾

---

❶ 冯自由. 革命逸史: 初集[M]. 北京: 中华书局, 1981: 74.

❷ 戴逸主编. 中国近代史通鉴(1840-1949): 第五卷[M]. 北京: 红旗出版社, 1997: 742-743.

❸ 朱有瓛主编. 中国近代学制史料: 第二辑(上册)[M]. 上海: 华东师范大学出版社, 1983: 452.

❹ 黄一欧. 黄兴与明德学堂[M]//中国人民政治协商会议全国委员会文史资料研究委员会编. 辛亥革命回忆录(二). 北京: 文史资料出版社, 1981.

❺ 中国人民政治协商会议全国委员会文史资料研究委员会编. 辛亥革命回忆录(四)[M]. 北京: 中华书局, 1961: 231.

❻ 湖南省政府秘书处统计室编. 湖南年鉴(民国二十四年)[M]. 长沙: 湖南省政府秘书处, 1935: 540.

❼ 中国第二历史档案馆编. 中华民国史档案资料汇编: 第五辑(第三编)[M]. 南京: 江苏古籍出版社, 1991: 478-479.

❽ 《中国现代教育家传》编委会编. 中国现代教育家传: 第八卷[M]. 长沙: 湖南教育出版社, 1988: 52.

❾ 政协湖南省岳阳市委员会文史资料委员会编著. 岳阳百年大事记(1840-1949)[M]. 香港: 国际展望出版社, 1992: 184.

1932年6月，船山学社成立，辜氏被推选为董事。❶ 1949年解放前夕编《长沙县乡土志》，提倡教育要以封建伦理为宗旨，学习四书五经，思想日益落伍，此后趋于默默无闻。

从王达当年（1910）给《长沙县乡土志》所做的序言看，至少这几点是可以肯定的：第一，辜氏曾经在两湖书院读书（"吾与辜君兰荪同学两湖"）；第二，辜氏曾经游学日本与朝鲜（"渡海而东历日本高丽"）；第三，该书为湖南乡土地理教材之最（"此书阅三寒暑而成，湖南乡土地理以此为嚆矢"）。

二、湖南乡土地理的出版

19世纪末20世纪初，中国的志士仁人在经过了无数次的失败、艰难探索和苦苦思索后终于意识到，在很大程度上民众的思想及精神状态深切关乎国家的兴衰与存亡。于是培养新人、启迪民智的新式教育包括乡土教育迅速推开。

在1902年颁布的《钦定学堂章程》（即壬寅学制）之《钦定小学堂章程》中，叙明在"寻常小学堂"第二、三年及"高等小学堂"第一年"舆地"一科，分别讲授"本乡各境"、"本县各境"、"本府各境"和"本省各境"等内容。在1903年颁布的《奏定学堂章程》（亦即癸卯学制）之《奏定初等小学堂章程》中，规定地理课"其要义在使知今日中国疆域之大略，五洲之简图，以养成其爱国之心，兼破其乡曲僻陋之见。尤当先讲乡土有关系之地理，以养成其爱乡土之心。"❷

大致以新学制颁布为开端，晚清乡土教育逐步展开，全国掀起了编纂乡土志书的高潮。现存大量清末编纂的乡土志课本，不论是钞本还是排印本，大抵都是此阶段产生的。《湖南乡土地理教科书》及其配套书《湖南乡土地理参考书》也不例外。

我们现在见到的《湖南乡土地理教科书》是宣统二年（1910年）湖南会通学社石印本，由湖南机器印书局印制，环筒页装，共五册。在

---

❶ 赵启霖. 赵瀞园集 [M]. 施明, 刘志盛整理. 长沙：湖南出版社, 1992：423.

❷ 璩鑫圭等编. 中国近代教育史资料汇编：学制演变 [M]. 上海：上海教育出版社, 1991：295 – 296.

第一册开始有博雅君子王达为此书做的"序",然后是作者自识的"编辑大意"。全书五册,合正文共九十一课,约一万字,图九十幅。每册少则17课,多则20课。第一册共19课,1~7课整体上介绍了湖南的地理位置、行政区划、山川等常识,其中重点介绍了湖南境内的河流分布情况。8~12课内容为长沙府。第二册共17课,1~8课内容为宝庆府,9~16课内容为岳州府,17课内容为南州直隶厅。第三册共18课,1~5课内容为常德府,6~11课内容为澧州府,12~15课内容为辰州府,16~18课内容为凤凰厅。第四册共17课,1~3课内容为永绥厅,4~5课内容为乾州厅,6~8课内容为永顺府,9~11课内容为沅州府,12~13课内容为晃州厅,14~16课内容为靖州,17课为交通。第五册共20课,1~6课内容为衡州府,7~12课内容为永州府,13~15课内容为郴州,16~19课内容为桂阳州,20课为交通。

《湖南乡土地理教科书》插图精美,第二册绘者为杨源亮、第四册书绘者为蓝世松,第五册绘者为陈瑞龙。

因为《湖南乡土地理教科书》每一课的内容都非常精要概括,对教师的要求颇高,所以辜天祐又编写出版教学参考书一套五册。我们现在见到的《湖南乡土地理参考书》为宣统二年三月(1910年)湖南机器印刷局印、群益图书社发行本,环筒页装,共五册。全套书共九十一课,约二十万余字(课本只有一万字),有表格,无插图。

三、湖南乡土地理的内容

1.《湖南乡土地理教科书》

当时,国内教育界已基本熟悉了现代西方课目教材的编制方法,况且此时中国已有了几年编纂小学教科书的经验。当乡土教育被提上日程之后。课目体的乡土教科书也就开始出现了。❶

---

❶ 就全国而言,其时推动乡土教科书编纂最力者为国学保存会,当时,刘师培作为国学保存会的中坚,还直接针对乡土志编纂与乡土教育专门作《编辑乡土志序例》,并于1906~1907年连载发表。在出版刊物《国粹学报》广告所见,国学保存会已出版或计划出版的乡土教科书的省份包括江宁、江苏、安徽、广东、江西、湖北,编辑分别来自直隶、山东、浙江、湖南、河南、四川、广西等地,而并无湖南乡土教科书。现能够查阅到的国学保存会在上海出版的乡土教科书,则至少有广东、江苏、直隶、江西、安徽、湖北等数种,俱属刻印本。

《湖南乡土地理教科书》全书条目分明，文字流畅。作者对每府（州）的介绍较为详细，内容基本按照总论、名胜、古迹、先贤祠墓、交通依次排列。

在各府（州）的总论中，一般介绍其名称的历史沿革、地理位置、城门城墙、经济贸易、文化教育、人口民族、气候变化、物产资源等概况，依次罗列而特点突出，风俗、教育能据事直言其利弊。如宝庆府"刊版书籍，流行各省，尤甲于海内"（辜天祐《湖南乡土地理教科书》，第2册，湖南会通学社，1910年，第4页。以下简称"教科书"），岳州府"近自开通商港，在府城东北十五里之城陵矶，有岳州税关，上下船舶，必凡泊於此，商业尚未发达"（"教科书"第2册，第11页）。常德府"商业繁盛，巨贾云集，为西路之冠。光绪三十一年，奏开为通商港，有英日汽船往来，日商已于城内开店贸易"（"教科书"第3册，第3页）。澧州府"永定山中有飞虎，如大猫而有翅，是为异产"（"教科书"第3册，第9页）。衡州府"昔人谓自广州逾岭而北，自桂林浮湘而下，必以衡州为重要者，其形势然也"（"教科书"第5册，第2页），资源上"最佳者惟矿，水口山之铅、耒阳之煤、实冠于全省"（"教科书"第5册，第3页）。郴州"官绅所办小学堂，甚为发达"（"教科书"第5册，第15页）。

在名胜古迹中，作者选取其最具代表性的景点予以介绍，如岳麓书院"南宋时，朱子访张子于此讲学，手书忠孝廉节四字于堂"。昭山："善潭之界有昭山，其下为昭潭，相传周昭王南征至此。"韶山："湘潭之西有韶山，相传舜南巡时奏韶乐於此，又云韶氏女登仙处也"（第1册，第15页）。衡州府中，作者还将神禹碑拓于书上并作详细介绍。先贤祠墓则精选从古到今的忠孝爱国事迹，如在长沙府中精心选取了古时娥皇女英二妃等事迹以视忠孝之德，而近代也选入曾国藩、左宗棠等事迹以视报国之志。各厅的内容则较为概略，常为一课，如凤凰厅，重点介绍其历史沿革及苗族文化等。

可见，全书内容涵盖历史地理（沿革、区划）、自然地理、人文及经济地理，包含了历史沿革、山川形胜、行政建制、人物传记、武备兵防、经济物产、风俗民情、宗教信仰、异闻逸事等。正如作者所言，"本书将湖南山川形势、道里建置、古迹祠墓等项择要编辑。凡居民之职业、贫富之原因、舟车之交通、物产之生殖，均为本书注意之所在。至于尊崇圣贤、改良风俗、表扬忠孝志节，所以作学童之模范而厚其性天者，尤三致意焉。植人伦道德之基，又注重于生活知识之教，是作者之徽意也"（第1册，编辑大意）。

2.《湖南乡土地理参考书》

《湖南乡土地理参考书》是《湖南乡土地理教科书》的教学参考书，和《湖南乡土地理教科书》的课文完全配套。

《湖南乡土地理参考书》（下简称"参考书"）的第一册也是19课，在最开始有作者自识的《湖南乡土地理参考书》叙例，1~7课整体上介绍了湖南的地理位置、行政区划、山川等常识，其中较重点介绍了湖南境内的河流分布情况。第二册也是17课，第三册18课，第四册17课，第五册20课。"参考书"所选资料丰富翔实，引文出处颇多，涵盖面广，既有大量地方志书，也有历史、文学、教育等著作，还有大量作者深入考证后新编的资料。辅以地图，有利于教学。"本书按教科书次序编列，书中引用皆录其原文，后标书目。阅者欲再加释，故可据书目复查，惟其中有余平日之编译或友朋之调查，则后不标名。地名均据新图，阅者须置湖南分图（邹刻），或湖南图说（彭刻）一部，如仅有皇朝直省图者，即用湖南总参考图亦可"（参考书，第一册，凡例）。❶

全书作者对府、州、厅属境地理位置、行政区划、面积人口、山水形胜、文化教育、物产交通、先贤传略等资料收集较多。如《湖南乡土地理教科书》在第一册第九课"长沙府总论二"中，描述了当时长沙府的教育概况，文字只有十八个字，即"学校有高等、优级师范、中路师范、中小各学堂"（教科书，第一册，第13页）。而在"参考书"第一册中，作者用表格的形式，分"学堂名称、校舍建置、成立及维持费、学生班次、课目"五栏，将"高等学堂、实业学堂、优级师范、法政学堂、中等农业学堂、中等工业学堂、求忠学堂、明德学堂、修业学堂、统正中学、广益中学、周南女子师范（附两等小学堂）、私立中等工业学堂、明德小学、修业小学、楚怡小学、宁乡中学、善化中学、长沙中学、湘潭中学、湘阴中学、浏阳中学、中路师范府中学堂、模范

---

❶ 辜天祐．湖南乡土地理参考书：第1册[M]．长沙：湖南机器印刷局，1910：凡例．

小学、雅礼学堂"等25所学堂的情况——列出,以高等学堂为例,在"校舍建置"一栏内容为"校地在湘西岳麓山,就岳麓书院改建,有讲堂六间,特别讲堂三间,理化仪器藏书室各一所,余室甚多,校舍宏大。",在"成立及维持费"一栏内容为"光绪二十九年,升抚宁赵奏改学堂,三十年升抚宁端筹款改造,三十一年竣工,宣统元年开办正科,常年经费三万八千八百两,均官款。",在"学生班次"一栏内容为"第一类,正科,一班学生六十名;第二类,正科,两班学生共一百四十名,均限三年毕业。",在"课目"一栏内容为"正科,伦理一、经学二、国文五、英文九、德文九、历史三、地理、兵学、体操三"(参考书,第一册,第30页)。又如对"广益中学",是这样介绍的:"在草潮门赁民房为校舍。初为家塾,重英文,名英文专科,开办费由同人捐集,三十三年(光绪三十三年,1907年——引者)改中学,官款八百金。"教科书寥寥18个字,参考书则整个篇幅从30~35页,可见其内容详尽,这使得教师教学相当便利。

　　除评析全省地势外,"参考书"还对朝代更替、历史事件、当今时局、往哲风徽,详加考据,综文覆核,钩玄提要,尤于湖南开发,建设要策,如铁道开通、洞庭修葺、利源发达、风俗改良,搜集亦甚详审。文字以描述为主,强调史实,学术性较浓,注释直接附在引文后。如"黄陵庙在湘阴北四十里(一统志),庙在县北,祀虞舜二妃(后汉书郡国志注),大湖水西流径二妃庙,南世谓之黄陵庙,言大舜之陟方也,二妃从征溺于湘江,故民为立祀于水侧焉,荆州牧刘表刊立石碑,树之于庙(水经注),唐天佑二年封懿节庙(唐会要),晋天福二年,封昭烈庙(旧五代史晋纪),庙常以六月十四日祭至今因之(一统志)。"❶

四、不会遗忘的乡土教科书

　　湖南新式教育的发轫要晚于上海、浙江及福建等地,但是从19世纪的最后10年起,湖南的新教育后来居上,"一时湖楚教育之盛,甲于

---

❶ 辜天祐.湖南乡土地理参考书:第1册[M].长沙:湖南机器印刷局,1910:49.

全国。四方求学者，闻风麇集。各省派员调查，以便仿办者，亦络绎于道"。❶ 湖南废书院，建学堂，皆走在全国各地前面，成为戊戌维新运动时期"全国最富朝气的一省"。此时，《湖南乡土地理教科书》和《湖南乡土地理参考书》的编撰出版，不仅填补了湖南省无系统乡土教材的空白，反映了湖湘文化的主导思想和价值追求，内容应时更新，大大促进了湖南现代教育的发展，对文化启蒙、强化学生爱乡爱国的精神都有重要教育价值。

1. 适应时代需要，填补近代湖南乡土地理教材的空白，普及了湖南乡土地理和历史知识

在清政府全面推行新式乡土教育、湖南没有现成的乡土地理教科书时，辜天祐"考国际之交涉及列强奋兴趋绝之由"，愤而著书，"口讲指画，求工于湖南乡土地理者，岂非以其合儿童之心理，适国民之教育，而有益于社会国家者"（第1册，序）。作者以改造国民性为职志，心系国家民族，发奋著书育民。"乡土地理"及其"参考书"的编辑出版目的甚为明确，"部颁新章历史、地理、格致三科应编入文学课本教授，惟我省各小学所用国文教本多系他省人编辑出版，于湖南乡土知识尚属阙如。今编此书，于修辞务求明达，即参于文学课内教授，以期与部章协和"（第1册，编辑大意）。可见，它的编写出版是一项开拓性的工作，对于湖南推行教育改制，建立现代学制，可谓雪中送炭。清末以前，乡土志的编纂经院气、学究气颇浓，宗旨不明、对象模糊、繁琐冗长、枯燥乏味等弊端，大大影响了乡土知识的普及。由于疏离普通百姓的倾向日益严重，方志的教化功能渐被削弱，致使人们对本乡本土的历史掌故、人物事迹、自然人文景观等知之甚少，似知非知、甚或全然不知。乡土志几乎无一例外地印量少、价格贵，从而导致束之高阁、少有问津的命运。而《湖南乡土地理教科书》及其参考书，文字通俗易懂、形式图文并茂，表现出大众化、平民化倾向，其出版发行，大大促进了湖南乡土地理和历史知识的普及。

2. 注重爱乡爱国、救亡图存的情感熏陶与思想传播

当时，推行新式教育以救亡图存的观念已跃出了少数士大夫的圈

---

❶ 张文襄公与教育之关系 [J]. 教育杂志，1910（10）.

子，走向乡村，渗入作为中小学教材的乡土教科书。《湖南乡土地理教科书》及其"参考书"编写出版之前，湖南虽有志书与史传作为正史的重要补充，但其主要功能则是资治之鉴，其读者群体一般也只限于封建统治阶级。而芸芸众生"生于其乡，长于乡，游于乡，然语其乡之历史地理，与夫动植矿物，往往茫乎未知。非为士者之耻乎？是亦教士者之失也。盖士不知其乡之德行道艺、历史之光荣，则不知爱其人；不知其山川道路广轮之数，则不知爱其地；不知其物产之富、生养之源，则不知爱其物"。❶ 为改变这一状况，"乡土地理"浸润着湖湘文化的精髓，贯穿着爱乡爱国宗旨，融入了许多富有时代气息的、鲜活的思想内容，不仅让学生了解乡土地理，更注重了解湖湘地理与国家大局之关系，灌注爱乡不忘爱国，爱国才能爱乡的思想。在写作手法上，辜天祐正是在强劲的改造国民性思潮的激发下，以湖湘文化敢为天下先的气魄，一改传统县志述而不作的惯用体例和扬善隐恶、曲笔回护的春秋笔法，评议社会人伦，褒贬风土人情，剖析国民根性，即从"励俗维风，信今传后"发展到"教人爱国，励人心志"，这些正是"乡土地理"及其"参考书"的闪光之处和价值所在。

"乡土地理教科书"及其"参考书"的编写是在"人有爱乡之心，而后有爱国之心"的立意与信念的基础上完成的，于今仍有借鉴或启示意义，应该说爱乡爱国仍是需要我们今天高扬的主题。地域文化作为一种宝贵的课程资源，既为学习者提供了重要的课程解释的"视角"，也为学习者提供了个性发展的土壤，从而为创新提供了可能。关注湖湘地域文化的时代变迁，就在于维护湖湘文化的独特性，防止在全球化和现代化的进程中形成对外来文化的依赖现象，唯有与生养自己的地域文化呢喃对话，才会有与众不同的个性发展。

3. 初步体现了教育教学规律，为湖南乡土教科书编写提供了良好的范例

本套乡土教科书是应乡土初级教育之普及而作，作者针对当时地理课程所占课时不多，而学生年龄不一，刚迈进知识之门的情况，对教学

---

❶ 侯春燕. 关于晚清乡土志编纂的思考——兼谈当代修志的问题与出路 [J]. 中国地方志，2003（6）：63.

进度作了弹性安排。"我省风气初开，程度不齐。初等小学中多十五六龄之童与七八岁之童并教一堂者，则教法殊难统一。应请教师因人施教，如七八岁之童，应于第三年级起，每星期参用一课，五学期可以毕业。十余龄之生则从第一年级起每两星期一课，次年即每星期一课，六学期可以毕业，总之，或迟教或延长。全书五册，每册少者十七课，多者二十课，五年期内置然毕业有余"（第一册，编辑大意）。

为了适合儿童之心理、国民之教育，全书"一、文不繁难，二、义不狭隘，三、分课以教，刻期可毕，四、图极简明，小儿易于记忆"。❶ 全书在行文方式上，力避繁琐、高深，力求简易、通俗。每课文字少则70余字，多不过150字，词意了晰，足见编者煞费心机。因为"图画为儿童所喜，故每课或证以简图，或绘画风物，务在指实地名，渲染情景，既助其记忆之力，又增其审美之感情也"（第一册，编辑大意）。全书半文半画，字画交融，排列多样，更增加了编排的审美性。有些插图异常精美，如果有心人进行细致考察，能够证明其真实性的话，其现实意义就更不可估量，甚至有利于地方恢复古景。如湖南古八景："驿步门外，旧有八景，壹曰、潇湘夜雨、洞庭秋月、运浦归帆、平沙落雁、烟寺晚钟、渔村夕照、山市晴岚、江天暮雪"（第一册，第16页）。在体例方面，借鉴西洋通例，仅按课时编纂，只编写了总论、名胜、古迹、先贤祠墓、交通等课目，略去了府县志书中诸如艺文、金石、官宦等不适于儿童接受的繁杂内容。是书文不繁难，义不狭隘，分课以教，图极简明，无论从其形式、内容、体例、印刷等方面，都充分顾及了儿童的年龄特征，自觉地考虑到教学进度及过程的安排，同时，辅以非常翔实的教学参考书，体现了教学的规律。该书堪称当时初等小学教科书的上乘之作，为湖南新式教科书编写提供了良好的范例和基础。

4. 该书对今人了解当时的一些新旧事物大有裨益

长沙府的新教育新学校，在1903年新学制和1905年废科举后，自然有了很大发展，但发展的情况如何，今人了解很少。该教科书编撰于当时，对新教育新学校自然有非常准确的了解。这对帮助我们研究当时

---

❶ 辜天祐.湖南乡土地理教科书：第1册 [M].长沙：湖南会通学社，1910：序.

的湖南教育、探查今天一些学校的发展历史是大有帮助的。比如湖南师范大学附属中学是一所名校，其前身是广益学校，但在目前附中的历史沿革描述中，看得出附中对自己的历史了解甚少（至少我们从它的官网上是可以这么判断的）。而在辜天祐的乡土地理教科书（参考书）中，却有着比较精要的介绍：广益学校地址"在草潮门赁民房为校舍"；学校成立及开办费用："初为家塾，重英文，名英文专科，开办费由同人捐集，三十三年（光绪三十三年，1907年——引者）改中学，官款八百金"；学生则是"英文科一班，三年毕业；中学三班均五年毕业"；教学科目"英文科，英文十三，算术十"，其余同普通中学等。这里，英文十三当为英文课每周十三节。其他学校的课程也很清楚，有利于我们了解当时新学校的课程开设。如在介绍修业小学的课程时，提到：修身二、经学六、国文十、算术四、格致二、历史三、地理二、图画四、体操三、英文二（《湖南乡土地理参考书》第一册第九课），每周三十八节课，每天六节课多，含体操与图画。

《湖南乡土地理教科书》及其"参考书"是湖南社会由前现代向现代转变的时代产物，它与清末新式教材需求的增加、救亡图存思潮的激荡及国民性改造思潮的激发有着很大的关联。作者密切关注和积极参与当时的社会政治，从复杂多变、多姿多彩的社会人生中吸取智慧和灵感，使得它们不仅是一套关于湖南乡土地理的教科书，也是一部摆脱经院习气、形式新颖、确为时人所需、益于道德教化和知识普及的传世佳作。

《湖南乡土地理教科书》与《湖南乡土地理参考书》于一个世纪以后，再次被作者家乡的湖南教育出版社于2009年重印，说明家乡人民没有忘记这本书，没有忘记它在百年前的湖南教育现代化中的意义与作用。

民国第一套省级通用教科书
——山西《通俗国文教科书》

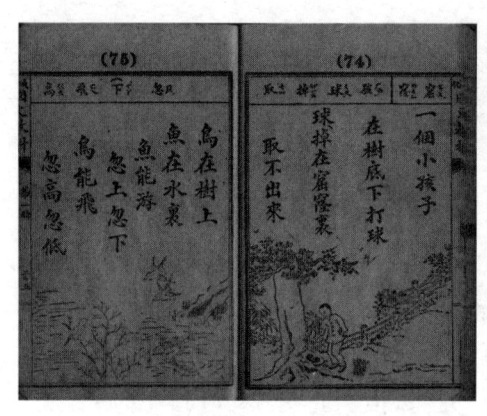

1922年6月，胡适说："江苏、浙江还办不到的事，阎锡山在那贫陋的山西居然先做到了！"❶ 经济富庶、人杰地灵的江浙做不到，相对贫瘠的山西做到了，这是什么事情？阎锡山做到什么了呢？

一、山西教育概况

清末民初，在倡导白话文的同时，一股与白话文宗旨密切相关、旨在推进大众接受教育的通俗教育思潮也在中国掀起。通俗教育以灌输常识、启蒙进步思想、增广民众见闻、普及国民教育为宗旨。1912年，由吴敬恒、马君武、袁希涛、黄炎培、伍达等组织的"中华通俗教育会"在上海成立，并创刊《通俗教育研究录》，由伍达主编。伍达在《今日施行通俗教育之方针》一文中，主张通俗教育应以宣传国家观念、公民道德、谋生与卫生为主要内容，要把报馆、图书馆、补习学校、剧场、说书场、活动影剧馆、影灯、美术馆、常识博物馆、动物园、共进会、公园、运动场、体育会等，当作直接传布的机关。1912～1918年，社会特别注重通俗教育的推行，也称通俗教育运动时期。就通俗教育内容而言，包括政治、军事、民俗、道德、卫生、生计等，教学则包括宣传、讲演、阅报、图书馆、博物馆等多种形式。

不可思议的是，当时在这方面走在全国最前面的是经济相对落后、

---

❶ 胡适. 这一周[M]//胡适著，季羡林编. 胡适全集：2卷. 合肥：安徽教育出版社，2003.

文化相对传统的山西省。山西把通俗教育与国民教育、与白话文推广紧密结合起来，轰轰烈烈地干起了一番事业。早在1895年，山西巡抚胡聘之、学政钱骏出于现实的考虑，上奏《请变通书院章程折》，建议改变书院空疏之风，设有用之学。该建议得到清政府批准并在全国推广。"百日维新"期间，山西各类学校均进行了大幅度的改良。书院、私塾陆续改为各级学堂，开设新的教学科目，还新建了一些新式专门学堂等。有三件事山西做得轰轰烈烈，一是开风气之先的山西大学堂成立，成为当时全国最早的新式大学堂之一，在内地尤为难得，为中国文化启蒙做出了积极贡献；二是大量派遣留日学生。1904年，山西派出首批赴日留学生。截至辛亥革命，该省所派留学生去向主要是日本和英国，尤以日本为多。山西留学生对近现代山西政治经济和文化教育的发展起了重要作用。留学生学成归国后，不少人从事了教育工作，成了山西教育工作的骨干，促进了山西教育事业的发展；三是普及教育通俗教育有声有色。

这里特别要提到的是第三件事：阎锡山以及他发动的"村治"改革、通俗教育、普及教育和白话文教育。阎锡山从1911年辛亥革命后出任山西都督，到1949年太原解放后撤退到台湾，统治山西长达38年之久。而这段时期，全国大部分地区政权更迭频繁，战乱不断，山西是少数几个较为稳定的省份之一，一定程度上改变了贫穷、落后的状况，包括普及教育在内的各种措施都取得了一定的实效。阎锡山作为当时山西的统领，是有其贡献的。

阎锡山提出了与众不同的教育体系，共分四部分：国民教育、人才教育、职业教育、社会教育。"国民教育，以普及为主"；"人才教育，以供给适应时代之行政自治及社会事业之用为主"；"职业教育，以发展国民经济为主"；"社会教育，以改良风俗、开通知识为主。"[1] 在阎锡山的教育体系中，他最为关注的是各种教育的基础——国民教育。[2] 对国民教育的重视又以实用为主。他主张四年国民教育应注重实用性，

---

[1] 民国阎伯川先生锡山年谱：长编初稿（一）[M]. 台北：台湾商务印书馆，1988：260-265.
[2] 申国昌. 守本与开新——阎锡山与山西教育 [M]. 济南：山东教育出版社，2008：100-101.

使学生能够掌握写信、记账的本领，具备看报纸、看告示、读刑律的能力。而国民教育的推广，必须有文字的跟进，于是白话文和通俗教育的必要性就提出来了，因为其优越性能够迎合这些诉求。阎锡山为了扩大新政的影响面，率先在全国采用白话文告示的形式来宣传其治晋方略，这就要求广大民众必须能够看懂白话文告示。所以白话文教育势在必行。他确定的义务教育基本目标是"能阅通俗报，能看白话告示，能写信，能升学"。❶ 为了达到这些具体教育目标，阎锡山要求编写白话文课本，要求国民学校必须选用白话文编写的课本。这样，一方面可使小学生节约大量学习语言文字的时间，另一方面也有利于达到他所规定的教育目标。

为推进白话文教育及推进通俗教育，阎锡山和山西地方做了不少努力。1915年10月10日，山西省承办了第五次全国教育会联合会，会议中的一项议决案是《推行国语以期言文一致案》，议决案规定："一、全国师范学校一律添授国语科。并依据国音字典，教授注音字母。二、各县劝学所及教育会利用寒暑假时间，设立国语传习所，招集本境小学校教员，一律传习国语，并依据国音字典，补习注音字母。三、各省检定小学教员办法，应加入通习国语及注音字母一项。四、国民小学国文教科书，应即改用国语，高等小学国文教科书，应言文互用。五、各省区教育会应设国语研究会。六、提倡编辑国语辞典、国语文法、国语会话等书。"❷

1918年，在推广国民教育和白话教育的过程中，山西成立国语统一研究会。1918年7月，北京高等师范学校附设夏季国语讲习会，山西特派12人前往学习。讲习会结束后，以此12人为骨干，组成国语统一研究会。国语统一研究会组成后，发刊注音国语报纸，以通俗白话成文，任人取阅。又由教育厅制定识字牌，分钉各商号。并规定凡店伙均负有为一般人民讲解之义务。又于冲要街衢设立识字大牌，分最要字800个，次要字400个，附以注音字母，以供不识字的人学习。

1918年《山西省施行义务教育规程》颁布，同年颁行了《实行义务教育程序》，规定全省从"程序"颁布之日起开始筹备实行义务教

---

❶ 太原绥靖公署主任办公处编印. 阎伯川先生言论辑要（第2册）[M]. 太原：晋新书社，1937：14.

❷ 教育杂志［J］. 1919（11）：专件.

育。1918年5月，山西省教育厅设立注音字母传习所，聘教员教授各机关。1919年7月，装订整齐的六七百万本注音字母书，由军用车辆分送各县，以作推广之用。山西的小学儿童入学率逐渐达到了全国先进水平。于是，有了本文前面那一段胡适的由衷的赞美。1922年6月，胡适在《努力周报》发表的文章中说，"现在有许多人爱批评阎锡山，但是阎锡山确有不可及的地方。他治山西，是有计划的。例如他决心要办普及的义务教育，先做一个分年期的计划。四年的师范不够养成教员，他就设速成的国民师范；这还不够用，他就设更速成的传习所。他依着这个计划做去，克期进行，现在居然做到了义务教育！江苏、浙江还办不到的事，阎锡山在那贫陋的山西居然先做到了！"❶ 陶行知1925年也到山西调查并给予了很高评价："我们不能不佩服山西人民对于义务教育之忠实努力，自从民国七年开始试办，到了现在山西省100学龄儿童中已有70多人在国民小学里做学生了。山西之下的第二个省份只有20%多。可见，真正实行义务教育的，算来只有山西一省。"❷ "山西是中国义务教育策源地"。❸ 正因为山西的榜样作用，其他一些省份如江苏、山东、浙江、江西、安徽等省相继于1921~1923年仿效《山西省实施义务教育规程》制定了义务教育实施办法。山西的做法还影响到全国行为，教育部于1920年4月颁发的《分期筹办义务教育年限》中明确提到："兹特由部参照山西省所定推行义务教育办法，订定分期筹办义务教育年限，以八年为全国一律普及之期。"❹

为了更好地发展国民教育，达到国民教育的目的，阎锡山认为，选定课本与培养师资是两件基础性工作。他认为，"尚有两层须筹备者：一为师资，二为课本"。关于师资，1919年阎锡山创办了省立国民师范学校。目的在于为山西培养大批具有现代教育素质的教育人才，以便在全省各地开展大规模的现代教育。因为在乡间兴办现代教育就必须有相

---

❶ 胡适. 这一周［M］//胡适著，秀羡林编. 胡适全集：2卷. 合肥：安徽教育出版社，2003.

❷ 华中师范大学教育科学研究所编. 陶行知全集：第1卷［M］. 长沙：湖南教育出版社，1984：583-584.

❸ 陶行知. 陶行知全集：第2卷［M］. 成都：四川教育出版社，1991：245.

❹ 李桂林等编. 中国近代教育史资料汇编普通教育［M］. 上海：上海教育出版社，1995：496.

应的、拥有现代教育能力的师资，因而师资的培养是必须首先解决的问题。当时在国民师范内设置的课堂都是新式的，如军事、语文、数学、地理、历史、心理学、教育学、音乐、体育、美术、武术等。该校还编撰了系列新式师范教育教科书，这在全国师范学校中都是领先者。这些教学内容已经完全是现代新兴的教学内容了。

关于课本，阎锡山认为，"目下流行于社会上之课本最多，此等课本多不适用。何以不适用？以其皆用文言，不用白话，过于深奥，儿童不易领会，此于教育固大有关系也"。关于"皆用文言，不用白话，过于深奥，儿童不易领会"，阎锡山举例说：如"吃饭"，儿童所习知也，在课本则谓之"食"；"喝水"，儿童所习知也，在课本则谓之"饮"。诸如此类甚多。所以，如果继续使用文言文教科书，要想使得学生在短短几年时间里学有所成，"戛戛难矣"。"国民教育欲求实效，须改良课本，另编白话题材，最为适宜"。❶ 为了达到这些具体教育目标，阎锡山要求下决心组织人力，编辑白话文教科书。国民学校要选用白话文教科书，以此推进国民教育、通俗教育。

二、通俗国文教科书

1. 通俗国文教科书的出版

为了响应阎锡山提出的有关国民教育的思想，山西省教育厅成立国民教科审编委员会，聘请专员以白话文编纂出不少适合山西省实际的通俗教育教科书，有国文、注音字母等，其中最重要的是白话文教科书《通俗国文教科书》，该书一套八册，经北洋政府教育部审定通过，用于山西省春季始业国民学校。该书应该于 1919～1920 年间出版发行。部分册次可能在 1919 年出版。曾在民国初期任过教育总长的张一麐1919 年就提到，"山西的阎省长已经颁出一种参用注音字母的通俗国文教科书"。❷ 第三册的版权页是民国九年（1920）二月初版。尽管多有

---

❶ 阎伯川先生言论辑要：第 2 册 [M]. 太原绥靖公署主任处编印, 1937: 14-15.
❷ 张一麐. 我之国语教育观 [M]//陈学恂主编.《中国近代教育史教学参考资料（中册）》. 人民教育出版社, 1987: 436-437.

1919年初版的说法，❶但我们一直没有找到1919年出版的实物。据第一册（1928年10月第20版）的信息，该册初版是1920年11月，比第三册要晚几个月。让人纳闷。

该套《通俗国文教科书》的作者一般署名为山西国民教科审编委员会，没有具体人名。据说，主要编撰者有张弘舸和赵理臣等人。关于后者，我们查不到任何资料。

张弘舸（1869~1950）原名张毅仁，山西沁水人，晚清优贡生。早年参加辛亥革命，民国元年（1912）筹建泽州府立中学并任学监。次年调任高平县知事，后又任潞安实业中学教务主任和山西省第四师范学校教员。"五四"运动前夕，他在太原山西农业专门学校任教。1923年，在山西省教育厅任职，后又兼任光华女子中学教务主任。他积极提倡白话文，和赵理臣等人编撰的小学《通俗国文》课本发行全省。他主张国语拉丁化，推行注音字母，提倡实业教育。❷

也有人认为是徐永昌下令编撰该套教科书的。❸徐认为，当时的高等教育、中等教育都是学非所用、脱离实际，国民教育忽视国家道德与爱国主义精神的培养，都是由于教科书不适应社会需要导致的，因此，他下令教育厅成立中小学教科书编审委员会，编写符合社会需求与本地需求的各级学校教材。

我们认为，徐作为重要的军事将领，且在烽火连年的时期，直接干预小学教育的可能性不大。而且山西一直是阎锡山的地盘，徐虽然有过这方面的基础和平台，但毕竟东征西战，少有精力关注教育。即便表达了自己对教育的看法，和张、赵二者编撰教科书也不冲突，也可能是徐有想法，山西省教育厅具体操作执行。

---

❶ 张一麟. 我之国语教育观［M］//陈学恂主编. 中国近代教育史教学参考资料（中册）. 北京：人民教育出版社，1987：436-437；乐嗣炳. 国语学大纲［M］. 上海：大众书局，1935：210；李伯棠. 小学语文教材简史［M］. 济南：山东教育出版社，1985：281. 宋原放主编. 中国出版史料第一卷现代部分（上册）［M］. 济南：山东教育，2001：523. "教科书刊发概况"；张隆华主编. 中国语文教育史纲［M］. 长沙：湖南师范大学出版社，1991：181. 中央教育科学研究所编. 中国现代教育大事记1919-1949［M］. 北京：教育科学出版，1988：7.

❷ 晋城市地方志丛书编委会编. 晋城人物传［M］. 北京：中国城市出版社，1993：143.

❸ 申国昌. 守本与创新——阎锡山与山西教育［M］. 济南：山东教育出版社，2008：91.

这套《通俗国文教科书》从形式上看采用白话文编写，有标点符号并且生字加注了注音字母，本套教科书的插图丰富，插图内容与课文内容较为完美地结合在一起；从内容上看，它比较注重一些实用知识的介绍和科学知识的传播。

该套国文教科书使用时间比较长，到三十年代初期仍然在使用。1927年还出版了修正版。修正版的编辑者还是原编者（山西国民教科编审委员会），而修正者是山西教育厅编辑处。让人纳闷的是，先出版的课本已经有课序、课题了（第一册除外），而后出的修正版则既没有课序，也没有课题。一页一页，没有标题，没有课序，内容就这么连着写下去，显然不利于区分和教学。课文后面也基本上没有练习，有些年级的课本根据课文的需要安排有附录，主要是为使用提供参考。

山西出版的《通俗国文教科书》别具一格的地方是，每一本教科书在封二和封三或封底都有类似于格言的一段文字。如国民学校《国文》第五册的封二是："教育是慈善的不是营业的，所以教育家应当在人群中随处做的，不是只在讲堂内学校中做的。"❶

这时期山西出版发行的系列通俗教科书，主要由山西国民教科审编委员会和山西省长公署组织编撰，教育部审定。印刷发行的机构比较多，如晋新书社、文蔚阁、山西大国民印刷厂、太原范华（制版）印刷厂等，特别是太原范华制版印刷厂和晋新书社，印刷最多。

2. 通俗国文教科书之特征

该套教科书单册35课左右，双册45课左右，适应春季始业与农村生产实际需要。以下是该套教科书的所有课文。

表　《通俗国文教科书》课目表

册　次	课　目
第一册	没有课序，也没有课标题。多为识字内容。如第一页是一、二；第二页是土、井、牛、羊；第三页是人、口、手、刀。

---

❶ 山西国民教科审编委员会编. 国民学校通俗国文教科书第五册［M］. 4版. 太原：晋新书社，1921：封2.

续表

册　次	课　目
第二册	第1课．暑假开学；2. 开学歌；3. 日出；4. 鸡；5. 洒扫；6. 游戏；7. 军队；8. 野外；9. 小山；10. 小船；11. 溪；12. 收割；13. 孝顺；14. 小鸟歌；15. 蜘蛛；16. 蟋蟀；17. 四方；18. 不要贪多；19. 教弟；20. 小鸡歌；21. 衣服；22. 落叶；23. 水；24. 火；25. 不倒翁；26. 兵队的游戏；27. 小兵队歌；28. 说兵（一）；29. 说兵（二）；30. 不识字；31. 不要说谎；32. 华盛顿；33. 合家吃饭；34. 客来；35. 敬老人；36. 好男儿；37.（缺少）；38.（缺少）；39. 拜新年歌；40. 升斗尺秤；41. 器具；42. 星期和年月日；43. 愚公移山。
第三册	第1课．我的家；2. 入学歌；3. 冒雪上学；4. 往学校带的物件；5. 借书的条子；6. 竞走；7. 买卖的游戏；8. 就去；9. 管理家事；10. 狐假虎威；11. 风筝歌；12. 清明；13. 游玩；14. 采茶；15. 耕种；16. 蚂蚁；17. 小燕；18. 造屋；19. 匠人；20. 我们的乡村；21. 村社；22. 村长；23. 司马光；24. 李远；25. 蚕；26. 梅杏；27. 端午；28. 蛤蟆歌；29. 蛤蟆；30. 晒衣服；31. 雷；32. 瓜；33. 浇园；34. 医药；35. 请假。
第四册	第1课．县；2. 县长；3. 王铁枪；4. 用船称象；5. 船；6. 蝇和蚊子；7. 蝙蝠；8. 明火虫歌；9. 乌鸦喝水；10. 作饭；11. 秋节的月亮；12. 车；13. 火车；14. 省；15. 家信；16. 雁歌；17. 孔子生日；18. 登高；19. 远游（一）；20. 远游（二）；21. 棉花；22. 做买卖；23. 我的国；24. 国庆日；25. 国歌；26. 当兵；27. 折箭；28. 分坐；29. 干净；30. 山西起义纪念日；31. 菊花；32. 鹬蚌相争；33. 时刻；34. 时钟歌；35. 说年代（一）；36. 说年代（二）；37. 盐和糖；38. 竹；39. 蟋蟀和蚂蚁；40. 预备过新年；41. 冒雪游戏；42. 兄弟附信；43. 戒吸烟；44. 想想再说。
第五册	第1课．中华民国；2. 国字歌；3. 北京（一）；4. 北京（二）；5. 民国帝国的问答（一）；6. 民国帝国的问答（二）；7. 黄帝；8. 文字；9. 纸；10. 日报；11. 卖报小学生；12. 山西地理；13. 尧；14. 舜；15. 捕鱼；16. 农业；17. 山西农业；18. 禹；19. 天津；20. 国货附信；21. 劝用国货歌；22. 改良风俗；23. 风鑑；24. 汤武；25. 泰山；26. 孔子；27. 孔庙孔林；28. 游历；29. 上海；30. 好徒弟；31. 沒字的荐书；32. 客店；33. 公德歌；34. 公道；35. 油和炭；36. 豆类；37. 果附馈送果实的信。

续表

册 次	课 目
第六册	第1课．人生事业；2．胃和身体；3．瞎子拐子相助歌；4．共识；5．女子事业；6．越王勾践；7．秦始皇；8．长城；9．猛兽；10．除三害；11．项羽；12．汉高祖；13．黄河；14．小学生；15．开垦；16．张骞；17．马援；18．鸟；19．不要惜小费；20．陈孝妇；21．兵役；22．应徵附信；23．少年戒酒；24．赌博之害；25．戒赌歌；26．游历长江（一）；27．游历长江（二）；28．南京；29．瓷器；30．巴律西；31．尽心职务；32．班超；33．李侃妻；34．织物 附信；35．邮务附表；36．定货 附单；37．关羽；38．四川；39．诸葛亮；40．铜和铁；41．工业；42．山西工业；43．得赉赐；44．真血性男子；45．爱国歌
第七册	第1课．水陆；2．自立；3．卖饼儿歌；4．唐太宗；5．武汉；6．洞庭湖；7．空气；8．森林；9．山西林业；10．印书；11．西湖；12．岳飞（一）；13．岳飞（二）；14．日记；15．物体的变化；16．小学生留心物理（一）；17．小学生留心物理（二）；18．电气；19．电报歌；20．成吉思汗；21．广州；22．郑和；23．侨民；24．汽船汽车发明的人；25．西南边省；26．王守仁；27．苗族的风格；28．货币；29．商业；30．山西商业；31．簿记；32．储蓄；33．东三省旅行（一）；34．东三省旅行（二）；35．警察；36．公道是团体事业的根本；37．村社自治。末尾有附课三，其中一课是劝告乡邻种树的信。
第八册	第1课．共和国；2．说共和专制（一）；3．说共和专制（二）；4．选举（一）；5．选举（二）；6．法律；7．守法律；8．自由；9．尊重他人；10．矿物；11．山西矿业；12．契约；13．蒙古谈；14．畜牧；15．鸦片战争；16．人的身体；17．霉菌；18．新疆；19．青海西藏；20．宗教；21．爱群；22．租税；23．司法官；24．安南的战争；25．军人资格（一）；26．军人资格（二）；27．军人资格（三）；28．军人资格（四）；29．陆军；30．飞行机；31．甲午的战争；32．日本的小学生；33．海军；34．军港和（造）船厂；35．海产；36．国耻（一）；37．国耻（二）；38．国产；39．中国史略（一）；40．中国史略（二）；41．哥伦布；42．世界谈；43．欧洲战争；44．童子军；45．毕业附演说稿。

（1）传承与创新结合

《通俗国文教科书》在内容选择上注重传递我国优秀的传统文化，同时关注新式文明知识。

在传统优秀文化的传承上，《通俗国文教科书》注重我国历史上著名人物的介绍，让学生通过他们了解我国悠久的文化历史。从整体上看,八册课本共同发挥作用,比较系统地由历史人物勾勒出我国整个历史,例如黄帝、尧、舜、禹、孔子、秦始皇、项羽、勾践、刘邦、张骞、班超、唐太宗、岳飞、成吉思汗、郑和等等一系列的古代传说和历史名人都进入到教科书中。如第六册全册课文共45篇,而关于历史人物的文章就有10篇,分别是"越王勾践""秦始皇""项羽""汉高祖""张骞""马援""巴律西""班超""关羽""诸葛亮",占到所有课文的22.2%。作为小学生学习的内容,每一位历史人物的介绍都比较简短,通俗易懂,有些是对这些历史名人的简介,有些是与这些历史名人相关的故事或者他们的成就介绍,并且每位历史人物都配有一幅肖像画。例如第四册第十七课"孔子生日",全文如下:

<h3 style="text-align:center">孔子生日</h3>

孔夫子是我们中国古来的大圣人。旧历八月二十七日,就是大圣人的生日。这一天学校里边挂着国旗和校旗。先生领上我们到圣人位前行礼。行完礼,先生说道,孔夫子当五六岁的时候,和小孩们玩耍,常常摆上俎豆学习行礼的样子。俎豆就是盛祭品的一种器皿。因为古来没有瓷器,都是用木头做的。孔夫子后来学问成了。说下许多道理。

这篇课文主要介绍孔子的生日和与之相关的事迹,全文通俗易懂,文章有八个生字,是"夫""圣""位""俎""盛""品""皿""瓷",均用注音字母标识在页眉部分。

其次,《通俗国文教科书》注重培养学生对祖国地理的初步认知。课文除了纵向上注重时间意义的历史人物介绍,在横向上也关注空间意义的地理知识的普及。"四川""广东""山西地理""山西工业""山西林业""北京""东三省旅行""西南边省""蒙古""新疆""青海西藏""广州""武汉""南京""洞庭湖""西湖"等本国地理在八册课文中不时呈现。

我国传统的孝敬、勤俭、节约、劳动等美德也在课文中得到较好的体现。编者专门设计了诸如孝顺、教弟、敬老人等课文,通过这类课文,培养学生懂得做人的道理。如"孝顺":

姓李的小学生年才七岁 就知道孝顺父母 有了好吃的 总要先给他父母吃 有一天到他姨母家里 姨母给了他些果子 他舍不得吃 装

在口袋里边　姨母问他为什么不吃　他答道留给我母亲吃

在传统文化的传承中，课文比较注重学生的爱国主义情操的培养。比如课文通过国耻教育，培养学生爱国爱乡的情感。诸如：我的国、国庆日、国歌、爱国歌、山西起义纪念日、鸦片战争等课文占有相当分量。课本中有时候出现有名有姓的两个学生，一个叫华新民，一个叫李晋生，编者心中追求的培养目标是中华新国民，是生于山西的好学生。第八册更是直接设计两课，专门讲国耻，学者高树帜后来回忆儿时上学的情况：

《通俗国文教科书》上有一课课文是："哎哟！甲午的那一年，……我国丧了许多兵，又割了许多地，贷了很多款给日本，真是莫大的耻辱啊！……"老师讲这一课时，语调沉重，拳头紧握，怒形于色。他说："我国有四万万同胞，竟然不争气、一盘散沙不团结，所以被比自己人口少得多的日本人欺负……"他又勉励我们说："只有大家好好念书，立志发奋图强我们才能不受窝囊气。"❶

在那样一个内忧外患的年代，教科书中反映出来的当时中国社会的现实，对于唤起学生的民族情感、激发学生的爱国热情起到了积极作用，这种影响甚至伴随学生一生。

《通俗国文教科书》不但关注传统文化传承，更关注现代文明的引进与创新。比如，课文注意介绍现代社会的基本构成，让学生和民众了解现代社会结构。如"我们的乡村""村社""村长""县""县长""省""共和国""契约""鸦片战争""法律""军队"等，到高年级尤其突出。比如第八册就大量出现现代国家和社会制度中的内容。如第一课 共和国、第二课 说共和专制（一）、第三课 说共和专制（二）、第六课 法律、第七课 守法律、第八课 自由、第九课 尊重他人、第十二课 契约、第二十课 宗教、第二十一课 爱群等。设计这类课文，编撰者显然旨在引导学生扩大认识范围，在帮助小学生了解人们的生计方式和社会组织及社会事件的基础上，使学生成长为具有信、实、进取、爱

---

❶ 高树帜，《回忆小学一年级感受到的人生立足点》，政协襄汾县委员会文史资料研究委员会：襄汾文史资料 第10辑，1999年03月第1版，215-216。作者原文如此，但查通俗国文教科书，国耻不在第一册，而在第八册，且文字与作者的回忆略有出入。

群之精神的现代国民。

课文还注意文明常识的普及，如霉菌、日报、邮务、工业、雷、医药、火车、时钟、戒吸烟、少年戒酒、戒赌、空气、森林、林业、日记、物理、电气、电报、汽船汽车、货币、储蓄、商业、警察等。

该书所设计的一些课文，已经成为经典，或不断被强化为经典。如：说谎的孩子（一直到解放后都在课文中，50年代出生的一代人都不会忘记那"狼来了，狼来了"的呼声）、华盛顿砍樱桃树、愚公移山、司马光砸缸等故事。

当然，编撰者还不忘抓住机会宣传阎锡山在山西提出的一些治晋思想与口号。甚至就在第一册的扉页印有"山西督军兼省长阎训令"，训令提到："本兼省长近日考察城乡国民学校，深信其小学生之精神中确具有无限量之富强文明之种子，特非有良好政治与良好教育不能发育耳。此后责成各国民学校职教员务以传真传热之教授方法，启发其人生固有之本能，使之由发芽而长成，由开花而结果，以免吾国民陷枯槁悲惨之境遇。是所厚望焉。此令。"❶ 比较典型的做法是每一本教科书在封二和封三或封底都有类似于格言的一段文字。这都是阎锡山所倡导的甚至说过的。如"教育是慈善的不是营业的，所以教育家应当在人群中随处做的，不是只在讲堂内学校中做的"，"人能有所发明，才算是真本领"，"尚武为国民必要之精神"，"心是万物的主宰，心一坏，不会有一样好的"，"求人格当从自立做起"等。还有"村社自治"等课文。各册教科书渗透阎锡山提出的所谓"四要"、"三怕"、"三害"、"三事"。"四要"是指"民德四要"：信、实、进取、爱群；"三怕"指"人民三怕"：上帝、法律、舆论；"三害"指"民生三害"：鸦片、赌博、缠足；"三事"指"生利三事"：造林、种棉、牧畜。正因为这样，山西当时还编撰出版了造林和蚕桑类教科书。《通俗国文教科书》第二册第五十课是最后一课，因为马上放假过年了，内容与此有关：

"一年三百六十五日，一日一日都过去了。家家，户户，过新年，贴对子。上边写的是：人生三怕，上帝、法律、舆论，民德四要，信、实、进取、爱群。"

---

❶ 通俗国文教科书：第一册［M］. 20 版. 太原：晋新书社印刷，1928：扉页.

（2）密切结合农村生产生活实际

这套教科书注重从与小学生密切相关的学校生活、家庭生活、农村生活中选择题材，突出国民教育的实用性，也注重传播必要的文明知识。

农村生产和家庭生活在各册课本中处于前几位的地位，至少从数量上看如此。比如第一册50课，关于农村生产生活的有20课，家庭的有17课，学校生活的8课，其他5课。涉及生产知识的课文在各册都不少，比如：牛羊、山羊、绵羊、公鸡、母鸡、升斗尺秤、器具、采茶、耕种、收割、造屋、匠人、我们的乡村、村社、蚕、晒衣服、雷、瓜、浇园、棉花、做买卖、捕鱼、农业、山西农业、开垦、簿记、储蓄、森林、山西林业、矿物、山西矿业、畜牧、租税等。涉及生活常识、介绍家庭生活的课文在各册中也不少，如家庭成员、各种称谓、洒扫、孝顺、我的家、管理家事、做饭、家信等，这些课文通过简单故事的叙述，意在引导小学生养成良好的习惯、掌握实用的本领、懂得做人的道理。

教科书中还编写了大量课文，引导学生认识周边乡土自然环境以及具备必要的知识，具体如"日出""野外""小山""溪""蜘蛛""蟋蟀"等课文。

《通俗国文教科书》在内容上较好地反映并针对了山西地方实际，比如课文不断有兄弟姐妹们的内容，说明山西农村家庭普遍生育子女多；不断有戒毒戒赌戒烟的课文，说明这三害在山西还是比较严重的。

（3）力求符合学生心理水平和认知特点

课文的安排循序渐进，力求适应学生认知水平，在引导学生认识周边乡土自然环境和家庭生活的基础上，将范围逐渐扩展到村、县、省以至共和国。旨在引导学生扩大认识范围，使小学生在了解人们的生计方式和社会组织及社会事件的基础上，成长为具有信、实、进取、爱群之精神的国民。

课文注重内容与形式的结合，把吸引学生的注意力、引起学生兴趣作为课文设计的重要出发点。如第二册的第二课"开学歌"反映了学校喜气洋洋的生活和学生的理想：

恭喜恭喜又恭喜　我们学生好福气　上学才过一学期　学下都是有

用的　恭喜恭喜又恭喜 我们学生有志气 长大成人要自立 小时赶快要预备

课文内容简单，易理解，语句押韵，借用民间耳熟能详的祝福说法，读来琅琅上口，便于传诵，能够有效的传达一个观点，即接受教育能够掌握知识和本领，有助于将来改善生活。且教科书插图丰富。第一册 50 课中就有 40 幅插图。

年级越低，其课本内容越接近学生身边的生活和家庭，增加现代社会、国家甚至世界的内容。编撰者很清晰地设计了从低到高的学习思路，使学生从身边熟悉的事物开始学起，逐渐扩大认知范围。从学校、开学，到家庭，到乡村、村社、村长，到县、县长、省、中华民国，甚至到世界范围。

这套教科书还比较注意吸收已有教科书的优点。比如第一册第一课初版就是"一"字，修正版第一课就变成一个"人"字，该课从字到插图，完全模仿《共和国教科书》第一册第一课。又如"不要贪多"，也是《共和国教科书》中的。其他不少内容是其他教科书的模仿和修正。

3. 通俗国文教科书的意义

该套教科书的历史意义集中在两个方面，一是开了白话文编撰、注音字母辅助的先河。二是开了省级主持编撰且省内通用教科书的先河。这是我国省一级教育主管部门主编整套教科书的开端，也是当时全国唯一的由省一级教育主管部门用白话文编撰的全套国文教科书。

课本在创新上的最大一点是对生字进行注音，突出编排在每一课的上方，位置显著，便于引起注意。注音字母 1913 年后逐渐引起关注，它由民国政府教育部附设的读音统一会制定，1918 年由教育部正式公布。山西既出版发行单行本的《注音字母简易教本》，广泛宣传注音字母，又在《通俗国文教科书》中运用注音字母。阎锡山和山西省在这方面确实是先行者。

山西省这套教材中引入注音字母的做法，普遍得到较高评价。民国初期任过教育总长的张一麐曾这样说道（1919 年）："山西的阎省长已经颁出一种参用注音字母的通俗国文教科书，随便哪一省的话，都可以用这种字母写在纸上,不到一个月,向来不认得字的人,可以把这种字母写信给人家,可以不费什么教育费。若是将来做成一种教科书,推广到全国,那么我国一千个人中的九百九十三个不识字的半聋半瞎半哑半呆等同胞,仿佛添了一种利器,叫他把天生的五官本能完全发达,那不是一种最大的慈善事业么?我们已经懂得汉文的人,虽然不必把这种字母去代替那已经懂得的文字,难道不准那些不识字的人另用一种可以替代说话的东西么?难道聋子瞎子哑子不准他有一种盲哑学校么?以上所说的是注音字母的绝大用处。注音字母虽然有大用处,但是这种字母只可替代白话,不能替代文言。因为文言里的单音字太多了,很难用字母表记出来。况且懂得文言的人很少,就能把文言写成注音字母,也没有什么用处,白话就没有这种缺点了。"❶ 由此可见教科书中引入注音字母在当时看来是多么及时和必要。

《通俗国文教科书》还是民国第一套、也是唯一的一套由省级教育主管部门组织编撰的完整的小学国文教科书,类似于省定通用本。一直到1949年再也没有在其他省份出现过这类课本(江苏曾经有过这方面的尝试,组织编撰过教科书,但不系统且未完成),张学良统治下的东北、白崇禧治理的广西都没有在教育上、特别是教科书上取得过这么大的进展。

当然,《通俗国文教科书》也有在今天看来比较明显的不足,比如缺乏清晰的单元意识,内容跳跃性大,不集中。内容的难度和容量提升太快,一册相对容易,二册明显提升,三册内容已经偏难偏多了。有些课文内容比较僵化,比如"吃饭用碗筷,拿碗的是左手,拿筷的是右手"(第一册)。有些课文比较生硬粗糙,虽然是白话,但缺乏文韵,白话不应是白淡无味。并不是所有课文都朗朗上口,普遍没有学生活动或课后练习的设计。有些课文所涉及的内容不是山西本地特有的,学生不熟悉,也难理解,比如山西的五台山等地一点都没有涉及,而外省的一些地方则上了课文;又如竹子、茶、蚕在山西是很少的,却进了课文。让学生了解大千世界本是应该的,但当地的实际仍然是第一位的。

---

❶ 张一麟. 我之国语教育观 [M] //陈学恂主编. 中国近代教育史教学参考资料:中册. 北京:人民教育出版社,1987:436-437.

整体来讲，山西国文教科书的传承有余而创新不够，农业色彩有余而工业色彩不够，本土色彩有余而国际色彩不够。对于地方教科书建设尚处初级阶段的当时来讲，这是完全可以理解和接受的，甚至到今天，这类问题也没有得到妥善解决。

30年代中期，山西另一套国文读本出现，取代了《通俗国文教科书》。到40年代，山西更是编撰了"兵农合一制度下的国文教科书"、"民族革命国文教科书"等，阎锡山多次表现了他对教科书的一贯重视，再次以山西一己之力，为教科书建设做出了可圈可点的贡献。

中科院与早期少数民族文字教科书

我国是个多民族的国家。据 2000 年统计，全国少数民族语言使用人口达 6800 万，占少数民族总人口的 60% 左右。21 个少数民族有现行的本民族文字，包括 27 种文字，11 种民族语文实现信息化。❶ 各民族都在统一的社会政治、经济制度下生活，因而具有许多共同性。但是，各民族之间在经济文化的发展水平、生产生活条件、语言文字、风俗习惯、宗教信仰、心理状态等方面，又存在许多差别和各自的特点，这些都必然反映到教育、反映到教科书中来。少数民族语言文字教科书对民族语言、文化的传承与发展，对提高民族地区的社会经济发展水平起了重要作用。

一、少数民族文字：调查与研制

新中国成立后，贯彻执行各民族一律平等政策，非常重视各民族语言文字的平等。1949 年 9 月 29 日中国人民政治协商会议第一届全体会议通过《共同纲领》，其中第五十三条规定："各少数民族均有发展其语言文字、保持或改革其风俗习惯及宗教信仰的自由。"后来，这一思想被反复写进历次的宪法中。

1951 年 2 月 5 日政务院公布《关于民族事务的几项决定》，其中第

---

❶ 中国少数民族语文不断发展 [N]．人民日报（海外版），2000 - 8 - 7．

五条规定："在政务院文化教育委员会内设民族语言文字研究指导委员会，指导和组织关于少数民族语言文字的研究工作，帮助尚无文字的民族创立文字，帮助文字不完备的民族逐步充实其文字。"❶

1952年8月《中华人民共和国民族区域自治实施纲要》颁布，纲要规定："各民族自治区自治机关采用各民族自己的语言文字，以发展各民族的文化教育事业。"1954年第一届全国人民代表大会将党的民族语言文字政策载入了我国的第一部宪法之中，这部宪法明确规定："各民族都有使用和发展自己的语言、文字的自由。"❷

1951年9月教育部在北京召开第一次全国民族教育工作会议，教育部部长马叙伦致开幕词和闭幕词。中央人民政府副主席朱德、政务院副总理郭沫若等到会场会见全体代表。会议指出，少数民族教育课程与教材既要照顾民族特点，又不能忽视整个国家教育的统一性。会议要求"少数民族学校的教学计划、教学大纲应以教育部的规定为基础，结合各民族的具体情况加以变通或补充。少数民族各级学校的学制，应遵照中央人民政府政务院的要求，结合具体情况有步骤地实行改革和建立"，"有现行通用文字的民族，如蒙古、朝鲜、藏、维吾尔、哈萨克族等，小学、中学必须用本民族语文教学，可按当地需要和自愿设汉文课"。同年11月23日，中央人民政府政务院第112次会议批准了教育部关于这次会议的报告。❸

这一时期，根据教育部的指示，有现行通用文字的民族，在小学、中学开始着手建设少数民族教育课程体系和民文教材，使用本民族语文进行教学。1953年2月28日，教育部给中南军政委员会、湖南教育厅请示报告的批复《关于兄弟民族应用何种语言教学的意见》中指出：一，按照《共同纲领》第五十三条的规定与第一次全国民族教育工作会议的精神，少数民族学校应使用本民族语文教学，但在有本民族通用语言而无文字的民族，在创立出通用文字之前，可暂时用汉语或本民族

---

❶ 马雅丽, 孙宏开, 李旭练等编. 中国民族语文政策及法律述评 [M]. 北京：民族出版社, 2007：1, 10.

❷ 全国人民代表大会. 中华人民共和国宪法 [Z]. 1954-9-20.

❸ 国家民族事务委员会教育司. 新时期民族教育工作手册 [Z]. 北京：中央民族学院出版社, 1991：271.

所习用的语文教学。❶ 在新中国少数民族教科书发展过程中，特别值得一提的是，中国科学院在20世纪50年代根据中央人民政府的要求，组织了大规模的少数民族语言使用情况调查及其文字的研制，为我国少数民族语言文字的发展、为少数民族语言文字教科书的建设做出了重要贡献。

1955年12月在北京召开全国少数民族语文科学讨论会，提出了加速为无文字的民族创制文字以及对有不完备文字的民族改进、改革文字问题，认为我国有少数民族3500多万，约有两千多万人没有自己的文字或者没有通用的文字，帮助他们创制或改革文字，是一个迫切的政治任务。会议要求在1956至1957年两年内普遍调查各少数民族语言，帮助那些需要创立、改进和改革文字的民族进行文字方案的设计工作。

为加强这方面的工作，中国科学院少数民族语言研究所于1956年12月29日正式成立，所长是包尔汉。包尔汉（1894~1989）是新疆阿克苏人，维吾尔族、突厥语言学家、社会活动家，除了担任中国科学院少数民族语言研究所所长外，还曾任中国科学院民族研究所所长。副所长是尹育然和傅懋勣。中科院少数民族语言研究所的成立，对于领导和推动少数民族文字的创制和改革，促进少数民族语言的发展，具有十分重要的意义。

为顺利完成1956年至1957年少数民族语言调查工作，1955年胡乔木同志受毛泽东主席委托，在中南海召开了研究解决有关科研人员的会议，当时中央民族学院在校学生有24个班496人，于是会上决定除部分教师留校教课外，高年级学生及应届毕业生都参加调查。此外，国家民委还从全国各地抽调了100多名少数民族出身的知识分子参加此项工作，他们既熟悉本民族的语言情况，又非常热爱此项工作，是调查队伍的骨干。加上北京及从全国各地调来的少数民族语言的研究和教学人员，组成了一支有700多人的庞大调查队伍。❷

为了提高调查人员的业务素养，早在1956年2月到6月，中国科

---

❶ 四川省阿坝州教育委员会，四川省阿坝州教育学会编．民族教育研究文集［M］．成都：四川大学出版社，1992：523-524．

❷ 马雅丽，孙宏开，李旭练，周勇，戴庆夏编．中国民族语文政策及法律述评［M］．北京：民族出版社，2007：1，10．

学院少数民族语言研究所筹备处和中央民族学院就共同开办了少数民族语言调查训练班，训练班分甲班和乙班，甲班是中央民族学院语文系的应届毕业生，乙班是从全国各地抽调来的有较高文化水平的少数民族干部。培训班开设《语言调查和研究》课，由著名学者马学良、罗季光、傅懋勣、喻世长、王辅世、金鹏等人讲授，课题共分10讲，即"对于少数民族语言调查者的基本要求""怎样分析语音和描写语音""怎么样分析和记录汉藏语系语言的声调""搜集词汇和编排词汇的方法""记录语法材料应注意的问题""怎样搜集语法材料进行语法研究""语言的比较和文字方案的设计""关于指定'方言调查研究大纲'的一些问题"等。语言调查培训班的开办，对保证这次语言普查的质量起到了重要的作用。

训练班结束后，1956年夏，中国科学院和中央民族事务委员会组织语言研究所、中央民族学院、各地语文工作机构的成员共700多人，根据专业方向组成7个少数民族语言调查工作队，分赴四川、云南、贵州、广东、湖南、湖北、福建、甘肃、青海、黑龙江、辽宁、吉林、西藏、内蒙古、新疆、广西十六个省和自治区进行少数民族语言调查。

他们的任务及分工如下：

第一队，调查研究壮族、布依族及其他亲属关系相近的语言；第二队，调查研究苗族、瑶族及其他亲属关系相近的语言；第三队，调查研究傣族、傈僳族、景颇族、拉祜族、哈尼族、佤族等民族语言；第四队，调查研究各省彝语方言，并对土家文字问题提出初步意见；第五队，调查研究蒙古族、达斡尔族等语言；第六队，调查研究维吾尔族、哈萨克族、柯尔克孜族、乌孜别克族等语言；第七队，调查研究藏族、羌族等语言。

每个调查队分为若干小组，每组3~4人，最多7~8人。

各工作队成立后，拟订了具体的工作计划，在已有工作经验的基础上，编制了一些主要语言的词汇调查大纲和语法调查大纲，配备了调查设备，于1956年5~6月分赴16个省、自治区，对壮、布依、侗、水、傣、彝、毛南、仫佬、苗、瑶、畲、藏、羌、彝、土家、白、哈尼、傈僳、拉祜、纳西、景颇、阿昌、仡佬、佤、蒙古、达斡尔、东乡、土、保安、维吾尔、哈萨克、柯尔克孜、乌孜别克、塔塔尔、撒拉、裕固、锡伯、赫哲、鄂温克、鄂伦春、塔吉克等42个民族的语言进行普查。

大规模的调查历时三年多，共调查42个少数民族的语言，每个民族调查多的有几百个点，少的也有几十个点，例如：彝族共调查254个点，羌族调查了34个点。一个点待一个多月甚至更长的时间。一般的操作程序是：了解该民族语言的语音、语法、词汇等。每个点要记录3000~4000常用词，记录一套语法，700~1000个句子，根据词汇的结构，分析其语言系统。

作为这次大调查的补充，1960年以后又组织调查了怒族、独龙族、基诺族、门巴族、珞巴族、德昂族和布朗族的语言。具体来说，1960年阿尔泰语系语言的调查队结束了普查工作。藏缅、壮侗、苗瑶三个语族和南亚语系的调查队在结束了普查以后，仍然留在有关省区继续工作了一段时间才撤回。❶

本次调查成绩可总结如下：

① 这次调查了42个民族共50多种语言，基本上摸清了中国少数民族大多数语言的分布、使用人口和使用状况、与周围民族语言的关系等。

对一个民族说几种语言的情况有了进一步的了解。还对一些尚未确定民族成分的语言进行了调查。每种语言在调查结束后，写出了调查报告，提出了划分方言土语的意见，并且进行了初步论证。

② 对一种语言内部的方言土语的情况有了基本了解。对有方言的语言提出划分方言的意见。在普查中，也有对个别语言的方言划分持不同意见的。❷

③ 不但调查了语言情况，而且调查了语言使用情况和有无文字的情况。了解了一个民族的语言过去是否有文字，语言和文字的关系，文字和口语是否脱节；对无文字的民族，了解该民族对文字问题的意见，一些需要创制文字的民族，在对方言土语进行初步比较的基础上，提出划分方言土语的初步意见，对基础方言和标准音进行了初步论证。在此基础上提出需要创制文字的语言进行文字方案的初步设计，对需要改革

---

❶ 傅懋勣. 建国三十五年来民族语言科研工作的发展 [J]. 民族语文，1984（05）：2.
❷ 傅懋勣. 建国三十五年来民族语言科研工作的发展 [J]. 民族语文，1984（05）：2.

或改进文字的语言提出文字方案的改革或改进的意见。

④ 根据初步统计，收集了1500个以上调查点的资料。每个点包括数千个常用词、一套语法例句，整理出一份音位系统，有的点还记录了相当丰富的长篇故事语料。这批资料成为研究少数民族语言的宝贵财富。

⑤ 对教育而言，最重要的成果之一是，将某些民族的调查研究成果运用于帮助少数民族创制文字并编撰了教科书。

语言普查工作一开始，就要求对那些愿意创制文字的民族所说的语言提出划分方言的意见，还要求提出以哪种方言做书面标准语的基础方言，以哪个地方的语音做标准音，并设计出拼音文字方案的草案，提交民族语言文字科学讨论会讨论确定。事实上，这次普查帮助已经提出并且确定创制文字的壮、布依、苗、彝、侗、哈尼、傈僳、佤、黎和纳西10个民族创制了拼音文字，帮助傣、景颇、拉祜3个民族在原有文字基础上改革了文字。❶

二、少数民族文字教科书的编撰

非常值得一提的是，中科院工作队在调研工作的基础上，开始帮助少数民族地区编写教科书。比如1957年，中国科学院少数民族语言调查第四工作队和四川省教育厅彝文编译室合编了一套小学彝文语文教科书，由四川民族出版社出版。该套教科书是根据人民教育出版社1957年版的课本翻译编辑而成的。封面精美，虽然内容译自人民教育出版社，但彝族特色鲜明，为今天的少数民族教科书建设提供了重要参考。其他工作队是否也编纂了教科书，尚无实物证据。

本次调查是新中国成立后第一次大规模的对少数民族语言开展的工作，其投入的人力、物力、规模，搜集资料的深度、广度都是史无前例的。其意义在于解决了我国85%以上的少数民族人口使用自己民族的语言文字问题；对解放前一些由外国传教士创造的少数民族文字进行了

---

❶ 傅懋勣. 我国已有十个少数民族在汉语拼音方案的基础上创制了文字［J］. 语文建设，1959（9）：12.

改进、改革，促进了少数民族语言、文字的规范化建设。

这次由中科院开展的少数民族语言大调查以及相伴随的教科书建设，是新中国人民政府帮助少数民族发展文化教育事业的一项巨大成就，为扫除文盲、普及教育、推进教科书建设发挥了重大作用，促进了当地政治、经济、文化、教育的发展。

转瞬即逝的辉煌
——新中国语文分科教科书

20 世纪 50 年代，我国参照苏联母语教育的做法进行文学、汉语分科教学，这是新中国成立以后，花费时间最长、规模最大、集中优秀力量最多、力度最大、中央领导最为重视的一次语文分科教学改革。中央指定由政务院文教委员会秘书长胡乔木领导这一改革，后来，周扬也参与领导。教育部由副部长兼人民教育出版社社长、著名语文教育家、文学家叶圣陶先生直接领导。人民教育出版社具体主持这项教科书编辑工作的是副社长兼副总编辑吴伯萧、张毕来。如此强大的领导阵容，可以说是空前绝后的。作为分科教学实验的产物—汉语、文学教科书被很多人看好，认为具有体系完整、内容丰富、选材经典、插图精美等特点。不管教科书质量如何、特点何许，它对当时及后来我国中学语文教学产生的轰动性的且深远的影响是没有人能够忽略的。

一、汉语、文学分科教学的由来

20 世纪 50 年代，新中国教育兴起，各方面的改革都随之启动，语文教育也提出了改革的要求。语文是最重要的交际工具，是最重要的文化载体，也是人类文化的重要组成部分。语文教学在中小学各科教学中占有极其重要的地位。20 世纪 50 年代初期的中小学语文课本主要是沿用和改编老解放区的教科书，例如：1951 年人民教育出版社出版的、由宋云彬等人编辑的《初级中学语文课本》，就是在老解放区教科书的基础上，根据《中国人民政治协商会议共同纲领》的精神加以改编的，其特点是比较强调政治性，注重实际，力求实效。但缺点是忽略了语文课程的工具性，各类文章都是不分单元的，有人批评说课本里没有系统的语言规律知识，文学方面的要求更谈不上。实际上，早在 1951 年 3 月，时任政务院文教委员会秘书长的胡乔木在教育部召开的第一次中等教育会议上就指出：语文教学"内容包括语言和文学两个部分，二者所负担的任务不同，所以不能互相代替……语文教学目前存在着特别混乱的现象，其原因就是没有把语言教育和文学教育分开……语言教育同文学教育可联系起来，但不能混淆"❶。同年 5 月 6 日，《人民日报》发表社论"正确地使用祖国的语言为语言的纯洁和健康而斗争"，社论指出："中国语言的规律并不难学。帝国主义国家的某些所谓学者和中国的买办，在过去几十年来一贯地污蔑中国语言'没有规律'，'不科学'，事实上是他们没有学通中国语言。我们应当坚决地反对这种污蔑。我们应当坚决地学好祖国的语言，为祖国语言的纯洁和健康而斗争！"在这一形势下，语文教育界开始对语言学和文学的性质及其不同的知识体系进行探索，汉语、文学分科教学开始酝酿。从 1951 年下半年起，各地的语文教师纷纷举行座谈会，座谈语文教学的分合问题。到了 1952 年，要求语文分科教学的声音进一步高涨，当年 7 月，教育部中小学各科教学大纲起草委员会所提出的《关于中小学教学大纲的意见》，已显分科的打算。到了 1953 年，分科问题就基本上决定下来。1953 年 4 月，教育部向中央政治局报告工作，提出改进中小学语文教学的问题。毛泽东同志指示，语言、文学可以分科，并指定成立中央语文教学问题委员会，由胡乔木任主任。时任教育部副部长的叶圣陶发表《关于语言文学分科的问题》一文，呼应中央领导语言、文学可以分科的号召，指出："语言和文学合在一块儿教学，教学任务就不具体。大家只是笼统的知道，语文教学应该对学生进行语言教育和文学教育，并且通过语言教育和文学教育对学生进行思想教育。至于语文教学的具体任务到底是什么，应该给学生哪些基础知识，学科的体系又应该怎样建

---

❶ 顾黄初. 中国现代语文教育百年事典［M］. 上海：上海教育出版社，2001：320.

立,这些问题都还没有得到明确的解答。"❶ 最近有报道(包括 2012 年凤凰卫视的"百年老课本"节目),说叶老是反对分科的,其实从目前资料来看,叶老恰好是主张语言与文学分科教学的。

当时一个特别的因素是受学习苏联的影响。从 1952 年开始,教育战线和其他战线一样,掀起学习苏联的热潮。苏联教育书籍被大量翻译、出版,苏联教育、教学经验被大量介绍,不少苏联专家前来讲学。当时苏联实行的就是语言、文学分科教学。教育部副部长叶圣陶当时在《关于语言文学分科的问题》中说:"几年以来学习苏联的热情越来越高涨,介绍到我国来的苏联的先进教育理论非常多,苏联的语言文学分科教学的经验足够我们参考,这是我们语文教学改革的一个极有利的条件。"❷可以说,对苏联经验的学习借鉴在一定程度上也直接促成了 50 年代我国汉语、文学的分科教学。

二、汉语、文学教科书的出台与退场

1951 年 12 月,中央人民政府成立了"中央语文教学问题委员会",各省市也相继成立了语文教学研究会,翻译出版了一些苏联的语文教学论著作,广泛深入的开展了语文教育理论和语文教学法的研究。1953 年 12 月 24 日,新成立不久的中央语文教学问题委员会向党中央提交了《关于改进中小学语文教学的报告》,报告认为:"我国中小学的语文教学,历来都是把语言和文学混在一起教。这样教学的结果,不论从语言方面还是从文学方面看,都遭到很大失败。根据过去中小学语文教学的经验教训,并按语言和文学本身的性质来考虑,应当把现行中小学语文一门课程,分为语言和文学两种独立的学科进行教学。"报告还提出了汉语、文学分科教学的目的、内容和具体实施措施。建议汉语课"在初小和高小阶段,不独立设置科目,但结合语文教材编写一定分量的练习课,有系统有计划地独立进行。初中正式独立设置语言课,单独编订课本,连续教学三年。高中阶段暂不设汉语课(未学初中汉语课的学生应

---

❶ 叶圣陶. 关于语言文学分科的问题 [J]. 人民教育,1955 (8).
❷ 叶圣陶. 关于语言文学分科的问题 [J]. 人民教育,1955 (8).

补修一下初中的汉语课），但应通过古典文学的教学，有计划地教一部分文言文。"文学课的"中小学教材编辑计划拟以中国文学为主，适当地辅之以苏联文学和其他外国文学。"1954年2月1日，毛泽东参加的中共中央政治局扩大会议讨论并批准了这个报告，❶ 并且责成前政务院文教委员会党组办理。当时的国家副主席刘少奇同志批示：中共中央批准这个报告，着中央文委党组办理。❷ 在中央通过了分科教学的决定后，各教育部门就开始了分科的准备工作。教育部责成人民教育出版社根据《关于改进中小学语文教学的报告》的精神，编写中学文学、汉语两科的教学大纲、课本及教学参考书。❸ 教育部副部长、人民教育出版社社长兼总编辑叶圣陶、人民教育出版社副总编辑吴伯箫负责此事。叶老当时强调："要进行系统的语言和文学的教学，语言文学非分科教学不可。要进行系统的语言和文学的教学，非编辑新的课本代替现在用的课本不可。"❹ 同时由教育部邀请在北京的语言学家研究中学语法教学的体系，据以编订汉语教学大纲，编写汉语课本。随后，教育部又拟订了《中学作文教学初步方案（草稿）》。1955年6月，教育部副部长叶圣陶就分科教学的意义及有关问题向北京市语文教师作了《关于语言文学分科的问题》的报告。报告认为：语言学和文学性质不同，语言学是一门科学，文学是一门艺术，性质不同，知识体系就不同，教学任务也有所不同。

为了适应这一重大改革，人民教育出版社将原来的中学语文编辑室改组为文学、汉语两个编辑室。吕叔湘是人教社的副总编辑，具体指导汉语编辑室的业务、学术工作。张志公任汉语编辑室主任，主持初中《汉语》教学大纲及课本的编写工作。参与《汉语》课本编写的有张中行、郭翼舟、周振甫、洪心衡、吕冀平、徐萧斧、孙功炎、陈治文（有的只参与部分），由叶圣陶、吕叔湘、吴伯箫、朱文叔校订。主编初高

---

❶ 中央教育科学研究所编. 中华人民共和国教育大事记（1949~1982）[M]. 教育科学出版社，1984：95.

❷ 刘少奇. 对胡乔木关于改进中语文教学报告的批语[M]//刘少奇著. 建国以来刘少奇文稿（第六册）[M]. 北京：中央文献出版社，2008：55.

❸ 刘英杰. 中国教育大事典（1949~1990，上册）[M]. 杭州：浙江教育出版社，1993：424.

❹ 叶圣陶. 关于语言文学分科的问题[J]. 人民教育，1955（8）.

中《文学》课本的是张毕来、王微、蔡超尘，参与《文学》课本编写的有：冯钟芸、李光家、张传宗、梁伯行、姚韵漪、董秋芳、余文、刘国正、韩书田、周同德等。校订是叶圣陶、吴伯箫、朱文叔。❶ 为了保证《文学》课本的质量，人民教育出版社由吴伯箫副总编辑主持召开过几次作家座谈会，最盛大的一次是在和平饭店召开的。茅盾、臧克家、老舍、萧三等文学大师都曾到会。在此之前，中学语文教材中虽然选入一些文学作品，和文学界却很少有联系。这种交流不但听到了许多宝贵的意见，而且获得了文学界的理解和支持。与会者对中学语文课一律表示赞同，情绪热烈。❷ 对《文学》课本都曾提供过意见。

1955年开始，汉语、文学课本相继出版。包括《初级中学汉语课本》及教学参考书（1~6册）、初中文学课本及教学参考书（1~6册）、高中文学课本及教学参考书（1~4册）（计划是6册，实际上只编了4册）。

由于分科教学在我国是新的尝试，为了慎重起见，教育部决定从1955~1956学年度第一学期起，在北京、上海、天津、济南、扬州、广州等地区选择79所学校在初中一年级对新教科书进行试教。对试教的情况还有专门的报道。"1955~1956学年度第一学期试教的学校有79所，教师266人，学生24788人。根据各地区试教的反映，总的说来，一学期试教的结果证明了语言文学分科教学是正确的，各地教育行政领导、语文教师、中学学生对政府的这一措施都是十分欢迎的。试教的结果也说明了新编汉语课本基本上能够满足分科教学的需要，这次试教基本上是成功的。当然，不论是汉语课本或是这次试教工作的本身都还存在着一些亟待解决的问题。"❸ 总的来说，试教的效果是不错的。

1956年4月，教育部发出了《关于中学、中等师范学校的语文科分汉语、文学两科教学并使用新课本的通知》，❹ 从这年秋季开始，全

---

❶ 新中国中学语文教育大典编写组. 新中国中学语文教育大典阅[M]. 北京：语文出版社，2001：522.

❷ 刘征. 忆吴伯新同志[J]. 百年潮，2002（6）：30.

❸ 教育部中小学新课本试教工作联络组. 中学汉语试教情况报道（1955-1956学年度第一学期）[J]. 语文学习，1956（6）：9-12.

❹ 中华人民共和国教育部. 关于中学、中等师范学校的语文科分汉语文学两科教学并使用新课本的通知[J]. 人民教育，1956（5）：64-66.

国全面推行汉语、文学分科教学，各地中学正式使用《汉语》《文学》教科书。6月，教育部在北京召开了全国语文教学会议，总结和交流试点教学的成功经验，统一思想认识。会上叶圣陶做了《改进语文教学，提高语文教学质量》的报告。报告一方面肯定了解放后语文教学工作的成绩，同时指出存在着"目的和任务不够明确"、"缺乏系统性和计划性"和"缺乏科学的教学法"等三大缺点。针对这三个缺点，强调了分科的重要性。报告还详细阐述了文学教学、汉语教学和作文教学各自的任务、教材设计、教学要点和相互关系。从这次会议之后，汉语、文学分科教学就在全国推广开了。

经过几年的苦战总算有了喜人的结果。那时候不可能用公款吃喝。叶老慷慨解囊，在教育部食堂里，请一位厨艺很高的师傅准备了两桌丰盛的宴席，叶老与吴伯箫容光焕发，喜气盈盈为大家敬酒。❶

由此可见，从中央、教育部到人民教育出版社对汉语、文学分科教学都相当重视，准备充分，计划详细，工作到位，逐步落实。

可是，1958年3月，来了中央宣传部的一纸通知：突然宣布停止才实行两年不到的分科教学实验，中学语文的汉语、文学仍合并为语文，恢复原来的语文课综合设置。

轰轰烈烈的分科实验戛然而止。

非常遗憾，这次分科教学试验从准备到实践前后历时7年，而真正在全国范围内的推广仅仅持续了三个学期。

应该承认，分科教学是我国现代语文教育史上一次开创性的改革实践，分科教学明确指出了语文教学的目的、任务，即进行语言教育和文学教育。在中学里单独开设文学课，这在我国语文教育史上是第一次。当时广大师生对汉语、文学分科是欢迎的，对《文学》和《汉语》课本还是喜爱的。❷ 那些当年经历过分科教学的人，回首往事，都感慨从中受益匪浅。著名杂文家陈四益先生指出："在我的经验里，觉得编得最好的一套课本，是高中时代使用的由张毕来先生主编的高中《文学》。从《诗经》起始，迄于现代，《楚辞》《史记》《乐府》，唐诗、

---

❶ 刘征. 忆吴伯箫同志 [J]. 百年潮, 2002 (6): 30.
❷ 李杏保，顾黄初. 中国现代语文教育史 [M]. 成都：四川教育出版社, 1997: 366.

宋词、元曲、小说，一脉贯通，选的都是名篇佳作。一路学来，不但有文学的享受，而且对中国文学发展的脉络也有了基本的概念。"❶ 2011年的某天，笔者曾亲耳听到几个老学者（他们分别来自艺术教育和自然科学领域）坐在一起，共同唱诵起当时在学校学过的《文学》课本的课文，那种心旷神怡的态势、悠然自得的神情，是一种什么样的享受啊！真让我们这些当年没有读过这一课本的人感到莫大的遗憾与由衷的羡慕。

为什么这样一种改革被这么快的终止？为什么这么受欢迎的课本不能再在学校使用？

三、汉语、文学教科书中止的原因探析

"毛泽东同志亲自过问，党中央政治局扩大会议批准，胡乔木同志直接领导。后来，中宣部副部长周扬也参与领导。在教育部内，则由教育部副部长、著名语文教育家、文学家叶圣陶先生直接领导，人民教育出版社主持这项编辑工作的是著名作家吴伯萧、文学史家张毕来。在编辑过程中，还召集几次作家座谈会，茅盾、老舍、臧克家、萧三等都提供过意见"的中学汉语、文学分科教学，❷ 从大张旗鼓的造势，到草草收场，确实令人费解。这场耗费了无数人心血的分科教学中止的真正原因，一直扑朔迷离。当时参与编辑这套教科书的刘征感慨万千地回忆说："但做梦也没料到，风云突变。1956 年 6 月，教育部召开全国语文教学会议，由叶圣陶向大会作《改进语文教学，提高语文教学的质量》的报告，动员在全国推广使用新的分科教材。正当此时，有关领导对文学、汉语分科提出严厉的批评。会议来了个大转折，不了了之。大会报告不作正式传达，分科教材使用与否各地可以'因地制宜'，也可以使用旧课本。从此文学、汉语分科的命运一落千丈。胡乔木、周扬都三缄其口。对文学课本的批评纷至沓来，如康生指责说："文学课本非改不可"，"与教育方针相违背，最多只能培养小资产阶级感情"，"许多课本思想性不强，语言也混乱，可砍去百分之三十到五十，换选政治论

---

❶ 王丽. 我们怎样学语文 [M]. 北京：作家出版社，2002：315.
❷ 刘国正. 似曾相识雁归来——中学文学教育的风雨历程 [J]. 课程 – 教材 – 教法，2000（6）：18.

文、社论和应用文"。几经周折,至 1958 年,中央文教小组终于正式下令文学、汉语分科的课本停止使用,美丽的维纳斯不仅断臂而且香消玉殒了!这场大起大落的灾变是异乎寻常的,它违反党内生活常规,也违反工作的正常程序,居然如霹雳坠地,轰然爆发,并且中央不出面过问。真正的原因是什么,可能已成为不解之谜。当时的领导人都相继下世了,编辑初中课本的 11 人,高中课本的 13 人,健在的只剩 4 人(我在其中),我们这些普通编辑,对于领导层的事并不十分了解。80 年代初编写新时期的语文教材,人民教育出版社的负责人曾向胡乔木请教,他感慨地说:'写语文教材是一部失败史,是一部伤心史。'默然而已。我们期待着发现更多的佐证,使此疑案大白于天下。"❶

综合各方面的资料,一般有以下几种观点:

一是师资水平的限制。后来有人分析认为,这次改革之所以会以失败告终,是因为教科书难度大,脱离了师生实际水平,特别是师资上的问题,很多教师不能胜任分科教学任务;❷ 还有人把改革失败归之于教师培训不到位。❸ 总的看,教师的素质参差不齐是事实,有的上得好,有的上得差,而且汉语、文学老师不相往来,缺乏协调、互补,等等。❹ 但任何时候这都是事实,没有理由认为仅仅这一事实就足以否定受到如此重视的语文教学改革。

一是改革本身的不足。有人认为,语文分科改革之所以会以失败告终,从现在来看,最根本的原因是因为其改变了历史上以文章为主的语文教学传统。❺ 也有人认为是文学课目标不明确的缘故,导致文学课上成了繁琐艰深的分析课。❻ 教材内容有问题,汉语教科书中语法繁复,文学教科书按照文学史的发展由古到今的顺序来编选违背了学生的接受心理;教学方法不对头,汉语课讲成了语言研究课,文学课上成了文学

---

❶ 刘征. 忆吴伯箫同志 [J]. 百年潮, 2002 (6): 30.

❷ 钟晨音. 语文概念的研究及其对中学语文教材改革的启示 [J]. 学科教育, 2000 (4): 18.

❸ 赵静. 1956 年文学课程改革的历史经验与教训 [J]. 学科教育, 2003 (3): 20.

❹ 张心科. 中学文学教育百年简史 [J]. 阅读与写作, 2005 (2): 47-48.

❺ 钟晨音. 语文概念的研究及其对中学语文教材改革的启示 [J]. 学科教育, 2000 (4): 18.

❻ 张伟明. 语文教育改革的出路——谈汉语文学分科 [J]. 中学语文教学, 1999 (9): 39.

理论课等。❶ 当时就有不少的人认为，文学教材分量太重，大纲要求太多，进度太紧，学生负担重，教学效果差。❷ 时任人民教育出版社副社长的资深教材编写者辛安亭也专门撰文，分析当时对文学汉语分科的讨论的一些问题。❸

但我们认为，即便是改革本身的问题或教师的问题，分科教学都不会这么快、这么突然的夭折，对于一个中央高层定下来的决策来说尤其如此。所以，我们倾向于把它归结为复杂的政治原因所致（也有不少人这么认为的），具体有以下几个方面：❹

第一，对苏联经验的否定。分科教学是学习苏联经验的产物，我国并没有自觉的文学教育的传统。1956年初苏共二十大对斯大林个人崇拜进行批判之后，中苏关系便开始出现裂痕，学习苏联的热潮也随之逐渐降温。而1957年凯洛夫访问我国时对苏联教育中"没有处理好知识和劳动教育的关系"的批评，❺ 更增加了国人对苏联教育成效的怀疑。随着1958年中苏关系的微妙变化，中苏两国的政治分歧越来越明显，再加上国内复杂的政治形势，如对知识分子进行思想改造运动的推进以及大跃进热情的高涨，必然会促使我国与意识形态有着紧密联系的语文教学与苏联模式分道扬镳，中止汉语、文学分科教学。耐人寻味的是，与1958年中国语文教学的做法恰恰相反，苏联正是在1958年全面启用了新的中学文学教学大纲和教材。

第二，中央高层对这一问题认识的分歧。其实，汉语、文学分科教学被中止并非毫无征兆。1956年6月，教育部在北京召开第一次全国语文教学会议，叶圣陶作《改进语文教学、提高语文教学质量》的报告，动员在全国推广使用新的分科教材。1956年7月，教育部发出《关于中学、中等师范学校的语文教材分成汉语、文学两科教学并使用新课本的通知》，分科教学在全国各中学正式推广实施。当时的中宣部部长兼中央人民政府文教委员会副主任陆定一正在医院住院，据说他对

---

❶ 张心科. 中学文学教育百年简史 [J]. 阅读与写作，2005（2）：47-48.
❷ 编者. 开展讨论以来 [J]. 人民教育，1956（12）.
❸ 辛安亭. 中学文学教学的讨论应改进一步 [J]. 人民教育，1957（2）.
❹ 方成智. 艰难的规整——建国17年中小学教科书研究 [D]. 长沙：湖南师范大学，2010：191.
❺ 凯洛夫访华学术报告 [N]. 教师报，1957-2-5.

此一无所知，而当他出院得知上述消息时立即表明了自己坚决反对的立场，此前他对分科教学思想一直持保留态度。这样，分科教学的思想第一次遭到了高层领导的质疑和反对。随后，对文学教科书的批评纷至沓来。1957年9月，康生以中央文教小组副组长的身份指责这套教材说："文学课本非改不可。《文学》课本与教育方针相违背，最多只能培养小资产阶级的思想感情。很多教材思想性不强，语言也混乱，可砍去30%到50%"，"你们这教材，主席著作为什么不放在第一篇？社论是顶好的政论论文"。[1] 教育部韦悫副部长也说："我们不能设想不好的文章可以选用，这样做可能会产生不良的后果，对古代一些作品，我们还没有研究好，没有用马列观点研究好。我们自己还没弄明白，一下子拿出来怎么行？"，"如果离开培养目标来教学这就要犯大错误，必须从思想政治来考虑，教育部要削解古代文学。"[2] 随后，这些观点很快就在地方产生了回应。

第三，大背景的影响。分科教学实行不久，整风反右倾运动开始，从根本指导思想上对语文分科教学进行了批判。罪名是"厚古薄今，脱离实际，脱离政治"。例如"照搬外国经验，脱离中国实际"，"盲目崇拜古人，脱离无产阶级政治"，"宣扬没落腐朽的人生观，腐蚀青年"等。受大背景的影响，分科教学被完全纳入到政治批判的范畴。

第四，汉语、文学教科书自身的选文问题——领袖人物的淡化。除了学术问题外，汉语、文学教科书本身也存在一些当时在某些人看来比较严重的政治问题。如不少人认为文学教科书有分量重、难度大、厚古薄今、脱离实际、脱离政治、为文学而文学的倾向。"今天全国人民以无比的干劲建设社会主义，而现行文学教材，却编选了一些消极避世、闲情逸致、儿女情长的作品来教育学生，这和今天轰轰烈烈的时代合拍吗？"[3]可见，最根本的是语文教学如何为政治服务的问题，特别是教科书中对领袖人物的淡化问题。以人民教育出版社1955年出版的文学教科书为例。

---

[1] 王兆苍著. 王兆苍文存［M］. 北京：民族出版社，1995：13.
[2] 辽宁省教师进修学校编印. 中华人民共和国教育部韦悫副部长在辽宁省中等学校文学教学研究会报告摘要［M］. 1958：5.
[3] 黄岑. 文学教材有为文学而文学倾向［J］. 人民教育，1958（8）：17-19.

表　人民教育出版社 1955 年版初级中学文学课本第一册目录

课　次	课名及作者
第一课	民歌四首：口唱山歌手插秧、泥瓦匠、一个巧皮匠、永远跟着毛泽东
第二课	孟姜女
第三课	牛郎织女
第四课	民歌和民间故事（文学常识之一）
第五课	寓言四则：刻舟求剑（吕氏春秋）、井蛙和海鳖（庄子）、狼和小羊（伊索寓言）、池子和河流（克雷洛夫）
第六课	寓言（文学常识之二）
第七课	唐诗十首：登鹳鹊楼（王之涣）、塞下曲（卢纶）、九月九日忆山东兄弟（王维）、从军行（王昌龄）、望庐山瀑布（李白）、早发白帝城（李白）、绝句（杜甫）、山行（杜牧）、夜雨寄北（李商隐）、社日（王驾）
第八课	鲁提辖拳打镇关西（施耐庵）
第九课	岳飞枪挑小梁王（钱彩）
第十课	王冕（吴敬梓）
第十一课	最后一课（都德）
第十二课	凡卡（契柯夫）
第十三课	叙述和描写（文学常识三）
第十四课	社戏（鲁迅）
第十五课	一件小事（鲁迅）
第十六课	天上的街市（郭沫若）
第十七课	多收了三五斗（叶圣陶）
第十八课	母亲的回忆（朱德）
第十九课	老山界（陆定一）
第二十课	小英雄雨来（管桦）
第二十一课	无线电话机旁（刘白羽）
第二十二课	三千里江山（节选）（杨朔）
第二十三课	对话（文学常识四）
第二十四课	一架弹花机（马烽）
第二十五课	三里湾（节选）（赵树理）
第二十六课	屋里的春天（艾芜）
第二十七课	他们和我们（张天翼）
第二十八课	保价邮包（波列沃伊）
第二十九课	文学作品是写人的（文学常识五）

从上表中我们可以看到，其中只有两课涉及领袖人物，而仅有一课是赞美毛主席的。

据统计：整个初级中学文学课本第一册有29课，第二册有25课，第三册有30课，第四册有27课，第五册有26课，第六册有23课，共160课。其中毛主席所写的文章或课名与毛主席有关的仅有4课，即第一册第一课"民歌四首"里的第四首"永远跟着毛泽东"、第五册第一课"长征"（毛泽东）、第九课"纪念白求恩"（毛泽东）、第六册里第一课"清平乐（六盘山）"（毛泽东）。外加一幅由李宗津创作的有毛主席形象的油画《东方红》（见第一册扉页）。这个比例是很低的。难怪康生指责说："你们这教材，主席著作为什么不放在第一篇？社论是顶好的政论论文。"❶ 也难怪当时的教育部部长韦悫警示大家："如果离开培养目标来教学这就要犯大错误，必须从思想政治来考虑。"❷

如果说，初级中学文学课本里，毛主席等政治性内容出现的次数偏少，高级中学文学课本里，毛主席出现的次数也差不多。高级中学文学课本共编出了四册，第一册16课，第二册18课，第三册19课，第四册17课，四册共70课，其中，第三册仅有一课是毛泽东写的文章，即"什么是知识"，且放在第十五课之后。第四册有两课是毛泽东写的文章，第一课"'农村调查'的序言"、第二课"我们的文艺是为什么人的"。当然，也许这与文学教科书编排体系有关，它是按照文学史发展的线索，从古到今，一路下来，所以，在第一册、第二册里根本看不到当代领导人的踪影。

汉语课本更是如此，初级中学汉语课本1～6册中，在课本的例句和练习中，经常出现的人物是李小松、罗才叔叔、刘大嫂等普通百姓，或孟姜女、牛郎织女等历史人物或传说中的人物，平民化色彩比较浓厚。领袖人物出现的次数非常少。对初级中学汉语课本1～5册的初步统计表明，在304道练习题中，其中毛泽东主席仅出现两次。练习56第7题：

---

❶ 王兆苍著. 王兆苍文存［M］. 北京：民族出版社，1995：13.
❷ 辽宁省教师进修学校编印. 中华人民共和国教育部韦悫副部长在辽宁省中等学校文学教学研究会报告摘要［M］. 1958：5.

听说国庆节能见到毛主席,大家都(心不自禁、情不自禁)地跳起来。(见张志公主编,初级中学课本汉语(第一、二册合编),人民教育出版社,1955年版,第98页。)

练习63第二大题第3小题:班禅额尔德尼向毛主席献哈达。(见张志公主编,初级中学课本汉语(第一二册合编),人民教育出版社,1955年版,第112页。)

另外,在整个这5册课本的例句中,毛泽东主席也只出现了4次。第四册在讲句子成分时举例:毛主席笑了。(见张志公主编,初级中学课本汉语,第四册,人民教育出版社,1956年版,第4页。)我们的座位离毛主席很远,我又矮,被别人一挡,什么也看不见。(见张志公主编,初级中学课本汉语,第四册,人民教育出版社,1956年版,第15页。)中国人民热爱他们的领袖毛泽东。(见张志公主编,初级中学课本汉语,第四册,人民教育出版社,1956年版,第85页。)第五册在讲标点符号时举例:我新近又把毛泽东选集上的反对党八股读了一遍。(见张志公主编,初级中学课本汉语,第五册,人民教育出版社,1956年版,第88页。)

领袖人物不仅出现的次数少,而且出现的位置大都靠后。这5册汉语课本中,包括例句和练习在内,毛泽东主席的名字总共出现了6次,其中有2次是出现在课本的最后一页。

事实上,语文分科以后,汉语、文学教学各自有了相对集中、明确的教学目标和教学内容,这就在一定程度上拉开了语文教学与政治教育的距离,不能像新中国初期那样直接加入有关政治教育的内容,直接为政治服务。也许,汉语、文学教科书的编者们更多地是考虑其文学性、艺术性,对思想政治性虽然也有所顾及,但总的来说在当时的形势下是不够的,没有贯彻"政治标准第一、艺术标准第二"的党的指导思想。与1950年代初期的语文教科书相比,领袖人物的作品入选的比例很少,领袖人物在课文中出现的频次大大下降,与"救星""舵手""红太阳"之类的赞誉相距甚远。正因如此,所以康生要批评文学教材没有突出主席的著作。领袖人物形象的淡化,国家主流意识形态的缺失,也许这就是汉语、文学教科书被中止的深层原因,也是最高领导人在最关键的时候没有站出来,对最初明确支持的改革再次表态支持的重要原因。而在

转瞬即逝的辉煌　　　　　　　　　　　　　　　　　　　　　// 273

今天看来，这恰好是值得充分肯定的，需要给予这次改革更明确的评价。

与后来人民教育出版社1958年出版的初中语文课本的选文对比一下，我们也可以看出其中端倪。

表　人民教育出版社1958年版初级中学课本语文第一册目录

课　次	课名及作者
第一课	民歌六首：永远跟着毛泽东、红旗一展天下都红遍、天冷冷不了热心、一控控到水晶殿、我来了、赞群英
第二课	牛郎织女
第三课	凡卡（契柯夫）
第四课	给徐特立同志的一封信（毛泽东）
第五课	母亲的回忆（朱德）
第六课	任弼时同志的二三事（李庄）
第七课	老山界（陆定一）
第八课	小英雄雨来（管桦）
第九课	平常的人（杨朔）
第十课	毛主席使红光社大放红光（许川、白丁）
第十一课	夜走灵官峡（杜鹏程）
第十二课	保价邮包（波列沃伊）
第十三课	第二次考试（何为）
第十四课	他们和我们（张天翼）

人民教育出版社1958年出版的初中语文课本第一册，总共14课，以毛主席为名的课文或毛主席所写的文章就有3课，约占总数的21%，而1955年的初中文学课本第一册29课中只有1课，约占总数的3%。在歌颂领袖人物上，二者差距很大。

1958年人民教育出版社出版的其他各册语文课本大致如此。初中语文课本五、六册内容如下。

表　人民教育出版社1958年版初级中学课本语文第五册目录

课　次	课名及作者
第一课	清平乐（六盘山）（毛泽东）
第二课	回延安（贺敬之）

续表

课次	课名及作者
第三课	纪念白求恩（毛泽东）
第四课	列宁的性格（高尔基）
第五课	二六七号牢房（伏契克）
第六课	白杨礼赞（茅盾）
第七课	清川江畔（华山）
第八课	五亿农民的方向（李凯、庆琛）
第九课	在青年团第三次全国代表大会上的祝词（邓小平）
第十课	知识青年参加体力劳动问题（谢觉哉）
第十一课	徐老新年前夕谈幸福（范泛红、石良耘）
第十二课	争取一二年内小麦亩产千斤（沈汉民）
第十三课	祝福（鲁迅）
第十四课	母亲（小林多二喜）

表　人民教育出版社1958年版初级中学课本语文第六册目录

课次	课名及作者
第一课	长征（毛泽东）
第二课	木兰诗
第三课	为人民服务（毛泽东）
第四课	十分指标、十二分措施、二十四分干劲（红旗社论）
第五课	毛主席在武钢（曹葆铭）
第六课	我国小麦总产量压倒美国（孟用潜）
第七课	"友邦惊诧"论（鲁迅）
第八课	王家斌（柳青）
第九课	我的一天（奥斯特洛夫斯基）
第十课	给青年们的一封信（巴甫洛夫）
第十一课	步高师傅所想到的（胡万春）
第十二课	解珍解宝（施耐庵）

从上述表中我们可以看到，1958年版的初中语文课本第五册，总共14课，其中毛泽东的文章有2课。第六册总共12课，毛泽东的文章和以毛泽东命名的文章有3课，占总课数的25%，这个比例是相当高

的，而且毛主席的文章安排靠前，两册书的第一课都是毛主席的文章，打开课本即可看到。

对照1950年代初期和大跃进时期的中小学语文课本中的政治性内容，50年代初期出版的文学、汉语教科书在使用不久后即被废弃，也就不难理解了。

几经周折，文学、汉语分科的改革终被中止，领导人和发起者胡乔木、周扬都三缄其口。我们看到，汉语、文学分科作为课程改革和教科书改革，它的发起者是中央高层领导，是政治人物，而它的中止者也是高层领导，是政治人物。很显然，它更多地是在政治因素的推动下进行的，也因政治的原因而夭折。

总之，这场源于政治而又终于政治的汉语、文学教科书改革确实在新中国语文教科书的发展史上留下了辉煌的一页，对后来语文教科书的发展产生了深刻的影响。但作为特殊时代的产物，它实施时间短暂，半途夭折的真实原因还有待进一步求证。从中折射出的是：

行政权力、政治力量对学校课程、教科书的改革与发展的强烈干预。这一次尝试的失败，使得清末民国学者性质的教科书编写传统被彻底切断，从此，大学者几乎都一一退出了教科书领域，教科书成了匠人打磨的御用文本性质的东西，成为主流意识形态的诠释者。再也看不到学者们的思想，看不到创造的火花，看不到创新的冲动（21世纪上海版历史教科书曾经冒出过一次例外的火花）。

牛背上的课本
——耕读教科书

> 肩上背书包,
> 腰里别镰刀,
> 踏碎露珠上学去,
> 遍野歌声高。

这首诗是对 20 世纪 60 年代早期我国特有的一种学校——耕读小学学生上学情况的真实写照。

一、耕读小学的兴起与消失

耕读小学是半耕半读小学的简称,它是一种比较特殊的新型学校,主要存在于 1963~1966 年之间。20 世纪 60 年代初,我国为了加速普及和发展初等教育,实行"两种教育制度"的指导方针,在农村地区由公社或生产大队主办,民众协办的一种简易学校,称之为耕读小学,这是适应农村学生不脱离生产劳动的特点而采取的一种免费办学形式,和全日制小学一样,它也是我国初等教育的基本形式之一。它以当地的农业生产和农民的生活需要为原则,就地办学,学校设施简陋,上课时间灵活,晴耕雨读,半耕半读,学习内容以语文和算术为主。根据当地的实际情况,有的耕读小学还开设有珠算、政治常识、农业常识、革命传统故事课、唱歌课和周会课。如果条件变化,有的学生可根据本人要求和实际文化程度，转入全日制小学学习。这种学校的灵活性和对农民家庭的适应性，使得它在当时颇受农民好评。农民纷纷赞扬"耕读学校是一枝花，香风传遍千万家"，还有的编成歌曲传唱"耕读小学是一枝花，公社儿童喜欢她，栽花人是共产党，从此不会当文盲……"

耕读小学产生于两种教育制度的背景下。新中国初期，县城小学和农村中心小学由国家办学，从1951年开始民办小学逐年得到发展。1958年5月3日在中共中央政治局扩大会议上，刘少奇提出：中国应该实行两种教育制度和两种劳动制度。即一种是全日制的学校教育制度和全日制的工厂、机关工作制度；一种是半工半读的学校教育制度和半工半读的工厂劳动制度。

1958年9月《中共中央、国务院关于教育工作的指示》提出："党的教育工作方针，是教育为无产阶级的政治服务，教育与生产劳动相结合；为了实现这个方针，教育工作必须由党来领导"，实行全民全党办学，调动中央和地方两个积极性，下放教育权力，贯彻党委领导下的群众路线，主张办学形式的多样化，在全日制学校之外，大力发展半工半读学校和各种形式的业余学校。

此后，在两种教育制度的政策指导下，学校实行开门办学，采用公办与民办并举的策略，出现大量半工半读学校，民办小学数量迅速增长，学龄儿童入学率也急剧上升。例如，吉林省桦甸县的民办小学由原来78所增至183所，学龄儿童入学率由70%提高到80%以上。❶

1959至1961年，受三年自然灾害，以及其他一些认识因素的影响（由于对这种新型学校的意义估计不足，全党全民都没有经验，认识上不是很彻底❷），我国开始贯彻"调整、充实、巩固、提高"八字方针，"许多半工半读、半农半读的学校垮台了，或者被取消了，或者改为全日制学校了"，农村民办小学实行了合班并校，学校数量大幅度减少，大量高龄学生回家参加生产实践劳动。前述桦甸县的民办小学由原来的183所减少到93所。

但是，问题是：我国农村儿童多，人员分散且地区偏僻；大部分贫

---

❶ 胡玉强. 农村小学教育事业发展的新高潮——记1964年大办耕读小学［M］//政协桦甸市委员会文史资料委员会编. 桦甸文史资料：第11辑. 桦甸文史资料委员会印，2002：112.
❷ 中共中央关于发展半工（耕）半读教育制度问题的批示，1964－11－17.

困家庭的子女由于缺少学费、小学离家远等因素不能进入全日制小学学习，特别是受重男轻女传统思想的影响，很多女孩不能接受教育。在1964年2月13日的"春节座谈会"上，毛泽东对教育提出严厉批评，半工半读教育又被重提。8月1日和22日，刘少奇接连在中共中央召集的党内报告会上发表《半工半读，亦工亦农》，在广西壮族自治区干部会议上发表《关于两种劳动制度和两种教育制度》的讲话。随后，农业部、卫生部、化学工业部、教育部、高等教育部等相继召开会议，部署落实中共中央转发江苏省《关于发展半工（耕）半读教育制度的规定（草案）》，并就进一步发展此类学校提出了总要求。1965年5月30日《人民日报》发表社论，要求"努力办好半农半读学校"，并开辟专栏讨论，至1965年半工（农）半读学校掀起新一轮试验高潮。各地反映的大量事实充分说明，半工半读、半农半读学校深受广大工农的拥护，他们认为这是"三伏天送扇，三九天送炭"。

为了加速普及农村教育，解决农村贫困子女上学的问题，从1963年起，很多地区从实际出发，根据当地群众的需要，开办了耕读小学。1964~1965年是耕读小学最繁盛的时期。

例如，截止1964年8月，重庆市设立耕读小学900所，入学儿童31000多人。❶山东省的一个县从1963年冬季开始试办耕读小学，到1964年3月全县出现了大办耕读小学的高潮，全县办成耕读小学625所，826个班，学生人数21179人，学龄儿童入学率提高30%。❷

1965年3月，教育部召开全国农村半农半读教育会议。同年5月14日，教育部党组在关于全国农村半农半读教育会议的报告中指出，当时，全国耕读小学学生已达1360多万人。教育部在给中共中央的报告中提到发展的思路是，"由于我国山地多，偏僻的地方多，要普及初等教育，光靠全日制学校是不够的，还要长期地扩大地办耕读小学"，"必须正确处理普及和提高的关系。目前，着重抓好普及，大力发展耕读小学，先解决贫下中农子女的入学问题"，"要提高耕读小学的教育

---

❶ 重庆市教育局. 发展和巩固农村耕读小学的情况调查 [J]. 四川教育通讯，1965 (1, 2).

❷ 人民教育出版社编. 农村耕读小学工作经验：第1辑 [M]. 北京：人民教育出版社，1964：8.

质量"。❶

文革前夕的1966年2月24日,教育部专门下文,对如何巩固和提高耕读小学及农村中学,提出了五项具体指示。❷

1966年文革开始后,刘少奇所提倡的两种教育制度方针遭到否定,被认为是"资产阶级双轨制",限制了劳动人民子弟接受更高一级教育和更好教育的权利。农村的耕读小学、农业中学等实验性举措被遗弃,由于受到"教育质量差"的责难,加之不断加码的政治化要求以及对生产劳动的不恰当的强调,耕读小学最终在文革启动后退出教育舞台。

二、耕读小学的办学特点

耕读小学是根据农村的实际、根据农民的生产和生活需要而开办的,所以一切以便利农民子女入学为原则。

耕读小学的教师往往由生产队自己选聘,主要标准是思想进步、历史清白、热心教育事业,多为中小学毕业生。有的耕读小学请农民业余学校和全日制小学教师或生产队会计兼课。教师的工分补贴由办学单位负担,办公费用由公益金开支。耕读小学一律不收学杂费。课本和学习用品一般由学生自备,生活困难的,大队帮助解决。

耕读小学不硬性规定学生入学年龄,每班的学生名额也不加限制,不规定什么时间始业,没有严格的学期学年的划分。闲时多学,忙时少学。每天什么时间学,学多长时间都根据群众意见来确定。具体来说,有以下六种形式:

1. 季节性学校

季节性学校也称冬春学校,是农村耕读小学比较普遍采用的一种形式。这种学校根据当地农事季节和群众需要来确定学习时间,原则是:"农闲多学,农忙少学,大忙放假(或抽空学)。"这种形式的学校,可以根据需要随时改变学习时间,有利生产,方便群众。例如,河北省故

---

❶ 教育部党组关于全国农村半农半读教育会议的报告. 1965–5–14.
❷ 教育部关于巩固提高耕读小学和农村中学的指示. 1966–2–24.

城县辛庄公社从生产和生活实际出发，听取农民意见，根据大忙、小忙、大闲、小闲不同情况，将一年四季分为五段来安排学习时间：

从寒假结束开始到立夏，约计70天。这时农活不忙，学生坚持全日学习，每天在校学习6小时，除星期日外，实际学习60天，共计360小时。从立夏开始到芒种，约计30天，改为上午半日学习。学生每天在校学习3小时，除星期日外，实际学习78小时。芒种开始放麦假20天。从麦假结束到白露，约计70天，农活较忙，改为午后学习，每天2小时，共计140小时。白露开始放秋假50天。从秋假结束到小雪，约计26天，改为下午半日学习。学生每天在校学习3小时，星期日除外，共计75小时。从小雪开始到寒假，约计60天，改为全日学习。学生每天在校学习6小时，星期日除外，共计324小时。

总计全年共学习977小时，与今天的小学每学年学习时数基本一样。

2. 半日制班（组）

这种形式的班（组）是根据全年农活较多、儿童需要经常参加辅助性劳动和家务劳动而创办的。平常半天学习，半天劳动。大忙时期，有的放假，有的抽空学习。上午学习还是下午学习，根据生产和群众的具体情况而定。例如，浙江晤云县根据山区作物多、农忙期长而开办的半日班，春末、夏季，儿童要趁早参加割草、放牛、砍柴等劳动，就办下午学习班；秋末、冬季，天气凉，儿童在下午劳动，就办上午学习班。每天学习3~4小时。

3. 早、午、晚班（组）

有些农民家庭子女多，劳力少，儿童需要参加更多的生产劳动和家务劳动，他们只能在早、午、晚抽出一定时间来学习，早、午、晚班（组）就是适应这种情况开办的。开办哪个时间的班（组），要根据当地当时的具体情况来定。例如，河北省故城县辛庄公社的午班，把一年分为春、夏、冬三季。冬春两季天短，每天午后学习两小时；夏季天长，每天午后学习两个半小时；麦收和秋季大忙放假。

有些地方的午班又称牧童班，它是专为牧童开办的，中午学习。有些地方的晚班又称夜小学、女孩班，因为在晚班学习的大多是女孩子，她们白天都要在家劳动和照看弟妹，只有到晚上，大人们都回家了，她们才有时间学习。

4. 一揽子学校

这种学校适宜于山区居住比较分散，学校学龄儿童不多，教师工作量不太重的村子。所有儿童和成年人都在一所学校里学习。

一所学校里往往有两种或多种教学形式并存，学生根据自己的情况确定参加哪种形式的学习；他们还可以根据情况的变化从一种形式转入另一种形式学习。

除了上述几种形式外，还有其他一些联系实际的教学形式，如识字组或送字上门、巡迴小学等。

三、耕读小学的课程与课本

"半工（耕）半读学校的课程，应本着'少而精'和'理论联系实际'、'学以致用'的原则设置。一般设政治课、文化课、专业课三种课程。课程的具体设置和使用的教材由教育厅协同各有关业务部门研究确定"。江苏省对耕读小学课程与教材的规定，得到中共中央的肯定，被中央转发。[1] 总体上说，耕读小学的课程设置，贯彻少而精和学以致用的原则，注意急用先学，"保证学好必要的基础知识"。不同农村地区的耕读小学，学习内容不同。课程主要以语文和算术为主，有的小学根据当地的办学情况和农民的需要，还开设了珠算、政治常识、农业常识、周会、革命传统故事课和唱歌课。

在课本方面，教育部指出，教材先由各地区、各业务部门动手编写，以满足当前需要；然后，会同省、市、自治区教育厅、局，综合各地教材的优点，尽快地编出耕读小学的语文、算术。[2] 现实中，有的学校从全日制小学课本中挑选一部分课文，印发给学生。有的学校采取干部，教师，贫下中农三结合的办法，根据农村生产生活需要，给学生编选了补充教材。也有一些地方编撰了专门的耕读小学教科书。这些教材，结合实际，通俗易懂，主要是加强对学生读、写、算能力的培养，

---

[1] 中共中央关于发展半工（耕）半读教育制度问题的批示. 1964–11–17.
[2] 教育部党组关于全国农村半农半读教育会议的报告. 1965–5–14.

以适应农村记账、应用文等的需要。耕读小学教科书一般是八册，相当于初等小学使用的教科书。但也出现过高级小学的课本，所以有八册一套（云南等地），有十册一套（安徽等地），也有十二册一套（湖南等地）。多数于1963~1966年出版使用，相对集中在1965年前后。耕读小学教科书多由省、市或自治区组织人力编写的，也有一些是由地区组织编写的，还有的是由县编写的。据不完全统计，除了人民教育出版社的耕读教材以外，还有北京、河北、浙江、江苏、广东、辽宁、吉林、黑龙江、安徽、江西、湖南、广西、云南、贵州、陕西、青海、内蒙等省组织编写的，也有石家庄、安阳等地区组织编写的，再还有阳原、黑山等县编写出版的耕读小学教科书。

1. 语文教科书

耕读小学的语文教科书一般包括识字、诗文、应用文三部分。

识字部分，多半编在一、二、三册，有看图识字和传统形式的《新三字经》《新百家姓》《新四言杂字》（也有五言、七言的）等。在编排上注意由简到繁，由易到难，便于学习；重视思想性，适应农村阶级斗争和生产斗争的需要；多用传统的韵文形式，念起来上口，便于背诵记忆；顾及地方特点，如认识农作物名称，青海编进了青稞，吉林编进了黄烟、甜菜，湖南编进了苦瓜、樟树，等等。有些地方专门编写了《农村常用杂字》，江西更是编写出版了耕读小学语文课本之《新三字经》（第一册）、《新编四言杂字》（第二册）、《新编增广贤文》（第三册），该书内容实用，且是韵文，读来琅琅上口，内容既承传统，又启新知，颇受欢迎。如：

新社会里，同志最亲，称呼同志，界限要明。

家属亲戚，长幼要分，称谓有别，相沿至今。

同是祖父，叫法不同，或喊爷爷，或喊公公。（《新编四言杂字》第二册）

学问学问，勤学好问；学习学习，学而时习。

只有学而知之，没有生而知之。知之为知之，不知为不知。

学习要虚心，自满是敌人。不惟明字句，而且得精神。（《新编增广贤文》第三册）

诗文部分。从内容看，主要有关于阶级斗争的内容，包括歌颂党和领袖、歌颂总路线、大跃进、人民公社，进行革命教育、阶级教育、劳动教育、集体主义教育、爱国主义和国际主义教育等方面的课文。如人教版教科书中的"毛主席看戏的故事""列宁的大衣"等，陕西人民版教科书中的"永远跟着共产党""第一面五星红旗""吃水不忘挖井人"等，贵州人民版的语文更是具有了文革课本的元素，扉页出现毛主席的标准像，识字的前三课分别是"中华人民共和国万岁"、"中国共产党万岁"、"毛主席万岁"等课文。还涉及历史、地理常识，往往包括乡土历史、地理内容，如江西课本里的"江西是个好地方""红色故都瑞金"，安阳课本里的"安阳专区旅行"等。关于生产斗争的内容，主要包括农业生产、自然和卫生常识等方面的课文。

从体裁看，有记叙文、说明文、议论文、诗歌、故事、寓言、童话等。有的还有浅近的文言文，如"学弈""苛政猛于虎"等。

应用文部分。包括条据、通知、一般书信、专用书信、启事、通告、公约、规则、合同、报告和请示、日记、笔记、黑板报、广播稿、喜报、说明书、聘请书、会议记录、电报、请帖、计划、总结、对联等三十多种应用文。辽宁人民出版社还出版了专门供耕读小学使用的应用文课本（1965）。

各地耕读小学的语文教科书篇幅差别大。贵州人民出版社的《语文》第一册有 85 页（版），而陕西人民出版社的《语文》第二册才 56 页（版），云南的《语文》第一册是 52 版。

2. 算术教科书

算术教材一般包括笔算、簿记、珠算三部分。

笔算内容一般包括整数四则计算、小数四则计算，简单的票据、日记帐、统计图表、劳动工分账，一些常见形体的面积和体积计算、地积计算，以及货币单位、时间单位、公制市制长度和重量单位等。有些还包括百分数。有些地方编了《农村应用数学》，主要讲几何初步知识，结合几何知识介绍农村生产和生活中常用的计算方法，如预估农作物产量、化肥使用量，估算粮囤里粮食重量、柴草垛的柴草重量，计算稻田的水量，量沙、石、土方，预测猪、牛、羊的体重，合理安排劳动力，定额计件种酬，年终分配的计算，等等。总之，所有内容都尽可能跟生产、生活联系密切。

簿记内容主要包括生产队常用的几种账簿：日记账、分类账、劳动工分账，以及社员的劳动手册的记账、过账和结账的方法等。会计科目一般有生产收入、生产支出、公积金、公益金、税金、贷款、固定财产、社员往来、队外往来、库存物资、管理费用、存款，等等。

珠算内容一般包括整数、小数四则计算。乘法主要讲留夹乘，除法主要讲归除或商除。有的还介绍了破头乘、掉尾乘、剥皮除法、么二五除法、地亩飞归等方法。[1]

笔算、珠算，多数分编，个别地方合编，以培养珠算技能为主；有的地方珠算跟簿记合编。

……

耕读小学教科书的最大特点是联系农村实际，适应生产、生活需要，也适应教学需要，注重农村学童的一些特殊性，吸收本土元素，利用乡土材料。以实际需要为依据，学以致用，急用先学。如应用文、记账知识等。有些珠算教材采用"百子图""九盘清""小九归"等传统练习，使学生练活指法，背熟口诀；有的还编入"凤凰单展翅""凤凰双展翅""三朵梅花""狮子滚绣球"等有趣的练习。笔算教材里讲竖式加法，有的也利用了歌诀。湖北的歌诀是："数位相加，个位加起，满十进一，切莫忘记。"江西的歌诀是："两数相加要注意，个位十位各对齐，先算个位再十位，逢十进一莫忘记。"耕读小学教科书的另一个比较显著的特点是带有浓厚的阶级斗争色彩，突出"三大革命运动"内容，"政治是统帅，思想是灵魂"之类的课文不时出现，为文革课本作了铺垫。当然，过于强调实用，迁就农村生产、生活实际，仅仅满足于扫盲层面的教育，必然导致忽视系统知识的传授，忽视对农村学校的改善，教学质量难以保障。农村学生的竞争受到削弱，人们的批评声逐渐增大，学校最终消亡也就可以理解了。

---

[1] 百花齐放——记耕读小学教材［J］．人民教育，1965（6）：47．

附：新诗一首

耕读小学[1]

比小鹿走得快，
比小鸟起得早，
肩上背书包，
腰里别镰刀，
踏碎露珠上学去，
遍野歌声高。

一片片葵花一片片草，
一排排杨柳掩小桥，
草打的顶子泥抹的墙，
课堂里满屋阳光照。

盆子里种的新品种，
瓶子里装的新肥料；
一条条根都通他们的心，
一棵棵秧苗都朝他们笑。

好亲的话语好熟的调，
几十双眼珠好像火苗苗；
隔墙听，
老农正在讲种稻。

课堂上讲，稻田里教，
收工回来过小桥；
洗洗脚上的泥，
捎带磨镰刀。

你拾回一箕子粪，
他割来一筐子草；

---

[1] 李瑛著. 李瑛诗文总集：第4卷 [M]. 北京：中国文联出版社，2010：335.

交队里，
学习的纸笔都有了。
大地就像书页子，
字行就是那垄条条；
拔节的玉米秀穗的谷，
眼看一代新人成熟了。

莫道土房矮，
莫道操场小；
操场能望全世界，
房矮志气高。
嘿！东风过处花满眼，
芳香遍野飘！

文革课本的肇始
——天津延安中学的革命课本

"文革"时期推崇破旧立新，教育首当其冲，如工农兵管理学校，工农兵上讲台，工农兵编课本，编工农兵课本，等等。有些课程和教科书构成了课程史和教科书史上绝无仅有的例子。比如出现了"毛泽东思想课""工农兵知识课""阶级斗争课""生产斗争课"等，相应的，也编写了这样的课本。

提起"文革"期间的课程革命、课本革命，不能不谈天津延安中学，这是一所在文革期间复课闹革命中树立起来的响当当的学校典型，它在红色课本或革命课本的标新立异上真正做了一回弄潮儿。

一、天津延安中学及其教改方案

天津延安中学（现天津 109 中学）"文革"前只是一所天津郊区的普通中学。1967 年初，正当红卫兵们还在持续冲出校园，"罢课闹革命"，走向全国各地，大搞"革命大串联""斗私批修""破四旧"的时候，天津延安中学却解散了"战斗队"，开始"复课闹革命"，这在"文化大革命"发动不足一年的当时，真是一件逆潮流的大事件。可是，这件事却得到了毛泽东和中共中央的认可，并于 1967 年 3 月 7 日作出重要批示（后称为"三·七"批示），要求全国学习天津延安中学的经验。这是文革时期教育革命的重要转折点，第二天《人民日报》随即发表社论，号召中小学复课闹革命。从此，在全国各地"造反"

的中小学生先后走回课堂，结束了罢（停）课闹革命的运动，开始新一轮的复课闹革命。

1967年10月28日，《人民日报》刊登文章介绍天津延安中学是怎样复课闹革命的。《人民日报》在文章的"编者按"中这么写道：天津延安中学的师生依靠敏感的"政治嗅觉"，"遵照毛主席的'五·七'指示，高举着无产阶级教育路线的旗帜和革命批判的旗帜，对以中国赫鲁晓夫为代表的修正主义教育路线，进行了系统、深入的批判，从而在改革教学思想、改革教学体制、改善师生关系、改革教学方法、改革教材等方面，取得了初步的成就。"❶

经媒体广泛宣传之后，天津延安中学的经验很快在全国各地引起反响，"除西藏之外"的其他地区都有人到延安中学取过经，每天延安中学要接待多则两万，少则五千的参观者。❷ 其中天津延安中学关于改革（实际是"革命"，是"颠覆"）传统课程与教材的经验，影响最大，它经《人民日报》等刊物的文章宣传后，基本上被全国各地的教育部门和学校教材编写者所借鉴和效仿——"革命师生们以毛主席著作为基本教材。政治课、语文课都讲毛主席著作。外语课学习毛主席语录，以及战时所需的对敌喊话等。一些知识课也都突出了毛主席思想。遵照毛主席的'五·七'指示，安排一定时间，让师生到工厂、农村学工学农；结合军训学习毛主席的军事思想，中国人民解放军的光荣传统，四个第一，三八作风，三大纪律八项注意等，大大丰富了教学内容。"❸

毛主席的"三·七"指示、《人民日报》和各地党报党刊的大力宣传，使得天津延安中学的教育革命发挥了极大的示范作用。所以天津延安中学后续的一些"革命"举措也特别引人注意，并产生了广泛的影响。

1968年2月20日，天津市革命委员会文教组发布"致天津市中学革命师生"的"信"，宣告"在伟大导师毛主席教育革命思想的指引

---

❶ 《人民日报》编辑部.《人民日报》关于天津延安中学是怎样复课闹革命的编者按[N]. 人民日报，1967-10-28（1）.

❷ 董保存.卜算子.天津延安中学复课闹革命始末[J]. 党史博览，2006（11）：1.

❸ 中国人民解放军天津军训联合指挥部. 在毛泽东思想指引下做教育革命的探索者——天津延安中学是怎样复课闹革命的[N]. 人民日报，1967-10-28（1）.

下，天津延安中学和天津东风大学的革命师生，探索性地编写了一套四年制普通中学的教学改革方案和毛泽东思想课、语文、数学、英语、物理、化学等科的教学大纲（试用稿）。现在把它印出来，和大家见面了"。❶

天津延安中学和天津东风大学（原天津师范学院，现天津师范大学）合编的四年制普通中学（当时的四年制中学包括初中和高中各二年制）教学改革方案提出，通过四年的培养教育，毕业生要达到的标准主要有两方面：必须高举毛泽东思想伟大红旗；学工、学农、学军❷。因此，教改方案的重点主要集中在：一是要加强毛泽东思想学习，二是要学工、学农、学军，参加社会实践。"以毛主席的'五·七'指示为最高纲领，本着阶级斗争是一门主课的精神，学校教育必须以政治教育为中心，把毛泽东思想课摆在首位，开设天天读、机会教育课、阶级教育课、文化课、军体课和学工、学农、学军课。"❸ 教改方案规定：四年内共208周（请注意，这里是208周，平均每年52周，几乎全年所有时间都在学校的设计范围之内，学校要占用学生的一切时间），其中学习文化科学基础知识的时间为127周，约占四学年总周数的61%；学工、学农、学军为56周，约占总周数的27%；机动时间为25周，约占12%。

二、天津延安中学的革命课本

依据教学改革方案，天津延安中学与天津东风大学设置了一系列革命性的课程，根据课程开设的需要，双方于1968年合作编写了《干革命靠毛泽东思想》（1册）、《语文》（4册）、《数学》（4册，含代数3册、生产会计1册）、《英语》（4册）、《农业基础知识》（2册）、《工业基础知识》（2册，《物理》《化学》合并而成）等课本。这都是史无

---

❶ 天津延安中学革命委员会，天津东风大学教育革命办公室. 四年制普通中学教学改革方案（试用稿）[M]. 天津：天津人民出版社，1968：334.

❷ 天津延安中学革命委员会，天津东风大学教育革命办公室. 四年制普通中学教学改革方案（试用稿）[M]. 天津：天津人民出版社，1968：334.

❸ 天津延安中学革命委员会，天津东风大学教育革命办公室. 四年制普通中学教学改革方案（试用稿）[M]. 天津：天津人民出版社，1968：6.

前例的一些（课程与）课本。这些课本都可统称为"学毛泽东思想"的课本，我们把它们分为三类：为学毛泽东思想而编的政治课本；以毛泽东著作为主要内容的语言课本；活学活用毛泽东思想的数理课本。

1. 为学毛泽东思想而编的政治课本

为学习毛泽东思想，1968年天津延安中学与天津东风大学根据《毛泽东思想课教学大纲》标新立异地编写了一本新课本——《干革命靠毛泽东思想》。另外，根据毛主席"学生也要学军"的教导，编写了一本中学《学军》课本，其目的是为了学习毛泽东的建军思想。

（1）新编的专门学习毛泽东思想的课本——《干革命靠毛泽东思想》

《毛泽东思想课教学大纲》认为：在过去政治课教学中，一直存在着尖锐复杂的两个阶级、两条道路、两条路线的斗争。……永远高举毛泽东思想伟大红旗，用伟大的毛泽东思想武装革命师生的头脑，坚持在一切工作中用毛泽东思想挂帅，实现人的思想革命化，树立"完全""彻底"为人民服务的思想，是政治思想工作的最根本任务，也是毛泽东思想课的最根本任务。❶

《干革命靠毛泽东思想》是天津延安中学为适应斗、批、改的政治斗争需要，依据教学改革方案和教学大纲编写的一本新的政治课本。"它要紧跟伟大导师毛主席的伟大战略部署；应该成为学习最新指示、执行最新指示、宣传最新指示、捍卫最新指示的阵地。应以毛泽东思想为指针，以两个阶级、两条道路、两条路线的斗争为纲，以斗私、批修为纲，以毛主席著作为基本教材。"❷

《干革命靠毛泽东思想》主要以毛泽东著作为基本内容。教材内容共有七个方面：毛主席最新指示；毛主席的伟大革命实践活动；阶级和阶级斗争；继承和发扬革命传统；中国革命和中国共产党；无产阶级文化大革命；毛主席的哲学思想。

另外因林彪指示"要把'老三篇'作为为座右铭来学。哪一级都要学。学了就要用，搞好思想革命化。""老三篇"成为中学《干革命靠毛泽东思想》最基本的教材内容。之后其他地区所模仿编写的《毛

---

❶ 四年制普通中学. 毛泽东思想教学大纲［M］. 延安中学，1968.
❷ 四年制普通中学. 毛泽东思想教学大纲［M］. 延安中学，1968.

泽东思想课》几乎都包括"老三篇"。❶

《干革命靠毛泽东思想》在编排上较简单、粗糙，基本如文件的大汇集，显然是纯粹从政治视角编写的课本，并没有考虑教育、教学的规律和特性，没有生词、复习、练习等教与学的要素，且没有按不同年级学生的不同接受水平来编排课本。课本是迎合当时政治需要的应景之作，当时编写课本的第一原则是政治正确，所以，教育、教学的可行性和规律性对于课本编写来说是次要的，甚至是可以忽略的。

在当时全国要坚持一切工作中用毛泽东思想挂帅，实现人的思想革命化的政治环境中，天津延安中学的这本《干革命靠毛泽东思想》通过新闻媒体的宣传无疑对当时中小学政治教育教材的编写起到了重要的引领作用，此后，各省市基本都编有《毛泽东思想课》（基本在1969年初才有编印）作为政治课本，有些地方（如山西省）则一开始是直接翻印天津延安中学的这本课本。

（2）学习毛泽东军事思想的新课本——《学军》

天津延安中学的《学军》课本（1969年4月，1册），从出版时间看是全国第一本《学军》课本，后来有的省市改为《军体》等。这是一本不分年级，要求每个学生都要同时学的课本。《学军》是天津延安中学根据毛主席的教导"学生也要学军""向解放军学政治，学军事，学四个第一，学三八作风，学三大纪律八项注意，加强组织纪律"而编写的中学军事课本，其主要内容分成两个部分（见下表）。

表　《学军》课本内容篇目

思想政治教育内容	军事知识
毛主席语录；林副主席对政治工作的重要指示；中国人民解放军是毛泽东思想武装起来的，全心全意为人民服务的新型的人民军队；坚持四个第一；大兴三八作风；遵守三大纪律八项注意；发扬三大民主；开展四好连队运动；贯彻毛主席全民皆兵的方针；大办民兵师；无限忠于毛主席的好干部——门合	队列；投弹；刺杀；射击；游泳；行军宿营；战术与其他

这本《学军》课本含有少量军事知识，还是以政治教育内容为主，

---

❶ "老三篇"是文革的说法，指毛泽东的三篇文章：《为人民服务》《纪念白求恩》《愚公移山》。

学习解放军高举毛泽东思想伟大红旗，活学活用毛主席著作，无限忠于毛泽东思想的崇高品质，学习军事，学习"四个第一""三八作风""三大纪律八项注意"，加强革命性、科学性、组织纪律性，培养学生的无产阶级爱国主义和国际主义精神。❶因此，《学军》课本本质上仍是一本以学习毛泽东思想为主体的课本，它后来也纷纷被其他省市所效仿。有些省市更名为《军体》或《军体卫生》之类，但内容的编排类同于《学军》课本。

2. 以毛泽东思想为主要内容的语言课本

虽然有专门的政治课本《干革命靠毛泽东思想》等，但《语文》《英语》语言类课本仍然肩负着学习毛泽东思想的政治任务。

（1）类同于《干革命靠毛泽东思想》的《语文》课本

"文革"中，语文课教学与《语文》课本编写被认为存在着两个阶级、两条道路、两条路线的激烈斗争，"他们千方百计地反对语文课宣传毛泽东思想，反对我们敬爱的领袖毛主席，反对毛主席的革命路线，使语文课这个重要阵地，变成宣扬'封、资、修'的腐朽思想，为资产阶级政治服务，为资本主义复辟服务的重要场所。"❷因此，天津延安中学所编的《语文教学大纲》中提出，"学习、执行、宣传、捍卫毛泽东思想，是语文课最最迫切、最重要的任务"。

依据语文教学的目的和任务编选的《语文》课本，分为基本教材和辅助教材。其中，毛主席著作和诗词为《语文》课本的基本教材（见下表），把与毛主席著作内容相关的各种文体的文章作为辅助教材。

表　四年制普通中学语文课本基本教材目录一览表

第一册	第二册	第三册	第四册
《毛主席语录》再版前言	《八届十一中全会公报》	《林彪同志就工业交通战线活学活用毛主席著作写的一封信》	《林彪同志在中央政治局扩大会议上的讲话》节选论述毛泽东思想部分

---

❶ 天津延安中学革命委员会，天津东风大学教育革命办公室. 四年制普通中学教学改革方案（试用稿）[M]. 天津：天津人民出版社，1968：8.
❷ 四年制普通中学. 语文教学大纲[M]. 延安中学，1968.

续表

第一册	第二册	第三册	第四册
《为人民服务》《愚公移山》	《无产阶级革命事业接班人的五个条件》	《放下包袱，开动机器》	《毛主席论十月革命》
《中国社会各阶级的分析》	《炮打司令部》——我的一张大字报	《论人民民主专政》	《五·一六通知》
《我们的文艺是为什么人的?》	《文艺批评的两个标准》	《看了〈逼上梁山〉以后给延安平剧院的信》	《关于文学艺术的两个批示》
《给清华附中红卫兵的一封信》	《湖南农民运动考察报告》节选"糟得很"和"好得很"至"革命先锋"	《〈这个乡两年就合作化了〉一文按语》	《青年运动的方向》节选《在中国共产党全国宣传工作会议上的讲话》3、4点
《纪念白求恩》	《反对自由主义》	《关于纠正党内的错误思想》	《枪杆子里面出政权》
《继续保持艰苦奋斗的作风》	《关于两类不同性质的矛盾问题》	节选《在中国共产党全国宣传工作会议上的讲话》的第一点和前《十条》第一部分	《林彪同志委托江青同志召开的部队文艺工作座谈会纪要》
《帝国主义和一切反动派都是纸老虎》	《伟大领袖毛主席电贺阮友寿主席》	《致阿尔巴尼亚劳动党第五次代表大会贺电》	《将革命进行到底》
《被敌人反对是好事不是坏事》	《人的正确思想是从哪里来的?》	节选《矛盾论》第五部分	
《反对本本主义》	《长征的意义》	《改造我们的学习》	

《语文》课本的编排并没有与毛泽东思想课本完全区别开来，实际上是另一本《毛泽东思想课》课本。这样的编排，倒不如干脆把语文和政治合并。也许是受启发于天津延安中学的课本，很快一些地方新的语文课本《政治语文》或《政文》出现了。

(2) 全国首编的以毛泽东思想为统帅的《英语》课本

复课闹革命初期，天津延安中学最早开设了英语课程，并编有《英语》课本（1968年版）❶。至于中学为什么要学英语，天津延安中学所编的《英语教学大纲》认为：一是因为历史赋予了中国青年用外语这个阶级斗争的有力武器，把战无不胜的毛泽东思想广泛传播到全世界的使命；二是学习外国好的经验与科学技术，需要掌握一定的外语知识。

复课闹革命后，原有旧英语课本"不突出无产阶级政治，不与三大革命运动的实际相结合，使外语教材充满了资产阶级思想和低级庸俗的东西，让那些没有得到彻底改造的资产阶级知识分子利用外语讲台，大肆贩卖修正主义的黑货，极力宣扬资产阶级生活方式，毒害青年，为其复辟资本主义作准备"❷。因此"遵照我们伟大领袖毛主席'学制要缩短，教育要革命，资产阶级知识分子统治我们学校的现象，再也不能继续下去了'的教导"，❸ 天津延安中学与天津东风大学探索性地编写了一套四年制普通中学使用的英语教材（4册），并于1968年2月出版。无论是在编写的指导思想还是内容的编选、编排形式上，这套全国文革期间首编的《英语》课本对全国大部分省市的《英语》课本编写（1969年后）都起到了示范引导作用。

首先，在指导思想上，用毛泽东思想统帅《英语》课本。根据毛主席教导"学校一切工作都是为了转变学生的思想"，外语教学必须突出无产阶级政治，突出战无不胜的毛泽东思想，用毛泽东思想统帅外语教学。"在这个思想的指导下，我们砸烂了过去不突出无产阶级政治，不与三大革命运动实际相结合的旧英语教材；以毛泽东思想为指针，按照'四年制普通中学教学改革方案'和《四年制普通中学英语教学大纲》的要求，打破以语法为纲，本着'少而精'的原则，编写了这套新的英语教材。"❹ 总的教学要求是通过四年的英语教学，对学生进行政治思想教育，提高学生的政治思想觉悟。

其次，此套课本选编课文时以毛泽东思想和工农兵形象为主体（分

---

❶ 其他地区编写英语课本都在1969年后。
❷ 天津延安中学革命委员会，天津东风大学教育革命办公室.四年制普通中学英语教学大纲［M］.天津：天津人民出版社，1968：2.
❸ 天津延安中学革命委员会，天津东风大学教育革命办公室.四年制普通中学英语（试用本）第一册［M］.天津：天津人民出版社，1968：说明.
❹ 天津延安中学革命委员会，天津东风大学教育革命办公室.四年制普通中学英语（试用本）第一册［M］.天津：天津人民出版社，1968：说明.

为四册），内容包括以下几方面：

① 毛泽东思想的一些基本观点。如：阶级和阶级斗争；全心全意为人民服务；帝国主义和一切反动派都是纸老虎等。

② 全世界革命人民无限热爱毛主席的文字。

中国人民歌颂党和毛主席的短文、短诗和歌曲。如《东方红》《大海航行靠舵手》等；

世界人民歌颂毛主席的短文和短诗；

世界人民反帝反修斗争中学习和运用毛泽东思想的短文。

③ 表现工农兵英雄形象的短文。

工农兵在三大革命运动中活学活用毛主席著作的心得、体会；

表现工农兵在三大革命运动中的革命干劲的短文；

歌颂工农兵的短文和诗歌。

④ 一般军事用语、科技用语和日常用语。

⑤ 结合当时国内外形势，四年级选择了一些机动内容。

第三，英语"武器论"和"工具论"。即要使学生掌握英语最基本的语音、词汇、语法知识；学会查字典；借助工具书，能看懂一般的浅显读物和科技材料；打下良好的学习英语的基础，以便使学生掌握外语这个阶级斗争的有力武器，更好地为工农兵服务，为世界革命服务。

第四，在编排形式上，结合课文内容，每课前都选有一段最高指示或语录，以利于加强对学生的政治思想教育，这种形式最后成为"文革"课本的标准式样。

3. 活学活用毛泽东思想的数理课本

天津延安中学的《数学教学大纲》指出，课本的编写"是以伟大的毛泽东思想为指针，突出无产阶级政治，坚决贯彻毛主席指出的'教育必须为无产阶级政治服务，必须同生产劳动相结合'的教育方针，以理论联系实际为原则，密切联系阶级斗争和工农业生产斗争的实际，使中学数学这门课成为阶级斗争、生产斗争和科学实验三大革命运动的工具。"❶ 依据教学大纲，延安中学的数学课本的编写与传统课本相比表

---

❶ 天津延安中学革命委员会，天津东风大学教育革命办公室. 四年制普通中学数学教学大纲［M］. 天津：天津人民出版社，1968：2.

现出"突出一个系统、两个原则、三个观点"的特点。

课本编写"突出一个系统",就是以函数为线索,贯穿全部中学数学内容;用对立统一的观点揭示数与数,数与形,形与形之间的内在联系,使全部知识有机地融汇贯通起来,形成一门新系统的数学课本。破除过去中学数学内容中被人为地分割为彼此孤立的平面几何、立体几何、平面解析几何、代数、三角的旧体系,同时增添了投影图、用导数求极值的问题和概率初步等知识。依据"突出一个系统",天津延安中学把全部数学知识编成以函数为线索的《代数》课本。

课本编写遵循毛主席的"五·七"指示中"理论联系实际"和"少而精"的两个原则,删去了所谓陈腐、重复、烦琐、纯理论的内容,加强为"三大革命运动"服务的内容,使课本编写从实际问题引入,总结上升为理论,反过来又指导解决实际问题。坚持少而精、学到手的标准,试图使学生对概念、定理形成正确了解,并能应用之。

课本编写还表达了三个观点:阶级斗争的观点、辩证唯物主义的观点和革命批判的观点。正如《代数》课本的"说明"中所述:"代数课必须是活学活用毛泽东思想的一门课。"要使学生念念不忘阶级斗争,无产阶级专政,突出政治,高举毛泽东思想伟大红旗,加深对毛主席的辩证唯物主义思想的理解。这又表现在三个方面:

一是内容编排的哲学基础是毛泽东思想。例如第一章"有理数","本章就是引入负数,将自然数扩大为有理数,并研究有理数的有关概念及其运算,内容是照毛主席教导的提出矛盾,分析矛盾,解决矛盾的思想安排的。"❶

二是对问题的引入也是从毛泽东思想出发的,先有毛主席的教导,才提出要解决的问题。例如"有理数的意义"一节,则先有毛主席的一段教导,"按照毛主席这个教导来观察社会现实、生产实际和日常生活,就会发现处处存在着这样互相矛盾而又共同存在的情况,如剥削与被剥削,收入与支出,上升与下降,前进与后退,向东与向西,零上温度与零下温度等,像这些情况中的量能不能用算术中的数来表示呢?"

---

❶ 天津延安中学革命委员会,天津东风大学教育革命办公室. 代数第一册第一分册[M]. 天津:天津人民出版社,1968:1.

三是对问题的解释也必用毛泽东思想,例如《代数》第一分册"一元一次方程的解法","从上节提出的两个实际问题可以看出:方程是解决这一类问题的很有用的工具。但对于我们来说,重要的问题是如何掌握这种工具去解决问题,而不是只会把实际问题列出方程来。正如毛主席教导我们的那样:'不解决方法问题,任务也只是瞎说一顿。'所以,我们现在就开始研究怎样能够求出方程的解"❶。

综上所述,"突出一个系统、两个原则、三个观点"的《代数》课本实际是要在毛泽东教育革命思想的指导下,在《代数》课本中大闹革命,建立起崭新的无产阶级的《代数》课本,并使这门"科学"高举毛泽东思想伟大红旗永远为劳动人民服务,永远为无产阶级政治服务。

同时还编写了副标题为"农村会计教材"的《数学》课本,其实用性更是可见一斑。

《物理》《化学》课本并没有按教学计划被编出来,而是顺应全国形势,被改编成《农业基础知识》和《工业基础知识》。

《农业基础知识》的主要内容是毛主席1958年提出来的农业八项增产技术措施,即"农业八字宪法"。这完全是一本典型的活学活用毛泽东思想(农业思想)的农业科学、政治课本。

《工业基础知识》活学活用毛泽东思想,一是把实践提到了第一位,从内容上与学工、学农、学军配合,以密切联系工农业生产实际为主要内容,大力加强学生的感性认识,培养学生从事生产斗争的能力。课本的每个章节每个定义尽量都是从实际出发提出矛盾,经过分析上升为理性认识,然后再回到工农业生产中去指导解决问题。二是以《实践论》《矛盾论》为指导,培养学生运用毛主席唯物辩证法去分析问题和解决实际问题的能力,对学生进行辩证唯物主义教育。如对常用机械(油压千斤顶、车床、农业机械)的综合分析,学习《矛盾论》,以唯物辩证法的观点着重分析作用力和反作用力。

延安中学的课本体系奠定了文革期间全国中小学的课本模式,而且

---

❶ 天津延安中学革命委员会,天津东风大学教育革命办公室.代数第一册第一分册[M].天津:天津人民出版社,1968:147.

越走越远，越走越极端。实用主义极强的、特色鲜明的、革命气息浓厚的课本随之大量出现。

三、天津延安中学革命课本的革命特色

天津延安中学所编课本依据的是文革时期指导文艺、教育工作的"政治第一，艺术第二"的标准，其编排表现出了鲜明的"红色"的反传统的革命特点：

一是在形式上突出以毛泽东思想为统帅的符号。

首先，课本封面上的课本名称全部改用红色字体，一些课本封面（英语课本）上还印有红旗和毛泽东图像。以"红"色为封面的主色调，暗示或宣示这是一本以"毛泽东思想"为统帅的新课本。其次，课本封面后的扉页版面，都编排有毛泽东语录、毛主席指示等，明确课本是以毛主席的具体教导为指引的。第三，课文或章节前一般都编排有"毛主席指示"，直接作为这篇课文或章节的思想统帅或引领性内容。

二是课文以学毛泽东思想为主要内容。

如上所述的三类课本都是围绕毛泽东思想。如《干革命靠毛泽东思想》《语文》《英语》的课文选取都是以学毛泽东思想为核心；《农业基础知识》则仅限于学毛泽东的"农业八字宪法"，《工业基础知识》一般分成两部分：政治内容和专业知识内容，如《工业基础知识》第一册的政治内容有第一章"毛泽东思想开辟了社会主义工业发展的广阔道路"等。

天津延安中学作为复课闹革命时期最为有名的一所学校，其教育革命的经验经常被党报（《人民日报》《文汇报》）或重要的教育期刊（《教育革命》等）刊登和宣传，对全国教育革命特别是教材革命产生了重要影响，其所编课本纷纷被其他省市地区所仿效，甚至被部分地区直接翻印，作为这些地区的中学课本。天津延安中学作为一所郊区的普通中学能编出具有如此轰动效应的课本，最主要的原因是这些课本树立的"政治第一"标准适应社会政治形势发展的需要。当然也得益于学科教师的广泛参与，"他们在编写教学大纲过程中，深入工农兵，跑了几十个工厂，征求了百余所学校的意见，一再修改；还在天津市第一期

毛主席论教育革命的学习班里进行了讨论，编写出来后，又邀请了七十多所学校的四五百名任课教师召开座谈会，之后确定下来"；也许还得益于"院校合作"的编写模式，由天津延安中学与天津东风大学合作提出教学改革方案，编写一套教学大纲和一系列课本，这是文革时期课本编写权力下放后，"院校合作"编写课本的大胆尝试。

延安中学的课本为文革期间全国逐渐形成一套完整的、颠覆传统的红色课程与红色课本体系开了先河。五花八门的课程与课本纷纷出现，成为教科书历史中的奇观。诸如《工农兵知识》、《政治语文》、《政文》、《革命文艺》、《工业基础知识》、《农业基础知识》、《工农业基础知识》、《生产斗争知识》、《生产斗争课》等课本竞相出台，在教科书发展史中上演了一幕值得深思的政治舞台剧，最终使课本完全陷入了政治取代业务的困局，系统的基础知识受到严重肢解和破坏。

"教育为无产阶级政治服务，教育与生产劳动相结合"既是革命课本形成的起因，也是革命课本革命式困局的源头。它过于理想化和乌托邦式的色彩，过于依赖暴风骤雨式的手段，对传统学术模式课本采取断然的否定和拒绝，使得"教育为无产阶级政治服务，教育与生产劳动相结合"的实践，必然走向传统学术模式课本的对立面，对政治与业务、理论与实际之间关系的调整必然与传统课本背道而驰。用政治统帅业务、用生产代替理论的课本革命，最终严重地破坏了政治与学术、理论与实际的辩证关系，革命式困局也就不可避免了。因此，随着文革的结束，告别"文革体"课本的拨乱反正时代开始了。

"文革体"课本10年发展史，时间虽不长，但却为中国中小学课本改革在政治模式与学术模式冲突、"革命课本"的形成与基本样式方面提供了一个最佳的观察标本。这段政治模式一度明显占据上风，但学术的力量也从未消逝的历史，为我们提供了可资借鉴的经验与教训。历史不会重演，但也不能轻蔑它，我们决不能轻易地否定任何一个历史阶段教育的任何尝试，哪怕在今天看来是非常荒唐的尝试。

改革开放后八套半教科书的兴衰

"八套半教科书"部分教材概览

"八套半教科书"是改革开放后我国中小学教材建设的主要内容和重要成果,具有历史意义与价值,标志着我国中小学教材建设的重大转变。"八套半教科书"的出现结束了中小学教科书的国定统编的准垄断局面,开启了我国中小学教科书建设多样化的新阶段,标志着我国中小学教材建设正式进入"一纲多本"的阶段,是我国中小学教材建设"一纲多本"制的初步实验,为我国现阶段的教科书建设奠定了基础。

"八套半教科书"的建设始于20世纪80年代中后期。由于其自身的独特性,成为我国中小学教材改革史中的重要一笔。认真研究"八套半教科书",理清"八套半教科书"建设的始末,能够丰富我国教材改革史和教材的理论研究,可以加深我们关于"一纲多本"的教科书制度的思考和认识,也可以为当前的教科书建设提供经验和借鉴,帮助我们认识我国中小学教科书的发展现状与未来趋势。

一、"八套半教科书"产生的背景

20世纪80年代以来,随着改革开放和教育改革的不断深入,特别是义务教育法的颁布,中小学课程教材的管理制度和办法也亟待改革。1985年1月,教育部发布了关于颁发《全国中小学教材审定委员会工作条例(试行)》的通知,通知指出:今后中小学教材建设,把编写和审查分开,人民教育出版社负责编,省区市教育部门可以编,有关学校、教师和专家也可以编,教育部成立全国中小学教材审定委员会负责审，审定后的教材，由教育部推荐各地选用。通知还指出：根据这个《工作条例》，教育部将商请部分省市教育厅、有关高等学校、科研单位，推荐审查、审定委员适当人选，由教育部选聘，组建全国中小学教材审定委员会和各门学科教材审查委员会，负责中小学教材的审查、审定工作。❶

1986年9月，全国中小学教材审定委员会和各学科教材审查委员会正式成立，标志着我国中小学教材由国定制变为审定制，这是我国教材建设史上的重大变革。在全国中小学教材审查委员会成立大会上，国家教委副主任何东昌发表讲话，在关于加强教材建设的一些政策和措施方面，提出"在统一基本要求，统一审定前提下，逐步实现教材多种风格"。"鼓励各个地方，以及高等学校、科研单位，还有有条件的专家、学者、教师个人按照党和国家的教育方针和统一的基本要求参加编写。允许在内容的选择和体系的安排上有不同风格，包括适宜不同特点的民族教材、乡土教材等"。❷ 1987年10月，国家教委正式发布了《全国中小学教材审定委员会工作章程》，在第一章总则第一条中提出"在统一教学基本要求的前提下，有领导、有计划地实现教材的多样化，以适应不同地区的需要，建立有权威的教材审定制度，促进中小学教材质量的提高，成立全国中小学教材审定委员会。"❸ 同时，根据《工作章程》还制定和颁发了《中小学教材审定标准》和《中小学教材送审办法》两个附件。这些章程、管理办法和具体步骤的出台，保证了教材多样化的进程，规范了教材的编写与审定工作，实现了教材的编审分开，为教科书的审查提供了依据。

全国中小学教材审定委员会的成立，标志着我国教科书制度发生了重大变化：从编审合一到编审分开；从"一纲一本"到"一纲多本"；从国定制到审定制。

1988年1月，国家教委在京召开九年制义务教育的大纲审查会议，8月，国家教委颁发了《九年制义务教育教材编写规划方案》。《方案》

---

❶ 国家教育委员会办公厅. 教育工作文件选编（1985）[M]. 北京：人民教育出版社，1987：382.

❷ 何东昌. 要抓好教材的改革和建设[J]. 新华月报，1986（10）：129.

❸ 欧少亭. 教育政策法规文件汇编：第一卷[M]. 延吉：延边人民出版社，2001：889.

对编制规划的指导思想、目标、教材的推荐与选用、编写人员和经费、时间安排等做了详细规定。在指导思想方面，提到"根据我国地域辽阔，人口众多，经济文化发展不平衡的国情，九年制义务教育的教材，必须在统一基本要求，统一审定的前提下，逐步实现教材的多样化，以适应各类地区、各类学校的需要"。在编写人员方面，提到"编写教材提倡专家、编辑、教学研究人员和教师相结合。有些单科教材也可以专家个人（包括长期从事中小学教学工作，有一定水平的中小学教师）编写"。在目标方面，"根据现有的条件，设想用四五年时间逐步完成以下四种不同类型教材的编写工作"。具体如下：

第一，教材内容的要求和程度，达到九年制义务教育教学大纲的规定，面向全国大多数地区适合一般水平的学校使用的小学六年制和初中三年制的教材。

第二，教材内容的要求和程度，达到九年制义务教育教学大纲的规定，面向全国大多数地区适合一般水平的学校使用的小学五年制和初中四年制的教材。

第三，教材内容的要求和程度，适当高于九年制义务教育教学大纲的规定，主要面向经济文化比较发达地区和办学条件较好的小学和初中选用的教材。

第四，教材内容的要求和程度，基本上达到九年制义务教育教学大纲的规定，面向经济文化基础比较薄弱的边远地区、农牧地区和山区，以及教学设备较差学校使用的小学和初中教材。

每种类型还可以编写不同风格、不同特色的教材。以上所说的四种类型教材中，既可有成套的教材，也可有单科的教材。

此外，要积极创造条件，着手进行研究、试验，在较长的时间内，组织力量编写以下三种类型的教材：

第一种，适应小学复式班教学要求的教材。

第二种，适应对外全面开放的经济特区及国外华侨学校需要的中小学教材。

第三种，适应少数民族中小学需要的民族文字教材。❶

---

❶ 欧少亭. 教育政策法规文件汇编：第一卷 [M]. 延吉：延边人民出版社，2001：894.

根据《九年制义务教育教材编写规划方案》的要求，在国家教委的统筹安排下，决定由人民教育出版社编写面向大多数地区和学校的"六三"和"五四"两个学制的教科书各一套；北京师范大学编写一套"五四"学制的教科书；广东等省编写面向沿海地区的一套"六三"学制的教科书（沿海版教材）；四川编写面向内地和西部地区的"六三"制教材（内地版教材），上海编写面向发达城市地区的"六三"制教材，浙江省编写面向发达农村地区的"六三"制教材；八家师范院校（北京师大、东北师大、西南师大、华中师大、陕西师大、广西师大、北京师院、华东师大）联合编写一套要求较高的"六三"制教材；河北省编写一套农村小学复式教科书，因为这套教材没有初中部分，因此被称为"半套"。由此，产生了新中国教科书发展史上所谓的"八套半教科书"。

二、"八套半教科书"的建设过程

"八套半教科书"的编写于 1988 年开始启动，1990 年秋陆续试验，1992 年根据试验结果进行修改。通过审定后，向全国推荐试用各套教科书，并于 1993 年秋正式在小学和初中起始年级全面选用。

1. "八套半教科书"的指导思想

1988 年 8 月，国家教委颁布了《九年制义务教育教材编写规划方案》，提出编写义务教育教科书也即"八套半教科书"的指导思想。

第一，根据义务教育法所规定的义务教育的性质、任务，九年制义务教育的教科书必须着眼于提高民族素质，为培养德、智、体、美全面发展的，有理想、有道德、有文化、有纪律的社会主义公民和各级、各类人才奠定基础。

第二，根据我国地域辽阔，人口众多，经济文化发展不平衡的国情，九年制义务教育的教科书，必须在统一基本要求，统一审定的前提下，逐步实现教科书的多样化，以适应各类地区、各类学校的需要。

第三，把竞争机制引入教科书建设，通过竞争促进教科书事业的繁荣和教科书质量的提高。鼓励各个地方，以及高等学校、科研单位，有条件的专家、学者、教师个人按照国家规定的教育方针和教学大纲的基本要求编写教科书。在教材内容的选择和体系的安排上允许有不同的风格和不同的层次。

第四,加强宏观指导,严格审查、审定,以保证教科书的编写质量,防止在教科书建设工作中,人力、财力和时间上的浪费。义务教育教科书的编写,必须有领导、有组织、有计划地进行。同时实行编、审分开的原则,严格把好审查关。❶

2. "八套半教科书"的编写依据与要求

1986年11月,在全国中小学教材审定委员会召开的扩大会议上审查修改了1978年制订的全日制中小学18科教学大纲。由于考虑到无法在短期内对当时使用的教材作出大的修改,此次教学大纲的修订内容变动不大。该教学大纲于1987年8月颁发,是一个过渡性的大纲,是新的九年义务教育大纲颁布使用之前教育教学工作的依据。

与此同时,国家教委抓紧了制订新教学大纲的工作。到1988年9月,国家教委公布了《义务教育全日制小学、初级中学教学计划(试行草案)》和24个学科的教学大纲(初审稿)。新的教学大纲成为"八套半教科书"编写工作的重要指导文件和编写依据,后经不断修改,于1992年通过审查并颁布实施。实际上,当时成为"八套半教科书"编写依据的除了国家教委制订的有关文件外,还有上海、浙江的地方课程方案,它们是上海版和浙江版教材的重要编写依据。

根据1987年全国中小学教材审定委员会制定的《中小学教材审定标准》,国家对编写九年制义务教育教科书的基本要求是:

① 贯彻"社会主义建设必须依靠教育,教育必须为社会主义建设服务"的方针,基础教育以提高学生素质为宗旨;

② 减轻学生课业负担,促进学生全面发展,摆脱片面追求升学率的倾向;

③ 加强双基,培养能力;重视思想品德的教育,讲求思想性、科学性与趣味性的统一,最大限度地体现时代精神;

④ 坚持理论联系实际的原则,要求广泛联系实际,不仅仅是要联

---

❶ 《九年制义务教育教材编写规划方案》(88)教中小材字004号[M]//咸立亭主编. 中华人民共和国教育法律法规全书(第9册). 北京:兵器工业出版社,2001:3922-3927.

系生产的实际，还要联系学生生活的实际、社会生活实际、中国和世界的实际及大自然的实际；

⑤ 教科书建设要力求统一性与多样性相结合。所谓统一性，就是要按义务教育教学大纲的基本要求去编写；所谓多样性，就是可以编写出多种不同风格、不同特点、不同层次的教材。实际上就是要建立竞争的机制，鼓励竞争，择优推荐，以适应我国经济和社会发展不平衡的状况，有效地提高教学质量。❶

3."八套半教科书"的编写

根据1988年颁发的《义务教育教材编写规划方案》，受到委托的各单位开始紧锣密鼓地尝试编写不同风格和层次的九年义务教育教材。

人民教育出版社负责编写"六三"制和"五四"制两套教材。1989年，第一册教材编写完成并于秋季开始试验，到1990年秋，人教社开始了教材的全面试验。1992年，人教版教材通过审查。1993年秋，小学和初中第一册在全国范围内投入使用。它们构成人教社编写的第八套通用教科书。这两套教科书包括8个小学学科、14个初中学科。初中外语有英、俄、日三个语种。小学教科书（除音乐、美术两科外）均采用彩色胶印的32开本，语文、数学有彩色和黑白两种版本，黑白版为小32开本。初中除语文、数学、化学三科为32开黑白版，音乐、美术为16开彩色胶印外，其他学科均为16开黑白版，英语、历史和地理三科有彩色和黑白两种版本。中小学音乐都有简谱和五线谱两种版本。小学《社会》教科书的编撰出版值得关注，如果不算新中国成立之初的多样化情况，那么这是新中国第一次开设小学社会课、编写《社会》教科书。九年制义务教育"六三"制和"五四"制教学计划中都规定小学开设社会课，不再开设历史课和地理课。

北师大版"五四"制教材。北京师范大学负责"五四"制教材的编撰出版。早在20世纪60年代北师大就开始进行"五四"学制的教科书编撰，积累了一定的经验。1992年，北师大"五四"制教材经审查通过，并于1993年秋陆续在全国使用。北师大"五四"制教材主要由

---

❶ 国家教育委员会. 中小学教材审定标准（87）教中小材字006号［M］//安克思主编. 中华人民共和国现行教育政策法规文件全集. 延吉：延边人民出版社，2001：6169-6171.

北京师范大学出版社、山东教育出版社、青岛出版社、黑龙江教育出版社、黑龙江美术出版社以及辽宁美术出版社6家出版社联合负责出版印刷。

沿海版教材。沿海版教科书主要由广东省教育厅、福建省教委、海南省教育厅和华南师范大学共同组织编写，是面向南方沿海经济文化较发达地区的一套"六三"学制教科书。1989年，沿海版的部分教材率先在少数地区进行试验；1990年，沿海版教材正式开展了大规模的试验；1993年，沿海版教材入选国家教学用书目录。到1996年，沿海版教材的编写工作基本完成。沿海版教材中，中小学的英语课本分为甲、乙两种版本，甲种本英语从小学五年级起始，乙种本英语从初中一年级开始；中小学音乐课本均有简谱和五线谱两种类型。该套教科书主要在广东、福建、海南等沿海地区使用。

内地版教材。1988年3月，四川省教委联合西南师范大学开始了内地版教材的编写工作。该套教科书主要供经济文化基础比较薄弱的边远地区、农牧地区和山区，以及教学设备较差学校的小学和初中使用。1992年，内地版教科书的小学和初中各学科第一、二册送审通过，同时被列为国家教委九年义务教育中小学教材，供全国中小学选用。1993年内地版教材全面开始使用。

复式教材。20世纪80年代，复式教学班在我国农村还普遍存在，而复式小学多年来都是与其他全日制小学使用同样的教材，这样的教材显然不合适。专门编写一套适合复式小学的教材十分必要。河北省的复式小学数量多，便由河北省教委承担农村复式小学和简易小学的教材编写任务。1988年，河北省教委开始组织复式小学语文、数学、品德与社会、生活与科学以及艺术五个学科的教材编写。1990年开始了小规模的教材试验，并分别于1991年和1992年扩大试验规模。至1995年，完成了分别适应五年制和六年制小学一、二年级使用的两种教材，并通过审查，从秋季开始使用。1997年至1998年，该套教材其他各册通过审查并投入使用。

发达地区版（上海版）教材。1988年5月，国家教委做出规划，在上海进行适应本地区建设需要的课程、教材改革实验，并计划编写一套供我国发达地区使用的九年制义务教育教科书。国家教委支持上海针对发达地区城市的需要，不受国家义务教育教学大纲的限制，开展教材改革。于是，上海市迅速成立课程、教材改革工作委员会，1989年制定出上海课程方案，随后，各科的课程标准的编写也相继完成。上海的课程改革方案于1991年10月经全国中小学教材审定委员会初审通过，与之相应的大部分教科书在1993年初出版并投入使用。上海市的课程教材改革通过招标的方式确定编写单位，从而最大限度地调动各方面的积极性。由于采取了招标的形式，语文、物理和化学三科的教科书最后各确定了两种。发达地区版教材于1991年开始在上海市的部分学校试验，1993年开始供各学校全面选用。

发达地区农村版（浙江版）教材。1988年5月，浙江省接受国家教委的委托编写一套适合发达地区农村学校使用的义务教育教科书。与上海市一样，浙江省的改革也是自主设置课程和制订教学大纲。1988年秋，教材编委会启动工作，同年年底编制出了教学计划的初步方案。至1991年8月，《浙江省义务教育试行教学计划》以及《义务教育各学科教学指导纲要》的编制完成，10月，经全国中小学教材审查委员会通过。1991年7月完成各学科教材的第一册和部分学科的第二册，同年秋季在部分地区开始试验。1993年，全套教材的编写基本完成，并开始在浙江全省的初中和小学一年级普遍推广使用。

八院校高要求教材。1988年，国家教委主张编写一套适应"高层次"教学需要的义务教育教科书，并将编写任务交给了当时拥有出版社的八所高师院校：北京师范大学、华东师范大学、东北师范大学、西南师范大学、华中师范大学、陕西师范大学、广西师范大学、北京师范学院。有人称这套教材为"高师版"教材。后来，八所师范院校合编的教科书因编写力量、编写经费落实、发行量预期等多个方面的问题而中途夭折，未全部完成（业界普遍的说法是未能真正面世）。它们只编出了目前很少见的部分教科书，如部分数学、化学教科书。高师版初中《数学》教科书由西南师范大学陈重穆教授与北京师范大学梅向明教授任主编，后经审定通过，全国发行，并多次修订再版。高师版初中《化学》教科书由广西师范大学出版社负责组编、出版，由李干孙教授任主编。

4."八套半教科书"之试验

小范围的先期试用和修改是确保教科书质量的重要举措。1989年7

月,国家教委颁布了《关于九年制义务教育课程、教材试验工作的通知》,明确规定了教材试验的目的、要求、试验领导等问题。要求全国各地应该在1993年秋季,"八套半教科书"正式使用之前先进行局部的、小范围的试验。该文件明确提出了教材试验工作应注意的几个问题:

① 为便于对教学大纲、教学计划、教材试验的领导和管理,便于取得科学试验材料,试验学校要相对集中在一个学区或一个市县。要兼顾六三学制、五四学制学校(五三学制学校也可以试验)。试验工作从小学一年级、初中一年级开始,有始有终;

② 试验学校的领导和管理基本能保证整体试验工作进行;教师经过教材教法短期培训能完成教学任务;学校设备基本上能保证教学大纲的实施;

③ 严格执行教学计划规定的教学时数,不得增减课时;

④ 省里要定期组织研讨教材试验工作,总结交流经验,对教材进行评估,提出对教学计划、教学大纲和教材的修改意见。试验学校每学期要对试验情况作出实事求是的科学评价,给出报告;

⑤ 试验班的考试应以九年义务教育的教学大纲为依据单独命题,要改革考试办法和招生办法,有利于实现义务教育的目的和任务;

⑥ 保证必要的试验经费是搞好试验工作的重要条件,各级教育行政部门要提供一定的教材试验经费。

该文件发布后,各个义务教育教材的编写单位协同部分地区和学校以此文件为参照,开始展开新编教材的试验工作。较大范围内的"八套半教科书"的试验始于1990年。"八套半教科书"各个版本教材的试验范围是不同的,有的版本参与试验的地区和学校多,有的版本参与试验的地区和学校少。

三、"八套半教科书"的基本特点

"八套半教科书"是在统一的教学大纲之下编写的,有共同的指导思想,也具有共同的教材特点,主要特点有:

注重教材内容的实用性,加强教材内容与实际社会生活的联系。各套教材将学科内容与生活、社会实际联系起来，甚至会留出一定比例的课时和内容让地方和学校结合自身实际情况安排教学；

注重教材内容的现代性，力求反映学科最新成果，联系学科和社会的最新发展。在教学内容中普遍加入了现代社会所关注的内容，如资源问题、环境问题。上海版教材中有不少反映改革开放后发达地区的新成就和新发展的内容；

比较重视培养学生的能力。如理科教材普遍加大了实验的比重，文科教材中设计了较多的社会实践活动；

力求使教材适应学生身心发展特征。各套教材考虑到了儿童青少年的心理特征，强调教材为学生服务的功能，因此在教材体系的编排和内容的组织上都很注意遵循学生认知发展的规律，教材内容由浅入深、从易到难，循序渐进；

关注学生的思想品德教育。各套教科书都比较注意结合本学科的知识结构对学生进行思想品德教育。在课本中渗透爱国主义、社会主义、革命传统和民族优秀传统教育、国情教育等；

注重以教科书为主的系列化教材设计。除教科书外，各套教材都配有教师教学用书、挂图、图册、卡片、幻灯片、投影片、录音带、录像带、实验手册、练习册、课外习题集、课外读物等；

注意装帧质量，教材多采用彩色胶装的形式，教材中插入了大量的图片，包括彩色插图。

"八套半教科书"又是按照不同的要求，面向不同地区和不同水平的学校来进行编写的，一定程度上也具有各自的特色。

内地版教科书是根据内地尤其是广大农村地区实际情况编写的，适应农村的经济、文化发展水平。该套教材充分考虑了内地社会经济水平低下的真实情况，在教材的内容选择和体系结构上都尽力符合内地学校的需要。而沿海版教材主要面向沿海地区，该教科书一经面世，就被公认为是一套具有沿海特色、有一定"海味"的教科书，在内容和形式上都表现出沿海地区的独特风貌。教科书中出现了许多反映沿海地区风土人情、生活习惯、地方风物的内容，反映了沿海地区改革开放较早，经济比较发达，以及国际交往频繁所带来的新事物、新风貌等，致力于探索沿海地区特定的政治、经济、地理、人情和风俗。内地版和沿海版的区别是比较明显的。在内容上，内地版注意编选切合农村生产、生活实际的知识。以内地版小学语文第二册为例，教材选取了很多与内地生活实际相联系的文章，如第33课"帮忙"：爸爸干活，我送茶水。妈妈做饭，我摘蔬菜。奶奶喂猪，我打猪草。他们都辛苦，我要多帮忙。第40课"种瓜"：你拿锄头我拿苗，屋旁空地来种瓜。汗水滴滴落下土……第41课"金色的雨"：场院里，脱粒机扬洒着麦粒。千颗、万颗，连成金色的雨。望着这金色的雨，农民心里真高兴。第42课"喷香的风"：你闻，村子里，家家户户磨了面，蒸甜糕、烘面包。这些都与内地农村生活紧密相连，旨在培养学生热爱劳动、热爱家乡的品质。而沿海版小学语文则明显不同，如第二册第3课是体现南国风情的"木棉树"，第四册中将"厦门大桥"、"绿色的珠海"、"南海上的明珠"选入课本。从题材上来讲，两者的不同体现为：在表现时代生活方面，内地版小学语文选取"老科学家下乡"、"忙碌的路"、"工地之夜"等反映内地生产生活的内容，而沿海版小学语文则把歌颂改革开放的"数新房"、"小燕子飞回来了"等文章列入其中；在日常生活方面，内地版小学语文中的"槐乡的孩子"、"早晨的集市"、"背篓"、"夕暮"等都是农村常见的事物，而沿海版小学语文中的"过马路"、"公园里"、"我的家"等文章则更多的是沿海地区学生熟悉的内容。

人教版教科书注意"降低难度""减轻负担"，精选各科内容，适当拓宽知识的广度，具有普遍的适应性。比如小学数学在教学内容的难易处理上就采取了删减部分繁杂内容，增加一些选学内容的方法来降低教材的共同要求。初中语文则是减少选文，降低对文言文和写作的要求，以使教材更符合我国大部分地区，特别是农村地区的教学实际。初中化学教材将内容分为选学和必学两部分，小学音乐则在教材的总课时中留出20%，以便各地自主安排。❶

复式教材的教师用书的编写新颖独特。教师用书将教科书与教学指导融为一体，每页都有教科书的内容和相应的教学指导，并留有供教师书写简单教案、教学笔记及课后分析的空白，令教师感到既实用，又方

---

❶ 人民教育出版社组织编写的九年义务教育"六·三"学制和"五·四"学制两套教材［J］. 学科教育，1992（6）：18.

便。这样减轻了教师的备课负担，使复式教学更加规范化，克服了复式班教学的随意性。复式教材的重要特点是综合化。根据课程安排，把教材精简为两中心、三综合教材，即语文、数学、品德与社会、生活与科学以及艺体课教材。生活与科学课本以自然科学为主，包含农村生活和生产劳动的知识和技能。品德与社会课本以思想品德教育为主，对学生进行品德和社会常识的教育。艺体课本编入了综合体育、音乐和美术的内容。

上海版教材与浙江版教材具有一个共同点，即所依据的课程计划和大纲都是其各自自主编写的。不同的是，上海版教材是面向发达城市、条件较好的学校，而浙江版教材主要是面向本省广大发达农村地区。

上海版教科书特别重视对现代社会新元素的吸收，删除一些繁旧的知识，增加贴近当代社会发展的内容。如初中化学课本中增加人体元素、食品与健康等知识。初中语文课本中删除一些缺乏时代气息的文章，而选入25%左右的改革开放以后的文章，以增强教材的时代感。

浙江版教科书的突出亮点是综合性。浙江省作为全国课程整体改革试点地区，自20世纪90年代开始，对课程设置进行了较大的改革，在初中阶段开设"社会"和"自然科学"课，改变了以物理、化学、生物以及历史、地理等课程进行分科教学的方式。初中《自然科学》教科书（1~6册）是新中国第一套正式出版，集理、化、生、自然地理为一体的综合教科书。❶它把生物、物理、化学、自然地理结合了起来，突破了物理学、化学、生物学和地理学各自的学科体系。浙江版教材还把小学一、二年级的《语文》和《思想品德》合科为《语文·思想品德》，这也是一门新的综合性学科教科书。

四、"八套半教科书"的积极意义与历史价值

我国的中小学教材在很长一段时期内都采用国定制，即由国家指定教科书的编写和出版，并以行政指令的方式，规定教科书的使用。这一

---

❶ 许秀珍、陈小真、夏杭生．中学综合教材《自然科学》的特点［J］．温州师范学院学报：哲学社会科学版，1995（2）：54.

举措在一段时期里保证了教科书的基本质量和教科书供应,为基础教育的普及与发展做出了贡献。但随着社会的多元发展,这一形式已经越来越不适应我国地域辽阔、人口众多、经济文化发展不平衡的国情。很显然,仅有一套统编教材供全国使用,已不能满足教育发展的需要。因此,国家教委作出由国定制转向审定制,编写面向不同地区的教材的决策,这一决策具有重大意义。"八套半教科书"尝试从"一纲一本"到"一纲多本"甚至到"多纲多本"的转变,符合我国政治、经济和文化教育发展极不平衡的实际,同时,优胜劣汰的市场竞争机制的引入,为激励和促进教材质量的不断提高提供了机制保障。"八套半教科书"建设在我国中小学教材发展历史中具有不可忽视的价值。

1. 这是一个具有突破意义的改革举措

在教科书实行"统编制"时期,教科书的建设呈现出高度的统一性。教科书的编写、出版、发行具有高度集中的特点,教科书编写的模式固化,难以得到大的突破。一套教科书不论质量多高,都无法适应我国各地区发展不平衡的实际,不能满足我国不同地区的人对不同层次和类别的教育的需求。尽管"一纲多本"的教材制度仍然是国家教委统一的制度,"八套半教科书"仍旧属于统编的性质,但"八套半教科书"分属于不同的类型,要分别适应不同地区的经济、教育发展水平,从而使得我国的教科书建设在编写队伍组成、编写风格和类型方面开始打破以往的教科书建设的垄断局面,形成一种多样化氛围。

"八套半教科书"打破了长期的教科书垄断或国定传统,强调突出特色,力求构建多样化的教科书体系。多套教科书的出现,使得我国的中小学教科书从一枝独秀向百花齐放转变,改变了我国不同地区的学生使用同一套统编教科书的局面,有利于满足不同发展水平的地区、学校和学生的需要。特别是六三制和五四制教科书、沿海版和内地版教科书、发达城市版和发达农村版教科书的出现,较好地体现了适应地方发展需要的思想。

教科书由国定制到审定制的转变过程中,有意识地引入了竞争机制,有利于教科书优胜劣汰,客观上会促使教科书编写和出版质量的整体提高。"八套半教科书"是我国中小学教科书由"一纲一本"向"一纲多本"甚至"多纲多本"转变的尝试,是改革开放的产物,在我国中小学教科书建设史上留下了绚丽的一页。

2. 这是一次对多元、开放的教科书建设模式的尝试

"八套半教科书"建设是对多元、开放模式的尝试，为我国教科书发展提供了参考。所谓多元、开放的教科书建设模式，本质上是指引入社会资源参与教科书建设。除了国家级专业出版社对教科书建设负起主要责任外，省一级教育行政部门或教研部门也承担起核心课程教科书的建设任务，如上海版、浙江版和河北版。省级教育行政部门和高等院校也可以合作建设，如广东的沿海版、四川的内地版。再就是高等院校单独或联合组织参与教科书建设，如北师大五四制教材、八院校版教材等。在一定程度上，这样做既放开了教科书编写权利，也拓宽了教科书建设渠道，加大了教科书建设过程中的资源投入。这一模式在21世纪课程改革中得到了完善和发扬。

该模式最明显的积极意义是，锻炼培养了一定数量的教科书编制者，也间接培养了教科书的批评者和研究者。教材编写单位不同，各自组织的教材编写队伍组成也不同。任何一套教科书动辄调动数十甚至上百人的编写队伍，这些人才将是我国中小学教科书可持续发展的重要力量。

"八套半教科书"模式也促进了教师的专业发展。各套教材的一项重要工作就是对试验和使用地区的教师进行新教材教法的培训，使得以往只能接触到人教版教材的教师扩大了视野，获得了新的教材观、教学观。

3. 启开了教科书竞争的制度之门

在"一纲多本"的制度下，各教科书编写单位为了使自己的教科书能够在更大范围内使用，必须参与竞争并在竞争中取胜，而这又离不开通过提高教科书质量、体现各自的特色来增强其竞争力。正如"八套半教科书"的竞争格局，有适合农村地区的"内地版"、适合沿海发达地区的"沿海版"、适合复式教学班的"复式教材"等，在教材的形式上，有彩色版、双色版和黑白版。而在推广使用上，虽然国家出于保证教材的地域性考虑，对"八套半教科书"作出了在其出版地有最低选用量的保护性规定，但在更大程度上各套教材还是需要通过竞争来争取

市场。相对于其他举措，竞争是提升质量的最基本的举措。

五、"八套半教科书"的退出：原因与教训

由于种种原因，"八套半教科书"发展极不平衡，有个别的是昙花一现，而八院校版教科书则只出版了很少的几种，其余的获得了不同的发展（并非像有人所认为的那样，只剩下"人教版""上海版""沿海版"，其他五套半教科书全部夭折，❶ 因为浙江版、北师大版等还是以不同形式存在和发展着）。"八套半教科书"是我国以审定为主的现代教科书制度建设初期的产物，复杂的因素导致它过早地结束了自己的使命，成为了一个特定时期的教科书发展的代名词。这是一场遗憾但意义深远的教科书多样化的破冰之举。

"八套半教科书"最终结局背后的原因很复杂，有外部的因素，也有自身的因素。影响"八套半教科书"持续发展的外部因素主要有：

一是学制的变化。在我国，除了极个别地方外，九年义务教育最终发展成具有压倒性优势的六三学制，五四学制份额越来越小，所以北师大版五四制教科书（包括人教社的五四教科书）的消退就很正常、很自然了。

二是教育大形势的发展。随着我国基础教育的迅速发展和撤点并校的一些举措，我国复式学校、复式班级日益减少，河北版复式教科书也就基本上完成了自己的历史使命。

三是缺乏健全的教科书多样化发展的制度保障。教科书的选用机制、教科书发行过程中的监督机制的缺乏，长期的教科书一统局面造成的教师对统编教科书形成的定势，以及"一纲多本"带来的教研人员的一时性不适应等，这些都在一定程度上影响了"一纲多本"教科书的平衡发展。

除了外在的大环境影响，"八套半教科书"的结局也有自身的原因。

首先，教科书各自的特色不够鲜明，针对性不强。"八套半教科

---

❶ 杨爱玲. 基础教育课程改革存在缺憾的原因反思［J］. 教育学报，2007（1）：27.

书"的建设目的是要通过具有不同特色的教科书,适应不同地区、不同学校和学生的发展需要,从而促进学生更好的成长。因而,教科书的特色和针对性决定了它们的生命力。但由于教科书多样化才刚起步,各编写单位经验不足,教科书的理论研究成果不丰富,什么是教科书特色并没有公认的看法,导致"八套半教科书"大同小异,并未能真正体现出鲜明的特色,针对性也不够。各版本的教科书"从框架、内容到文字表述有很多是雷同的,其'特色''区别'往往只是用了本省、本地区的一些具体事例"。[1]且在修改之后,一些教科书呈现出一种向人教版教科书靠拢的趋势。例如内地版教科书,本来是面向欠发达地区的教科书,应该考虑学生发展的实际,其难度应略低于其他地区的教科书,但实际上,越是欠发达地区用的教科书越难,内地版的教材难度大于沿海版教材。

其次,教科书整体质量仍然不高。虽说引入了一定的竞争机制,"八套半教科书"在质量上也有了一定的提高,但由于传统的教学思想和观念在人们心中根深蒂固,教科书编写仍然偏重于知识的传授,对于学生的实践能力、探索和创新精神的培养力度不够,尤为重要的是,竞争机制非常不完善,是一种指定的多样化,不是自然形成的多样化,这种情况下的审定实际上也不是真正的淘汰性审定,从而导致"八套半教科书"整体水平和质量仍然不如人意。

六、"八套半教科书"引出的若干思考

"八套半教科书"对于我国教科书建设来说是一项意义重大的改革与突破,是教科书多样化政策下的第一次可贵实践,也是我国基础教育课程教材建设的一次创举,翻开了我国教科书建设史崭新的一页。这个过程本身在我国教科书建设史上就是辉煌的一笔,为我国的教科书建设积累了丰富的经验。但由于当时的"一纲多本"教科书制度正处于由"国定制"向"审定制"转轨过程中的初始阶段,许多方面还不成熟,

---

[1] 教育部基础教育教材审定工作办公室. 春光里的一片绿叶 [M]. 北京: 人民教育出版社, 2000: 143.

所以耗费了巨大的人力、物力和财力的"八套半教科书"最终并没有取得预期的效果。这其中的经验与教训值得借鉴与深思。

1. 教科书建设重在构建完善的教科书制度

教科书的改革与建设是一项庞大而复杂的系统工程,除了教科书的编写外,还包括试验、审查、教师的培训、教科书的推广、选用与评价等环节,也与考试制度的改革相关联,因此,教科书建设要注重整体性。比如,要注重对教科书的试验工作,要加强师资队伍的建设,要跟进考试改革等,甚至要改进和完善课程标准,使之更有利于教科书的多样化建设。其中重要的是加强和改进教科书审查制度、教科书选用制度与教科书淘汰制度的建设。

我国的教科书审定制度只是作为一种规章制度而存在,并没有以法律的形式作出规定,要完善教科书的审定制度就要把审定的程序、责任权限、申诉制度等以法律形式予以规定。这不仅能使教科书审定工作的质量得以提升,更是依法执教的体现。所以要做到规范教科书审定,完善教科书审定法律体系是前提。❶ 此其一。教科书选用涉及经济利益,行政干预、不正当手段等现象时有发生,不妥善处理的话,就可能出现劣币驱良币的现象,教科书选用将成为教科书多样化发展的瓶颈,最终影响教科书质量的提升。为了各地区和学校能够真正选用适合自身实际的教科书,就应当规范教科书的选用制度,如充分利用现代网络技术,建立和完善教科书管理信息系统,建立教科书选用管理数据库和优秀教材资源库,完善教科书选用制度。这样才能够使教科书选用有的放矢,在比较中鉴别,在鉴别中择优选用,增加教科书选用的公开性和透明度。❷ 此其二。其实,最重要的是让教科书在市场竞争中实现优胜劣汰,优质的教科书是市场竞争的结果。应运用有效的市场规则,让水平低、质量差的教科书逐渐退出市场,让优质教科书实现其社会效益。同时,通过市场竞争机制,调动社会各种力量参与教科书的编写,提高教科书编写的整体水平。

---

❶ 司淼. 我国中小学教科书审定制度研究 [D]. 沈阳:沈阳师范大学,2011:27.

❷ 石鸥. 中国基础教育 60 年:1949 - 2009 [M]. 长沙:湖南师范大学出版社,2009:437.

2. 教科书建设需要真正放开教科书编写权利

教科书编写权利的下放是教科书建设的一个重大进步，只有放开编写权利才能使得教科书建设百花齐放，从中发现优秀的教科书。实行教科书的"审定制"一定要将教科书编写的权利交给社会，交给民间，由民间力量自主进行，再由国家进行严格审查。适应不同地区的"八套半教科书"举措的初衷是好的，但不应该采取委托和指定的策略，这样做会限制资源的吸纳和编写的创意，不能真正发挥出民间力量的全部优势。这种做法也违背了教科书多样化的初衷，只是真正实现"一纲多本"制度的过渡。真正的多样化应该是采取招标形式，甚至连到底建设哪些类型的教科书都交给民间，国家只是审定。所以"一纲多本"表面上的开放和本质上的权力集中也是导致"八套半教科书"结局的重要因素。如委托式权力集中使得教科书的审查容易流于形式，因为"八套半教科书"是主管部门事先规划好的，审定也是为了完善或通过，出局的可能性太小。

3. 教科书建设需要强化理论研究

教科书建设必须建立在丰富的理论研究基础之上。这方面的缺陷在"八套半教科书"中表现突出。比如对于编写内地版教科书，适应农村和欠发达地区使用的举措，很少有人会问：到底是否要专门编写内地（农村）版教科书？内地版教科书究竟该如何定位？什么样的教科书才是适合农村地区的教科书？我们能否编出这样的教科书？我们确实应该努力纠正教科书的城市化倾向，避免用城市文化垄断整个教育文化。但我们无法科学地回答，内地版教科书应不应该是仅与农村的教学水平相切合的教科书？应不应该是降低标准、只与农村生产生活相关的教科书？内地版教科书最后成为难度最大的教科书的结果值得我们很好地反思。

教科书建设的真正进步和发展，应有强大的学术批评和学术智慧支撑。

后　　记

　　班主任蔡元培坐在上海南洋公学讲台后面，注视着学生们读书——他们在读《蒙学课本》，在读《新订蒙学课本》，在读《修身教科书》，而不是科举八股之课艺。他好像忧虑而又清醒地懂得，课本的职责就是引人前行，引人朝着光明的未来前行，就像他自己的职责是催生那引人前行的课本不断涌现一样。

　　在上海的一所私立新学堂澄衷学堂，胡适走在窄狭的校园中，低头读着《字课图说》。这位中国近代最伟大的读书者，是一个具有坚定信仰和非凡天赋的学生。他明白，社会上有各式各样的能人和伟人，这些能人和伟人有各式各样的天赋与追求，而他的天赋就是读书，他的追求也是读书。他把这种天赋与追求升华成了超越读书本身的一种特殊使命，这是真正读书人的使命——他要为学生们提供该读的书。

　　绍兴府中西学堂放学了，学生蒋梦麟兴冲冲地往回走，一到家便迫不及待地打开日记本，记下在学校的读书感受："从科学教科书中，我学到了一件不可思议的事，即地圆说。我一向认为地球是平的"，"这简直使我目瞪口呆"，"过去为我们所崇拜的神佛，像是烈日照射下的雪人，一个接着一个融化"。

　　……

　　上述场景止不住地在我脑海浮现，让我止不住地产生一种敬仰之情，为这些伟大的教师，为这些小小的课本。

　　说实话，本想静心一段时间，把研究重心转向现代教科书理论的研究。确实，教科书理论研究太缺乏了。如何评价一本教科书？凭什么说鲁迅的作品就不能从教科书撤出或凭什么说要撤出鲁迅的作品？教科书究竟依据什么来选择材料和内容？教科书一定要选择真实材料吗？浩如烟海的事实，选哪些，去掉哪些？当今教科书中，究竟哪些内容是冗余的，哪些内容是空无的？教科书多样化的判断标准是什么？何谓教科书特色？选定的教材内容依据什么来呈现？等等等等。这一切都急需研究，这一切也确实已经进入我们的研究视野。但是，面对蔡元培，面对胡适，面对由他们而创编或因他们而产生或曾经引领过他们的各种一翻即碎、留下满地纸屑的老课本，面对许多我们尚不知作者、不知出版者的沧桑百年的老课本，我们有一种止不住的关注之情，止不住的思索，止不住的好奇，止不住的追忆。正当我在写这篇"后记"时，一位普林斯顿大学博士、现新加坡国立大学的老师几经周转，专门从新加坡飞到北京，找到了我的工作室，急切地想看到她在各家图书馆都无法看到的一些曾经在根据地和伪满洲国使用的教科书，以此来充实和完善她的学术著作。同时她也建议我们加快对这些宝贵资料的整理与使用。我又想到一年以前，一位日本学者几经辗转联系到我的研究生，并如愿以偿地获得了我为他提供的、其研究急需的一本清末教科书复件，他也回赠给我一本自己参与研究的历史学专著。想到那些本土的老课本竟然能够发挥出日益超出国界的作用，我们更欣慰了。尤其是，因为个人的力量毕竟有限，对这些老课本的保护越来越困难，每翻阅一次，就是一地的纸屑，每每见到这一场景，真心有一种感受：满地的纸屑承装着满地的历史、满地的文明正在湮灭。这也强化了我的想法，即必须抢时间对它们做一个阶段性甚至抢救性清理。所以，我很自信地把这些因好奇、因关注、因焦虑而追忆的有关老课本的点滴体会或收获拿出来与大家分享。

这本《百年中国教科书忆》可以说是我的《百年中国教科书论》（湖南师范大学出版社 2013）的姊妹篇。《百年中国教科书论》论的是百年教科书发展中的一些宏大变革或基本发展脉络；还论及百年来一些重头教科书、一些影响深远的教科书，这些教科书是显赫的、任何时候提起教科书都不能不提起的，这些教科书是包括北大、清华在内的中国大学都不能忽视的。而《百年中国教科书忆》忆的则不完全是这类教科书，而是一些相对边缘、非常零散、没有处于历史舞台中央的课本，这些老课本的最大特点是存世量稀少，甚至罕见（除了中华人民共和国成立后的几套教科书）。所以我们念想它们，我们追忆它们，不想让它们默默地从今人的视线中消失。

这些存世量稀少的老课本，其编写者既有张之洞、蔡元培、陈独秀、刘师培等一度活跃在历史舞台中央的大名家，也有虽然一直处于历史舞台的边缘、很少入今人法眼、但在教科书发展和教育发展中非常值得挖掘和纪念的旧学新人，如杜亚泉、陈子褒、蒋智由、施崇恩、辜天佑等。还有些老课本我们甚至无法清楚地知道它们的作者，这些身处千年未见之变故中的学人，为开启民智做了自己应尽的贡献，连名字都没有留一个。想起这些，就让人唏嘘不已。止不住的追忆，止不住的挖掘，但是很遗憾，都未曾有结果。比如我们曾三番五次追查很有价值的山西《通俗国文教科书》的作者们，均查无结果，还有澄衷学堂的《字课图说》、无锡三等公学堂的《蒙学读本》，其作者也处于存疑状态。他们一直等待着他们的后人——我们，去揭开蒙住他们的面纱。

还有几种教科书，虽然面世于1949年后，存世量大，但其意义却长期没有得到必要的梳理，它们或给我们留下了大大的迷，然后消失了，这些迷至今未被有效破解，如语文分科教科书的兴亡；或曾经默默的在中国最边远、最贫穷的乡村为学童们受教育提供了方便，却一直没有得到应有的关注，如耕读课本；或引领了一个非常时期非常课本的潮流，而本身被淹没在它自己引领的潮流中，被人彻底遗忘，比如天津延安中学的文革教科书；还有影响面广，或意义重大，但人们往往视而不见——不论是正面的评价还是负面的批判——的教科书，如少数民族教科书、八套半教科书等等。它们也有足够的理由让我们念念不忘，让我们去追忆、去梳理、抹去尘埃，以窥得一丝真相。

这些老课本是一种不能磨灭的记录。它们是对历史、对现实、对理想的记录。这些记录构成了近代中华文明和民族记忆中的重要组成部分。守护好这份珍贵的历史和教育遗产也就是守护好我们文明的血脉和源流。我们注意到，经过一百多年的纷繁历程，需要追忆、澄清和解谜的老课本还有太多太多。本书的选择真正是挂一漏万。读者对此可能有不同的看法，我觉得很正常。我的目的就是让更多的人来关注老课本，追忆它们，念想它们，回放它们，甚至让它们在今日再生，启迪读者。可喜的是，已经有这个迹象了，如蔡元培的修身教科书就已经在近年被多家出版社再版，《字课图说》最近也高调面世了（新星出版社重新出版时加上了陈丹青的序）。书中关于有些老课本的追忆，部分内容已经散见于我们发表的一些文章中，这里作了比较大幅度的修改和补充。

后　记

　　此书的面世，仍然要感谢首都师范大学，感谢孟繁华教授，感谢我的许多同仁。还要感谢知识产权出版社的汤腊冬女士，她的敬业、效率和一丝不苟的精神给我留下了深刻的印象。最后，我特别要向我以首都师范大学为基地的教科书研究团队成员致谢，没有她们的积极参与和无私贡献，就不会有我们今天的研究局面。其中刘学利、廖巍、段发明、石玉、李新、刘景超、崔珂琰等博士，直接或间接为本书的完成付出了时间与智慧，而吴小鸥、张增田、方成智、刘丽群等教授，更是我们团队中生机勃勃的研究力量，她们以自己的勤奋、学识与聪慧，护佑着本书的面世，她们是我们很多教科书研究成果的孵化器。还有申立超、畅慧婷、吕蕾、袁文静、唐超超、黄雨婷，有宿丽萍、刘毕燕、张学鹏、陈彦璇、许小丰……，我不把她们的名字一一列举出来了，我心中充满了感激之情。再次，我要说，真的，有她们，研究生活甚是欢快。

首都师范大学　石　鸥
2014 年中秋前夕改定于学堂书斋